W0304274

SCIENCES À VIVRE

Cycle 2

POUR QUESTIONNER LE MONDE DU VIVANT, DE LA MATIÈRE ET DES OBJETS

Mathias GALLY
Illustrateur

Yannick LEFRANÇOIS
Illustrateur

Cyrille MEYER
Illustrateur

Christian VOLTZ
Illustration de couverture

Dominique LAGRAULA
Professeure de technologie
à l'ESPE de Paris

Nicolas BRACH
Directeur d'école
Personne Ressource en Sciences
dans l'académie de Strasbourg

Dominique LEGOLL
Professeure des écoles
dans l'académie de Strasbourg

Sous la direction de
Léa SCHNEIDER
Éditrice
Professeure des écoles

ACCÈS Éditions

Cet ouvrage suit l'orthographe recommandée par les rectifications de 1990 et les programmes scolaires (voir le site : **www.orthographe-recommandee.info** et son miniguide d'information).

De la PS au CM2

COLLECTION LABELLISÉE *la main à la pâte*

Une gamme complète pour faire vivre les Sciences **au quotidien dans votre classe**

Sciences à vivre - **Maternelle**
& son coffret MATÉRIEL

Sciences à vivre - **Cycle 2**
& son coffret MATÉRIEL

Sciences à vivre - **CM1-CM2**
& son coffret MATÉRIEL

VOTRE ACCÈS NUMÉRIQUE

Activez votre **code unique** en vous rendant dans l'onglet
MES COMPLÉMENTS NUMÉRIQUES
de votre compte sur **www.acces-editions.com**.
L'activation de votre code vous permettra de **télécharger les compléments numériques**
et d'**accéder aux mises à jour** concernant votre ouvrage.

UT3919457d9c45b870

Une fois ce code activé, rendez-vous dans l'onglet **MES LIVRES NUMÉRIQUES** de votre compte pour bénéficier **d'une réduction sur la version numérique** de votre ouvrage.

Attention, la première personne à saisir ce code deviendra l'utilisateur principal de l'ouvrage. Son compte client y sera rattaché. Cet utilisateur principal ne pourra donner accès au contenu en ligne qu'à un nombre limité de personnes.

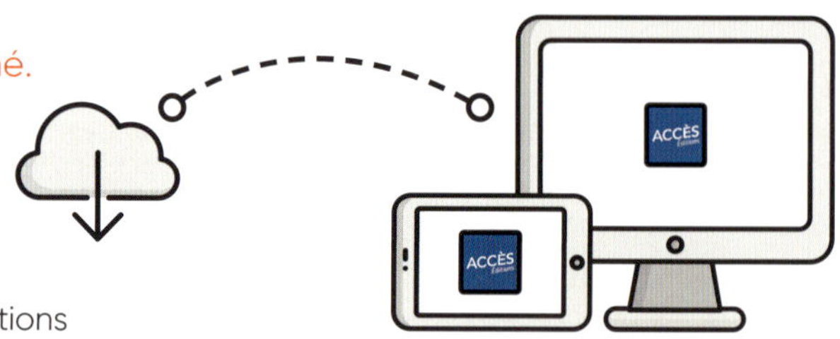

Vous aimez nos ouvrages ? Faites-le-nous savoir en rédigeant un commentaire sur notre site et suivez-nous sur facebook.com/ACCES.editions et instagram.com/acceseditions

03 88 79 97 67 ACCÈS Éditions www.acces-editions.com

Sommaire

Avant-propos

Léa SCHNEIDER, Dominique LAGRAULA, Nicolas BRACH et Dominique LEGOLL à ACCÈS Éditions

Les programmes parus dans le BO spécial n° 11 le 26 novembre 2015 redéfinissent le cycle 2 qui couvre désormais la période du CP au CE2.

La langue française constitue l'objet d'apprentissage central de ce cycle mais tous les autres enseignements concourent également à une meilleure maitrise de la langue et des langages.

Questionner le monde scientifique et technologique permet à l'élève de poser des questions, d'émettre des hypothèses, d'imaginer des solutions et de proposer des réponses pour mieux comprendre le monde qui l'entoure. L'élève met ainsi en œuvre **la démarche d'investigation** qui développe une manière de penser, de raisonner, et d'agir à l'oral comme à l'écrit.

Dans cette partie du programme qui questionne le monde autour des apprentissages scientifiques et technologiques, trop peu de collègues osent se lancer de peur d'être bloqués à un moment ou à un autre par manque de ressources ou de matériel. Forts de ce constat, nous avons pris le parti de réaliser **SCIENCES À VIVRE cycle 2**, un outil complet et concret englobant le vivant, la matière et les objets.

Dans le domaine scientifique et technologique, les élèves ont besoin le plus souvent possible d'observer et d'agir sur le réel. Pour qu'ils puissent se questionner, manipuler, expérimenter, construire, représenter, structurer leurs connaissances de manière réfléchie et rigoureuse, mais aussi pour qu'ils commencent à développer l'esprit critique, toutes les séquences s'articulent autour de la démarche d'investigation scientifique ou technologique. **Nous mettons en œuvre la pédagogie d'investigation prônée par LA MAIN À LA PÂTE** dans toutes les situations d'exploration ou d'observation. Nous sommes redevables aux méthodes de LA MAIN À LA PÂTE permettant de stimuler chez tous les élèves esprit scientifique, compréhension du monde et capacités d'expression.

Nous avons choisi d'amorcer chaque séquence en classe entière, de manière à créer une émulation et un vécu communs. Le temps de structuration et les conclusions se font également en classe entière, ce qui permet de favoriser les échanges entre les élèves et de construire des connaissances communes.

Nous avons fait le choix de vous proposer des séances guidées et cadrantes. Nos démarches permettent de mobiliser fortement le langage oral mais aussi l'écrit. Elles sont volontairement très structurées et détaillées. Cependant, elles ne sont que des exemples destinés à vous donner envie de faire plus de sciences et de technologie dans vos classes. Les interactions enseignant-élèves y sont permanentes. Des propositions de consignes énoncées par l'enseignant sont en italique gras. Les réponses attendues des élèves sont écrites en italique. Leurs conclusions espérées figurent en cursive. Ces exemples de questionnement, d'émissions d'hypothèses, de verbalisations et de conclusions ne sont en aucun cas des modèles à suivre à la lettre. Vos séances seront d'autant plus réussies que les interrogations viendront de vos élèves eux-mêmes, que leurs conclusions seront formulées avec leurs propres mots. L'utilisation du registre humoristique, populaire et décalé de certains titres de séquence n'est qu'un clin d'œil ludique à destination des enseignants qui feront évidemment référence aux intitulés des programmes et aux questions des élèves pour établir les titres des séquences présents dans les traces écrites et les documents de la classe.

Nos démarches ont été expérimentées en classe et soumises à une analyse critique à la lumière des apprentissages et des progrès des élèves. Conçues comme des situations contribuant à mieux comprendre le monde qui les entoure, les séances proposées éveillent la curiosité des élèves, favorisent les questionnements et les démarches mises en œuvre par chacun, et permettent l'acquisition des compétences et des connaissances scientifiques et technologiques nécessaires à la formation de l'écocitoyen de demain.

Bonne exploration du monde à vous et à tous vos élèves.

Dominique LAGRAULA, Nicolas BRACH, Dominique LEGOLL et Léa SCHNEIDER
Avril 2022

Le programme pour le cycle 2

Bulletin officiel de l'Éducation Nationale n° 31 du 30 juillet 2020

Questionner le monde

Dès l'école maternelle, les élèves explorent et observent le monde qui les entoure ; au cycle 2, ils vont apprendre à le questionner de manière plus précise, par une première démarche scientifique et réfléchie. Les objectifs généraux de « Questionner le monde » sont donc : d'une part de permettre aux élèves d'acquérir des connaissances nécessaires pour décrire et comprendre le monde qui les entoure et développer leur capacité à raisonner ; d'autre part de contribuer à leur formation de citoyens. Les apprentissages, repris et approfondis lors des cycles successifs, se poursuivront ensuite tout au long de la scolarité en faisant appel à des idées de plus en plus élaborées, abstraites et complexes.

COMPÉTENCES TRAVAILLÉES	DOMAINES DU SOCLE
Pratiquer des démarches scientifiques • Pratiquer, avec l'aide des professeurs, quelques moments d'une démarche d'investigation : questionnement, observation, expérience, description, raisonnement, conclusion.	4
Imaginer, réaliser • Observer des objets simples et des situations d'activités de la vie quotidienne. • Imaginer et réaliser des objets simples et de petits montages.	5
S'approprier des outils et des méthodes • Choisir ou utiliser le matériel adapté proposé pour mener une observation, effectuer une mesure, réaliser une expérience. • Manipuler avec soin.	2
Pratiquer des langages • Communiquer en français, à l'oral et à l'écrit, en cultivant précision, syntaxe et richesse du vocabulaire. • Lire et comprendre des textes documentaires illustrés. • Extraire d'un texte ou d'une ressource documentaire une information qui répond à un besoin, une question. • Restituer les résultats des observations sous forme orale ou d'écrits variés (notes, listes, dessins, voire tableaux).	1
Mobiliser des outils numériques • Découvrir des outils numériques pour dessiner, communiquer, rechercher et restituer des informations simples.	2
Adopter un comportement éthique et responsable • Développer un comportement responsable vis-à-vis de l'environnement et de la santé grâce à une attitude raisonnée fondée sur la connaissance. • Mettre en pratique les premières notions de gestion responsable de l'environnement par des actions simples individuelles ou collectives ("éco-gestes") : gestion de déchets, du papier, économies d'eau et d'énergie (éclairage, chauffage...).	3,5
Se situer dans l'espace et dans le temps • Construire des repères spatiaux. - Se repérer, s'orienter et se situer dans un espace géographique. - Utiliser et produire des représentations de l'espace. • Construire des repères temporels. - Ordonner des évènements. - Mémoriser quelques repères chronologiques.	5

Questionner le monde du vivant, de la matière et des objets

Cette première découverte de la science concerne la matière sous toutes ses formes, vivantes ou non, naturellement présentes dans notre environnement, transformées ou fabriquées, en articulant le vécu, le questionnement, l'observation de la nature et l'expérimentation avec la construction intellectuelle de premiers modèles ou concepts simples, permettant d'interpréter et expliquer.

La démarche, mise en valeur par la pratique de l'observation, de l'expérimentation et de la mémorisation, développe l'esprit critique et la rigueur, le raisonnement, le gout de la recherche et l'habileté manuelle, ainsi que la curiosité et la créativité. Des expériences simples (exploration, observation, manipulation, fabrication) faites par tous les élèves permettent le dialogue entre eux, l'élaboration de leur représentation du monde qui les entoure, l'acquisition de premières connaissances scientifiques et d'habiletés techniques.

La mise en œuvre de ces démarches d'investigation permet aux élèves de développer des manières de penser, de raisonner, d'agir en cultivant le langage oral et écrit.

Le programme pour le cycle 2

Qu'est-ce que la matière ?

ATTENDUS DE FIN DE CYCLE	
• Identifier les trois états de la matière et observer des changements d'états. • Identifier un changement d'état de l'eau dans un phénomène de la vie quotidienne.	
CONNAISSANCES ET COMPÉTENCES ASSOCIÉES	EXEMPLES DE SITUATIONS, D'ACTIVITÉS ET DE RESSOURCES POUR L'ÉLÈVE
Identifier les trois états de la matière et observer des changements d'états **Identifier un changement d'état de l'eau dans un phénomène de la vie quotidienne**	
Comparer et mesurer la température, le volume, la masse de l'eau à l'état liquide et à l'état solide. Reconnaitre les états de l'eau et leur manifestation dans divers phénomènes naturels. Mettre en œuvre des expériences simples impliquant l'eau et/ou l'air. • Quelques propriétés des solides, des liquides et des gaz. • Les changements d'états de la matière, notamment solidification, condensation et fusion. • Les états de l'eau (liquide, glace, vapeur d'eau). • Existence, effet et quelques propriétés de l'air (matérialité et compressibilité de l'air).	Observer des processus de solidification et de fusion de l'eau. Relier les phénomènes météorologiques observables (nuages, pluie, neige, grêle, glace) aux états liquide et solide de l'eau. Identifier l'état physique de l'eau dans différents contextes (océans, cours d'eau, glaciers, banquise, etc.). Mettre en mouvement différents objets avec le vent pour prendre conscience de l'existence de l'air. Mettre en œuvre des dispositifs simples (seringues, ballons, pompes à vélo, récipients de formes variées...) visant à éprouver la matérialité de l'air.
Repères de progressivité Tout ce qui est lié à l'état gazeux est abordé en CE2.	

Comment reconnaitre le monde vivant ?

ATTENDUS DE FIN DE CYCLE	
• Connaitre des caractéristiques du monde vivant, ses interactions, sa diversité. • Reconnaitre des comportements favorables à sa santé.	
CONNAISSANCES ET COMPÉTENCES ASSOCIÉES	EXEMPLES DE SITUATION, D'ACTIVITÉS ET DE RESSOURCES POUR L'ÉLÈVE
Connaitre des caractéristiques du monde vivant, ses interactions, sa diversité	
Identifier ce qui est animal, végétal, minéral ou élaboré par des êtres vivants. • Développement d'animaux et de végétaux. • Le cycle de vie des êtres vivants. • Régimes alimentaires de quelques animaux. • Quelques besoins vitaux des végétaux. Identifier les interactions des êtres vivants entre eux et avec leur milieu • Diversité des organismes vivants présents dans un milieu et leur interdépendance. Relations alimentaires entre les organismes vivants. Chaines de prédation. • Identifier quelques interactions dans l'école.	Observer, comme en maternelle, des manifestations de la vie sur soi, sur les animaux et sur les végétaux. Observer des animaux et des végétaux de l'environnement proche, puis plus lointain, Réaliser de petits écosystèmes (élevages, cultures) en classe, dans un jardin d'école ou une mare d'école. Réaliser des schémas simples des relations entre organismes vivants et avec le milieu. Suivi de ce qui entre et sort de la classe (papier, recyclage), de la cantine (aliments, eau, devenir des déchets).
Reconnaitre des comportements favorables à sa santé	
Repérer les éléments permettant la réalisation d'un mouvement corporel. Mesurer et observer la croissance de son corps. Croissance (taille, masse, pointure). Modifications de la dentition.	Utiliser des toises, des instruments de mesure. Tableaux et graphiques.
Mettre en œuvre et apprécier quelques règles d'hygiène de vie: variété alimentaire, activité physique, capacité à se relaxer et mise en relation de son âge et de ses besoins en sommeil, habitudes quotidiennes de propreté (dents, mains, corps). Catégories d'aliments, leur origine. Les apports spécifiques des aliments (apport d'énergie: manger pour bouger). La notion d'équilibre alimentaire (sur un repas, sur une journée, sur la semaine). Effets positifs d'une pratique physique régulière sur l'organisme. Changements des rythmes d'activité quotidiens (sommeil, activité, repos...).	Utiliser des toises, des instruments de mesure pour suivre sa croissance. Tableaux et graphiques. Déterminer les principes d'une alimentation équilibrée et variée. Élaborer et intégrer quelques règles d'hygiène de vie et de sécurité.

Les objets techniques. Qu'est-ce que c'est ? À quels besoins répondent-ils ? Comment fonctionnent-ils ?

ATTENDUS DE FIN DE CYCLE	
• Comprendre la fonction et le fonctionnement d'objets fabriqués. • Réaliser quelques objets et circuits électriques simples, en respectant des règles élémentaires de sécurité. • Commencer à s'approprier un environnement numérique.	
CONNAISSANCES ET COMPÉTENCES ASSOCIÉES	EXEMPLES DE SITUATIONS, D'ACTIVITÉS ET DE RESSOURCES POUR L'ÉLÈVE
Comprendre la fonction et le fonctionnement d'objets fabriqués	
Observer et utiliser des objets techniques et identifier leur fonction. Identifier des activités de la vie quotidienne ou professionnelle faisant appel à des outils et objets techniques.	Par l'usage de quelques objets techniques, actuels ou anciens, identifier leur domaine et leur mode d'emploi, leurs fonctions. Dans une démarche d'observation, démonter-remonter, procéder à des tests et essais. Découvrir une certaine diversité de métiers courants. Interroger des hommes et des femmes au travail sur les techniques, outils et machines utilisés.
Réaliser quelques objets et circuits électriques simples, en respectant des règles élémentaires de sécurité	
Réaliser des objets techniques par association d'éléments existants en suivant un schéma de montage. Identifier les propriétés de la matière vis-à-vis du courant électrique. Différencier des objets selon qu'ils sont alimentés avec des piles ou avec le courant du secteur. • Constituants et fonctionnement d'un circuit électrique simple. • Exemples de bons conducteurs et d'isolants. • Rôle de l'interrupteur. • Règles élémentaires de sécurité.	Concernant les réalisations, les démarches varient en fonction de l'âge des élèves, de l'objet fabriqué, de leur familiarité avec ce type de démarche et en travaillant avec eux les règles élémentaires de sécurité. Exemples : réaliser une maquette de maison de poupée, un treuil, un quiz simple. Réaliser des montages permettant de différencier des matériaux en deux catégories : bons conducteurs et isolants. Exemple : réaliser un jeu d'adresse électrique.
Commencer à s'approprier un environnement numérique	
Décrire l'architecture simple d'un dispositif informatique. Avoir acquis une familiarisation suffisante avec le traitement de texte et en faire un usage rationnel (en lien avec le français).	Observer les connexions entre les différents matériels. Familiarisation progressive par la pratique, usage du correcteur orthographique. Mise en page, mise en forme de paragraphes, supprimer, déplacer, dupliquer. Saisie, traitement, sauvegarde, restitution.

Questionner l'espace et le temps [...]

Croisements entre enseignements

L'enseignement « Questionner le monde » est en premier lieu en relation avec celui de mathématiques. Les élèves sont amenés à lire des tableaux, faire des relevés et les noter, effectuer des mesures.
Ils utilisent des notions de géométrie et mesurent des grandeurs lors de la fabrication d'objets techniques. Ils utilisent des repères temporels et spatiaux pour situer des évènements ou situer des lieux sur une carte.
En éducation physique et sportive, le rôle des muscles, des tendons et des os pour la production des mouvements est mis en évidence, tout comme les bénéfices de l'activité physique sur l'organisme.
En manipulant un lexique explicite pour décrire et concevoir des objets, pour désigner une action par un verbe spécifique, et une syntaxe appropriée pour la situer dans le temps et dans la succession de causes et d'effets, cet enseignement participe également à renforcer les compétences des élèves en production écrite et orale. Ils s'initient aussi à un usage particulier de l'écriture : notation rapide, établissement de listes, voire de tableaux, élaboration avec l'aide du professeur d'écrits documentaires.
En articulation avec l'enseignement moral et civique, les activités de cet enseignement sont l'occasion, pour les élèves, de confronter leurs idées dans des discussions collectives, développer le gout de l'explication, de l'argumentation et leur jugement critique, de prendre confiance en leur propre intelligence capable d'explorer le monde.
Des liens sont possibles avec les enseignements artistiques lors du travail sur les matériaux et les objets techniques.

OUVRAGES AUTOUR **DU VIVANT, DE LA MATIÈRE ET DES OBJETS**

(CP) (CE1)

Mes premières découvertes
© Gallimard jeunesse • 9€
Une collection de documentaires avec volets transparents qui peuvent être lus en autonomie dès le CP.

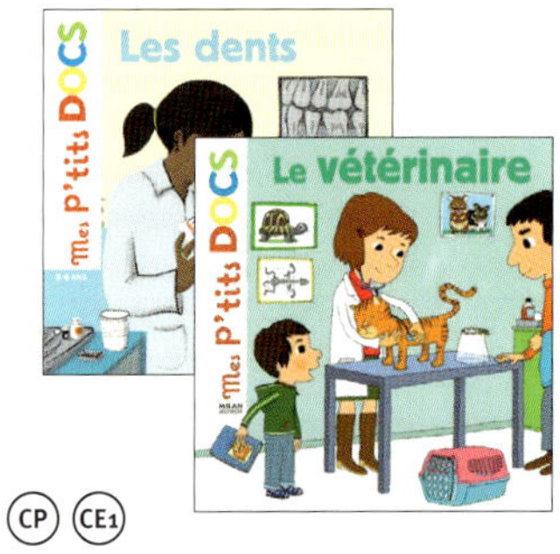

(CP) (CE1)

Mes P'tits DOCS
Stéphanie Ledu © Milan • 7,90€
Une collection de documentaires qui peuvent être lus en autonomie dès le CP.

(CP) (CE1)

Mes années pourquoi
© Milan • 12,50€
Une collection de documentaires illustrés construits autour de questions sur différents sujets. Les textes sont simples et courts.

(CE1) (CE2)

Mes p'tites questions
© Milan • 8,90€
Une collection de documentaires pour les enfants de 6 à 8 ans.

(CE2)

Mon premier Exploradoc
© Tourbillon • 11,10 ou 11,95€
Une collection d'ouvrages intéressants pour comprendre la provenance des matières premières nécessaires à la fabrication d'objets du quotidien: Qui a fait mon livre? D'où vient le coton de mon teeshirt?

(CP) (CE1) (CE2)

Mon premier Larousse des Sciences
Pascal Chauvel
© Larousse • 2020 • 15,95€
Des explications simples et claires, des illustrations amusantes et des pages qui permettent aux enfants de mettre en application leurs connaissances avec de petites expériences ou des jeux.

(CP) (CE1) (CE2)

365 activités scientifiques
© Usborne • 2015 • 14,95€
Un livre qui foisonne d'idées d'expériences autour du vivant, de la matière et des objets.

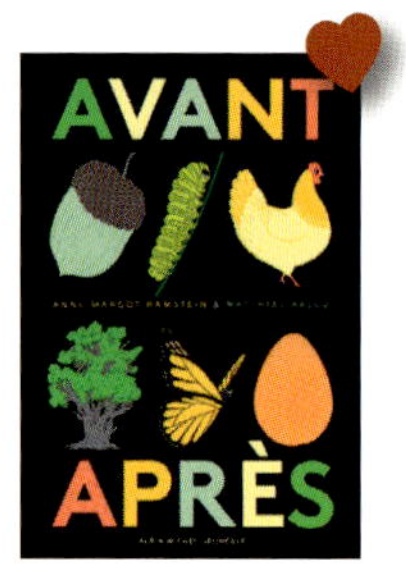

(CP) (CE1) (CE2)

Avant-Après
Anne-Margot Ramstein
© Albin Michel • 2013 • 19,50€
Ce très bel imagier met en regard des éléments (avant) et leurs évolutions ou régressions (après).

VIDÉOS ET APPLICATIONS AUTOUR **DU VIVANT, DE LA MATIÈRE ET DES OBJETS**

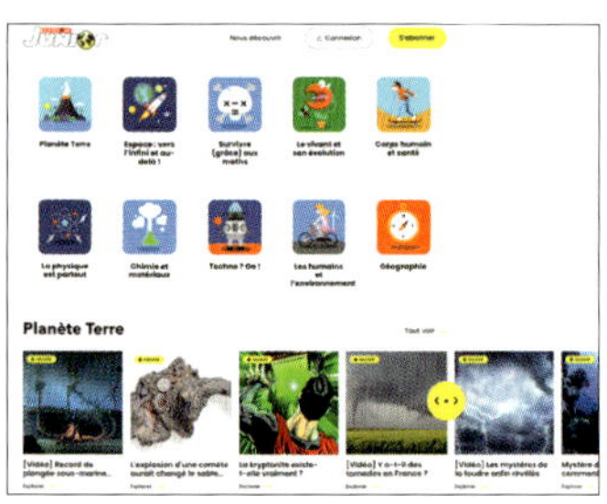

Science et vie junior
www.science-et-vie-junior.fr/
Des vidéos, tutos et articles sont ici proposés aux élèves. L'établissement doit s'abonner. Plusieurs choix de tarifs sont proposés.

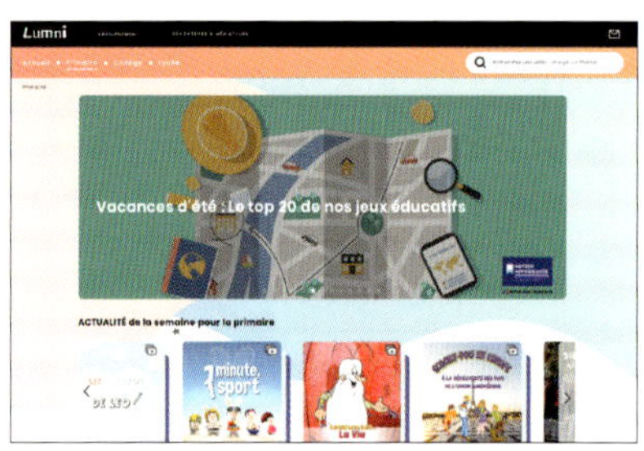

LUMNI
www.lumni.fr/primaire
La nouvelle plateforme éducative à destination des élèves et des enseignants, lancée par France TV et l'INA. Elle propose des vidéos, des jeux et du contenu pédagogique en ligne sur différents sujets, scientifiques ou non.

Mon encyclopédie interactive Dokeo
Apple et Androïd © Nathan Jeunesse
3,99€ par thème
Des fiches interactives incitant l'élève à la curiosité. Des zooms pour en savoir plus ainsi que des jeux pour se tester.

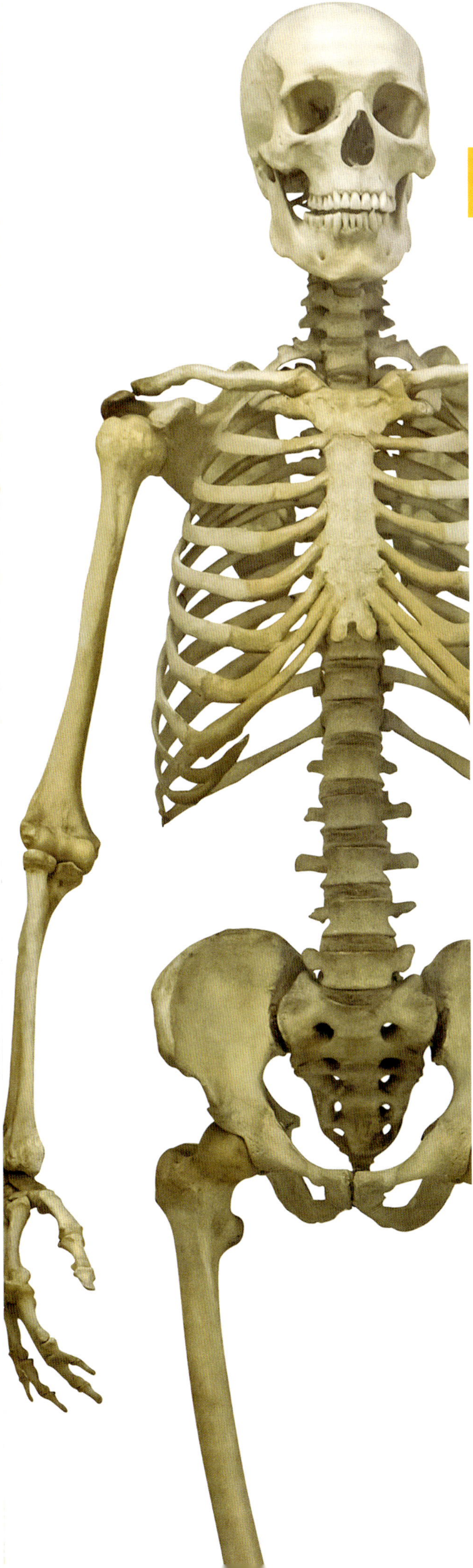

MANIFESTATIONS DE LA VIE CHEZ L'ENFANT

Les notions abordées

- **La croissance et le cycle de vie de l'homme**
- **La dentition de l'enfant et de l'adulte**
- **Le classement des aliments**
- **L'équilibre diététique**
- **Les principes élémentaires des mouvements des bras**

& Trucs astuces

La dissection d'une cuisse de poulet

L'objectif de cette dissection est de permettre l'observation et la mise en évidence des éléments d'une articulation à connaitre pour les élèves de CE2 :

- les muscles : les élèves vont prendre conscience que la chair correspond aux muscles,
- les deux os, leur jonction au niveau du genou,
- les tendons qui relient le muscle à l'os,
- les ligaments qui permettent la cohésion des os entre eux dans une articulation mobile.

Choisissez une patte plutôt maigre de préférence : les pattes trop grosses sont plus compliquées à disséquer car la graisse cache les éléments à observer.

Choisissez un couteau bien aiguisé, sinon les découpes partent en lambeaux et il sera difficile de mettre quoi que ce soit en évidence.

1

Observer la cuisse telle quelle. Plier la patte pour localiser la zone articulaire et enlever la peau.

2

Observer la chair, s'interroger sur ce que c'est pour arriver à faire dire aux élèves que la viande que l'on ingère correspond aux muscles.

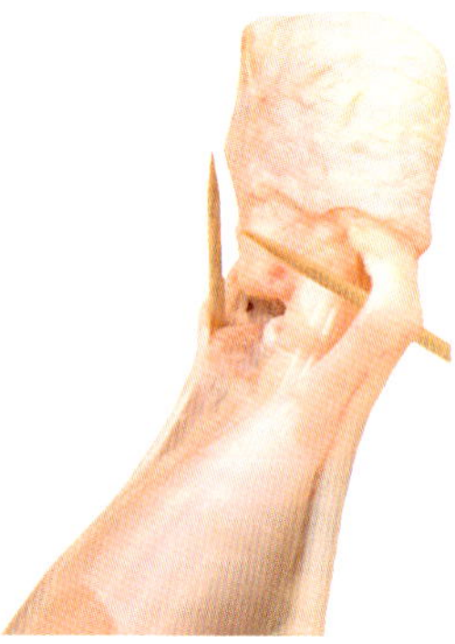

TENDON

3

Repérer l'extrémité blanchâtre d'un muscle fixée à l'os : c'est un tendon. Dégager les contours pour isoler le muscle de manière à pouvoir passer des cure-dents sous les tendons et bien mettre en évidence les points de fixation.

LIGAMENT

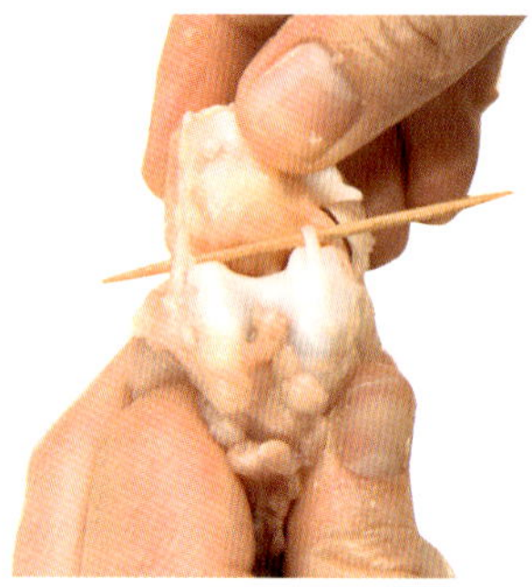

4

Dégager avec précaution l'articulation pour observer les différents ligaments.

⚠ Attention, cette étape est plus complexe. Découper petit à petit pour ne pas sectionner les ligaments que l'on souhaite mettre en évidence. Vous observerez alors les ligaments latéraux mais également les ligaments croisés internes.

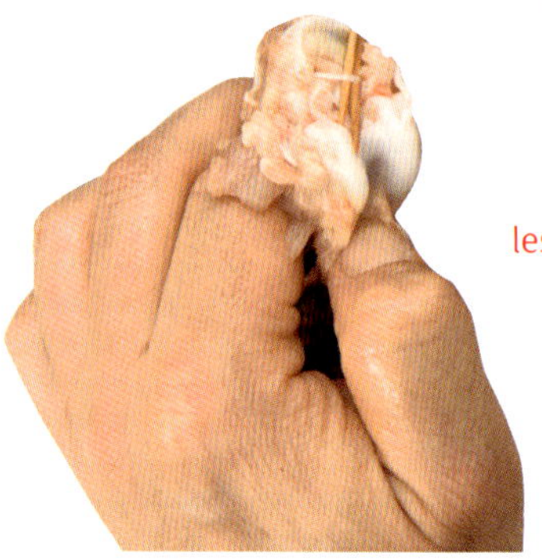

LIGAMENT

JE GRANDIS, TU VIEILLIS…

CP

Identifier, nommer et replacer chronologiquement les grandes étapes de la vie de la naissance à la mort

Séance 1
Identifier, nommer et replacer chronologiquement les étapes de la vie

45 min
Pas d'organisation particulière

Séances 2, 3 et 4
Prendre conscience de sa croissance

45 min + 3 x 15 min
Pas d'organisation particulière

PAS D'ORGANISATION PARTICULIÈRE
45 minutes

Matériel

★ Pour l'enseignant :
- 5 posters A4 ***Croissance de l'enfant***
- 8 étiquettes ***Croissance de l'enfant***

★ Pour la classe :
- 1 affiche

★ Par élève :
- 1 document ***Je grandis !*** (document élève page 21 et)

SÉANCE 1 IDENTIFIER, NOMMER ET REPLACER CHRONOLOGIQUEMENT LES ÉTAPES DE LA VIE — CP

Phase 1 OBSERVATION ET DESCRIPTION DES PHOTOS
Oral collectif • 15 min

- L'enseignant présente à la classe cinq posters A4 ***Croissance de l'enfant*** : un bébé, un enfant, un adolescent, un adulte et une personne âgée.
- Par le questionnement, l'enseignant fait caractériser chaque individu.
- Les élèves décrivent des transformations physiques mais aussi les possibilités de libertés nouvelles qui caractérisent pour eux l'adolescence ou l'âge adulte.
- À ce moment de la séance, on peut accepter qu'ils nomment les personnages sur les photos de différentes façons : maman, grand-mère, sœur, grande sœur, fille…

Phase 2 CARACTÉRISATION DES TROIS ÉTAPES FONDAMENTALES DE LA VIE
Oral collectif • 15 min

- L'enseignant lit ou fait lire cinq étiquettes qu'il a placées au tableau : BÉBÉ - ENFANT - ADOLESCENT - ADULTE - PERSONNE ÂGÉE.
- Il demande aux élèves d'associer chaque mot à une photo. Les élèves discutent et définissent les différents termes si nécessaire puis les placent sous la bonne photo.
- L'enseignant demande alors de ranger les photos dans l'ordre chronologique et de placer trois étiquettes supplémentaires au tableau sur lesquelles sont écrits les verbes : NAITRE, GRANDIR et VIEILLIR.
- Les élèves s'interrogent et débattent puis placent NAITRE avant le bébé, GRANDIR au-dessus du bébé, de l'enfant et de l'adolescent et VIEILLIR au-dessus de l'adulte et de la personne âgée.
- L'enseignant place alors les photos ainsi que les étiquettes sur une affiche accrochée dans la classe.

Phase 3 TRACE ÉCRITE INDIVIDUELLE
Travail individuel • 15 min

- L'enseignant distribue à chaque élève un document ***Je grandis !*** **(document élève page 21 et)**.
- Chaque élève associe une illustration au mot légendé et replace les photos dans l'ordre chronologique.
- Les mots sont les mêmes mais les personnages sont cette fois tous de sexe masculin.

PAS D'ORGANISATION PARTICULIÈRE
45 minutes + 3 x 15 minutes

Matériel

★ Pour l'enseignant :
- 1 bande de papier en rouleau

★ Pour 2 élèves :
- 1 crayon à papier

★ Par élève :
- 2 feuilles blanches A4 pour faire les empreintes
- 1 ***document de suivi***

SÉANCE 2 PRENDRE CONSCIENCE DE SA CROISSANCE — CP

Phase 1 QUESTIONNEMENT ET HYPOTHÈSES
Oral collectif • 10 min

▶ L'enseignant demande aux élèves : ***Comment sait-on que l'on grandit ?***

▶ À cette question, les élèves apportent souvent des réponses très diverses : *on peut se mesurer, nos pantalons deviennent trop courts, nos pulls ou nos chaussures trop petits... On arrive à faire des choses que l'on ne pouvait pas faire avant : prendre un livre sur la deuxième étagère, s'habiller seul, on a un métier, on habite seul, on se marie...*

+ LES RÉPONSES NE SE RESTREIGNENT PAS À LA CROISSANCE ET TRADUISENT SOUVENT LE FAIT QUE GRANDIR PEUT ÉGALEMENT ÊTRE LE THÈME DE DÉBATS OU DE DISCUSSIONS À VISÉE PHILOSOPHIQUE DANS LA CLASSE.

Phase 2 QUESTIONNEMENT CENTRÉ SUR LA CROISSANCE
Oral collectif • 5 min

▶ L'enseignant oriente le questionnement sur la question de la croissance de chaque enfant.

▶ Les élèves ont déjà été mesurés chez le médecin qui utilise une toise. Ils mentionnent généralement cet objet.

▶ En utilisant le même principe, la toise est remplacée par une bande de papier fixée au mur sur laquelle les élèves de la classe vont reporter leur taille.

Phase 3 PRISE DE MESURES
Binômes • 15 min

▶ Chaque élève prend la mesure de son binôme qui se place correctement contre le mur en chaussettes. Sur le trait tracé, il écrit le prénom de l'élève mesuré ainsi que la date.

▶ En comparant les marques, les élèves remarquent des différences de taille dans la classe.

▶ L'enseignant indique à chaque élève combien il mesure en centimètres en plaçant un mètre à côté de la bande.

▶ Il fait remarquer le caractère aléatoire de la croissance et précise que l'on va se mesurer chaque trimestre.

Phase 4 D'AUTRES MESURES ET COMPARAISONS
Travail individuel • 15 min

▶ Chaque élève trace le contour de sa main et de son pied au feutre sur une feuille. Il indique sa pointure sur l'empreinte de son pied.

▶ À la maison, chaque membre de la famille fait de même.

▶ De retour en classe, on peut comparer ces contours avec celui de son petit frère, celui sa grande sœur ou ceux de ses parents et constater que la main et le pied grandissent régulièrement jusqu'à l'âge adulte.

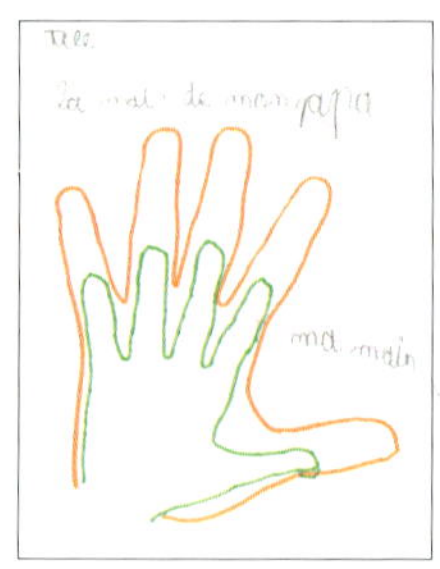

Phase 5 TRACE ÉCRITE
Travail individuel • 15 min chaque trimestre

▶ Chaque trimestre, les élèves remplissent leur ***document de suivi***.

▶ À la fin du CP, les élèves peuvent calculer la différence de taille entre la première mesure et la mesure finale pour savoir de combien de centimètres ils ont grandi au cours de l'année scolaire.

PRÉNOM

DATE

Manifestations de la vie chez l'enfant

REPLACER LES PERSONNAGES DANS L'ORDRE CHRONOLOGIQUE DU DÉROULEMENT DE LA VIE ET NOMMER CHAQUE PERSONNAGE

JE GRANDIS !

Découpe et **colle** les personnages dans l'ordre du déroulement de la vie et ajoute les étiquettes avec leurs noms.

BÉBÉ

PERSONNE ÂGÉE

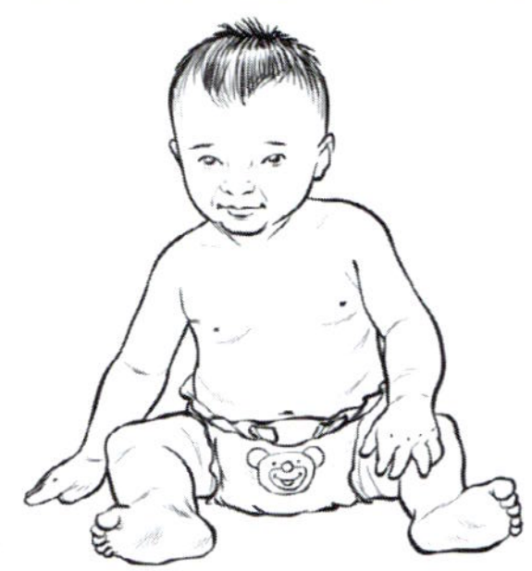

ENFANT

ADULTE

ADOLESCENT

TOUTES DENTS DEHORS !

CE1 Nommer et caractériser ses dents, comprendre les modifications de sa dentition et avoir une bonne hygiène dentaire

Séance 1	Séance 2	Séance 3
Compter et repérer ses dents, prendre conscience de sa denture	Comprendre la succession des dents de lait et des dents définitives	Mettre en évidence, nommer et caractériser les différentes sortes de dents
65 min Classe organisée en binômes	40 min Pas d'organisation particulière	50 min Classe organisée en binômes

CLASSE ORGANISÉE EN BINÔMES
65 minutes

Matériel

★ Pour l'enseignant :
- l'album inducteur

Je suis au CE1, Tome 4 : Une dent perdue
Magdalena
© Flammarion • 2014 • 5,60 €

★ Pour 2 élèves :
- 1 miroir
- 1 lampe de poche

★ Par élève :
- 1 morceau de pâte brisée
- 1 feuille
- 1 document ***Mes dents*** (document élève page 25 et ☁)

SÉANCE 1 COMPTER ET REPÉRER SES DENTS, PRENDRE CONSCIENCE DE SA DENTURE — CE1

Phase 1 **SITUATION INDUCTRICE**
Oral collectif • 10 min

- Au CE1, il arrive fréquemment qu'un élève perde une dent en classe. Cet évènement peut induire la lecture de l'album *Je suis au CE1 : Une dent perdue*.
- Une discussion s'engage à propos des dents et aboutit à la question : ***Et vous, comment sont vos dents ?***

Phase 2 **ÉMISSION D'HYPOTHÈSES**
Travail individuel • 10 min

- L'enseignant demande à chaque élève de dessiner l'intérieur de sa bouche et de noter combien il a de dents.
- Les élèves dessinent les dents comme ils les imaginent. Certains s'aident de leur langue, de leurs doigts pour mieux les sentir et pouvoir les dessiner et les compter.
- Durant cette phase, aucun élève ne peut voir ses dents.

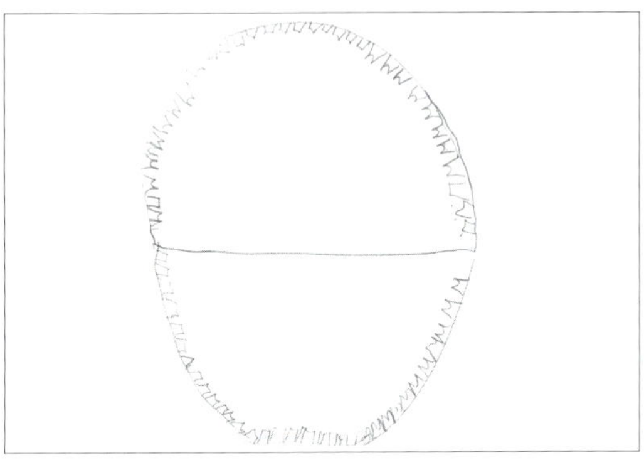

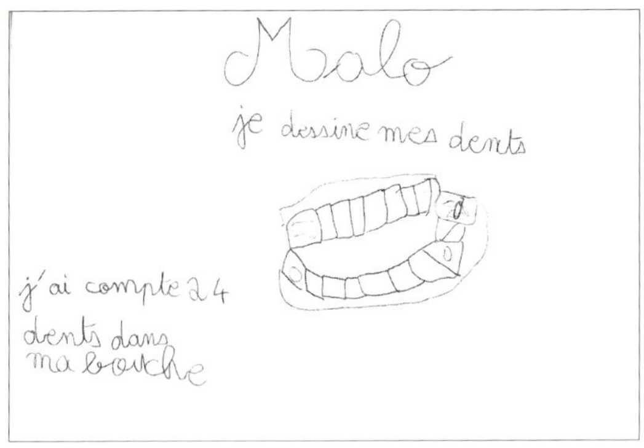

Phase 3 **VÉRIFICATION DES HYPOTHÈSES**
Travail individuel / Binômes • 15 min

- L'enseignant propose aux élèves de vérifier leurs hypothèses.
- Par deux, munis d'un miroir et d'une lampe de poche, ils collaborent et peuvent maintenant observer leurs dents l'un après l'autre.
- Chacun réalise aussi l'empreinte de sa denture en mordant dans un morceau de pâte brisée.
- Les élèves observent alors la forme des dents, comptent combien il y en a dans la bouche, repèrent éventuellement des dents manquantes, en train de pousser ou qui bougent.
- Au fur et à mesure de leurs observations, ils remplissent le document ***Mes dents*** **(document élève page 25 et ☁).**

Phase 4 MISE EN COMMUN ET TRACE ÉCRITE
Oral collectif et travail individuel • 30 min

- L'enseignant organise la synthèse des observations. Par le questionnement, il amène les élèves à utiliser un vocabulaire précis et note au tableau la trace écrite élaborée par la classe.
  - *Nos dents sont fixées sur deux mâchoires : la mâchoire supérieure et la mâchoire inférieure. Les dents n'ont pas toutes la même forme. Certaines dents manquent. Elles sont tombées : ce sont les dents de lait. D'autres poussent pour les remplacer : ce sont les dents définitives.*
- Les élèves recopient la trace écrite sur leur document ***Mes dents*** **(document élève page 25 et** ☁**).** Ils s'aident de leur empreinte pour colorier les dents sur le document et déterminer avec certitude combien de dents ils ont dans leur bouche.

PAS D'ORGANISATION PARTICULIÈRE
40 min

Matériel

★ Pour l'enseignant :
- 1 vidéoprojecteur
- le poster A3 ***Radiographie de dents d'un enfant de 8 ans***

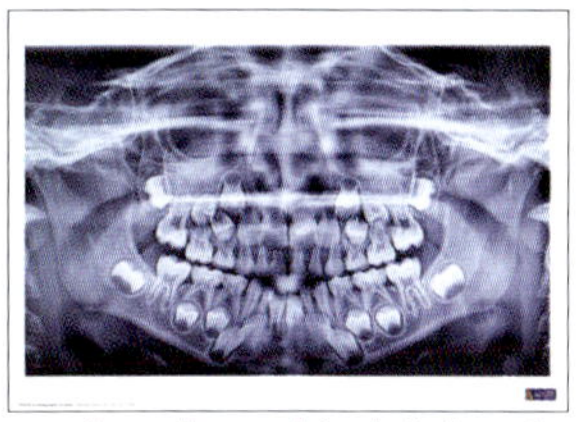

- ***la radiographie de la bouche d'un adulte*** ☁

★ Par élève :
- le document ***Dents de lait et dents définitives*** (document élève page 26 et ☁)
- son cahier d'exploration du monde
- des crayons de couleur

SÉANCE 2 COMPRENDRE LA SUCCESSION DES DENTS DE LAIT ET DES DENTS DÉFINITIVES — CE1

Phase 1 RAPPEL
Oral collectif • 5 min

- L'enseignant interroge et amène les élèves à réinvestir le vocabulaire DENTS DE LAIT et DENTS DÉFINITIVES.
- Il pose la question : ***Où sont vos dents définitives dans votre bouche ?***
- Certains élèves montrent alors des dents définitives dans leur bouche. D'autres répondent en dessous, à l'intérieur des mâchoires, d'autres ne savent pas.

Phase 2 ANALYSE D'UNE RADIOGRAPHIE
Oral collectif • 20 min

- L'enseignant projette ou affiche au tableau la ***Radiographie des dents d'un enfant de 8 ans*** ☁. Il demande aux élèves de décrire ce qu'ils voient.
- Les élèves décrivent et montrent la mâchoire supérieure, la mâchoire inférieure, des dents.
- Le nombre de dents et leur place sur les mâchoires interpellent certains élèves.
- L'enseignant demande si on voit des dents de lait et des dents définitives chez cet enfant.
- En faisant appel à leurs connaissances, les élèves analysent la radiographie projetée :
  - *on repère les dents de lait car il y a une dent en dessous,*
  - *on repère les dents définitives car il n'y a rien en dessous,*
  - *on voit les futures dents sous les dents de lait.*
- Les élèves viennent montrer à tour de rôle des dents définitives, des dents de lait et des futures dents.
- L'enseignant annote la radiographie projetée au fur et à mesure.
- L'enseignant projette maintenant ***la radiographie de la bouche d'un adulte*** ☁. En s'appuyant sur l'analyse précédente, les élèves constatent que l'on ne voit que des dents définitives. Il n'y a rien en dessous. Il y a plus de dents que dans la bouche de l'enfant de 8 ans.

Phase 3 TRACE ÉCRITE
Oral collectif et travail individuel • 15 min

- Sur le document ***Dents de lait et dents définitives*** **(document élève page 26 et** ☁**)**, chaque élève repère et colorie selon un code couleur les dents de lait, les dents définitives et les futures dents.
- L'enseignant vérifie en passant dans les rangs et aide les élèves qui hésitent.
- La classe élabore une trace écrite collective que l'enseignant écrit au tableau et que les élèves recopient sur le document.
  - *Sous une dent de lait, il y a toujours une future dent définitive.*
  - *Il n'y a rien sous une dent définitive car elle ne sera jamais remplacée. La couronne est la partie de la dent qui sort de la gencive et la racine est la partie de la dent qui la fixe dans la mâchoire.*
  - *Sur la radiographie de l'adulte, il n'y a que des dents définitives.*
  - *Un adulte a 32 dents alors qu'un enfant de 8 ans a 24 dents au maximum.*

CLASSE ORGANISÉE EN BINÔMES
50 minutes

Matériel

★ Pour la classe :
- 1 dentier articulé

★ Pour 2 élèves :
- 3 ou 4 morceaux de pommes

+ IL FAUT VÉRIFIER AVANT LE DÉBUT DE CETTE SÉANCE QU'AUCUN ÉLÈVE N'EST ALLERGIQUE À LA POMME.

★ Par élève :
- son cahier d'exploration du monde
- 1 document ***Le rôle des dents*** (document élève page 27 et ☁)

SÉANCE 3 METTRE EN ÉVIDENCE, NOMMER ET CARACTÉRISER LES DIFFÉRENTES SORTES DE DENTS — CE1

Phase 1 OBSERVATION DE SON EMPREINTE
Oral collectif • 5 min

- L'enseignant présente un dentier articulé. ***Que pouvez-vous me dire sur la forme des dents ?***
- Les élèves constatent sur le dentier que toutes les dents n'ont pas la même forme. Certaines sont carrées, d'autres plus fines ou plus pointues.
- Les élèves constatent également que les dents sont disposées dans un certain ordre sur la mâchoire.

ATELIER 3 **JEU DU PIQUENIQUE DIÉTÉTIQUE**
2 groupes de 5 à 8 élèves

- Chaque jeu est constitué des quarante cartes ALIMENTS et de cartes spéciales : huit cartes MÉLI-MÉLO, deux cartes CHANGEMENT DE SENS, deux cartes STOP JE N'AI PLUS FAIM et deux cartes PORTIONS EN RAB'.
- Les élèves ont chacun cinq cartes en main. Les autres cartes constituent la pioche.
- Une carte est retournée. Chaque élève doit la recouvrir avec un aliment de la même famille que la dernière carte visible : les pictos permettent de valider les actions. Le joueur qui ne peut pas jouer doit piocher une carte.
- Lorsqu'un élève pose une carte MÉLI-MÉLO, il peut changer la famille d'aliments.
- Le gagnant est le premier à avoir posé toutes ses cartes.
- Pour pimenter le jeu, on peut retarder l'adversaire avec une carte CHANGEMENT DE SENS qui l'oblige à poursuivre le jeu dans l'autre sens, une carte JE N'AI PLUS FAIM qui empêche le joueur suivant de jouer pour un tour ou la carte PORTION EN RAB' qui l'oblige à prendre deux cartes aliments de la pioche.
- Quand il n'y a plus de carte dans la pioche, utiliser le tas de cartes posées en jeu.

DEMI-CLASSE ORGANISÉE EN ILOTS
50 minutes

Matériel

★ Pour l'enseignant :
- 1 photocopie agrandie des cartes ***Menus à compléter***

Atelier 1 :
- les cartes ***Aliments***
- les cartes ❶ ***Menus à compléter***

Atelier 2 :
- les photocopies de 3 semaines de menus de la cantine de l'école

Atelier 3 :
- les cartes ***Menus à compléter*** en noir et blanc

SÉANCE 3 S'ENTRAINER À ÉQUILIBRER DES MENUS — CE2

Phase 1 **RECOMMANDATIONS DES DIÉTÉTICIENS**
Demi-classe • 5 min

- L'enseignant fait rappeler à ses élèves les six groupes d'aliments ayant un rôle indispensable pour la bonne santé du corps et le septième groupe des aliments plaisir à manger en quantité réduite.
- Il formule ensuite les recommandations des diététiciens : *Pour manger équilibré, il faut trouver dans un même repas un aliment de chaque groupe alimentaire et boire de l'eau.*

Phase 2 **ATELIERS TOURNANTS**
3 groupes de 4 à 5 élèves • 45 min

- L'enseignant présente tous les ateliers et répartit les élèves en trois groupes.

ATELIER 1 **JEU DES MENUS**

- Les élèves ont en main quatre cartes ***Aliments***. Les autres cartes constituent une pioche. Les neuf cartes ❶ ***Menus à compléter*** sont disposées en tas.
- Pour chaque carte *Menus à compléter*, le joueur le plus rapide pose la carte *Aliment* manquante en s'appuyant sur la présence des six familles d'aliments indispensables.
- Exemple de menu à compléter : salade de carottes à l'huile d'olive, escalope de poulet, pommes de terre sautées, eau en carafe. Pour ce menu, l'élève peut poser la carte PETIT SUISSE car il n'y a pas de laitage.
- Si le joueur s'est trompé, il pioche deux cartes de pénalité.

▶ La présence de toutes les familles permet de valider ou non les réponses.
▶ Lorsque tous les menus ont été complétés, le gagnant est celui qui a le moins de cartes en main.

ATELIER 2 **ÉTUDE DES MENUS DE LA CANTINE**
▶ L'enseignant a photocopié les menus de la restauration scolaire sur trois semaines.
▶ Les élèves répartissent chaque plat dans une catégorie d'aliment. Certains plats comme le couscous sont notés dans deux voire trois catégories.

ATELIER 3 **INVENTION DE MENUS**
▶ Les élèves créent les menus pour une semaine à partir de cartes ***Menus à compléter***.
▶ Ils peuvent s'inspirer de plats déjà rencontrés, de leurs plats familiaux… en respectant toujours la règle : un aliment de chaque catégorie par repas. Pour les boissons, comme à la cantine, l'eau est l'unique boisson.

PAS D'ORGANISATION PARTICULIÈRE
45 minutes

Matériel
★ Pour la classe :
- propositions d'une semaine de menus élaborés par chaque groupe

★ Par élève :
- les cartes ***Menus à compléter*** en noir et blanc
- photocopies des menus de la cantine
- son cahier d'exploration du monde

SÉANCE 4 CONCEVOIR DES REPAS ÉQUILIBRÉS — CE2

Phase 1 **CORRECTION DES ATELIERS**
Oral collectif • 30 min

CORRECTION DE L'ATELIER 1
▶ L'enseignant distribue à chaque élève les cartes ***Menus à compléter*** en noir et blanc. Il les interroge pour vérifier les aliments proposés pour équilibrer les menus, qu'il s'agisse de ceux du jeu ou d'autres.
▶ C'est un moment où l'enseignant pourra évoquer les proportions de chaque catégorie : beaucoup de féculents, de fruits et légumes mais des corps gras présents en quantité restreinte.
▶ Les élèves notent sur le document un aliment validé par la classe.
+ La pyramide alimentaire n'est pas proposée au CE2 car elle présente plutôt un équilibre quantitatif sur la journée. Au CE2, c'est l'équilibre qualitatif qui est visé.

CORRECTION DE L'ATELIER 2
▶ L'enseignant questionne ses élèves : ***Mangez-vous équilibré à la cantine ?***
▶ Grâce à leur analyse et aux classements effectués, les élèves vérifient si les menus proposés sont équilibrés.

CORRECTION DE L'ATELIER 3
▶ Chaque groupe propose un jour de sa semaine de menus. L'ensemble de la classe valide ou critique les propositions en argumentant.
+ Là encore, l'enseignant peut intervenir pour montrer qu'un équilibre alimentaire se joue sur la semaine et que l'on peut manger des plats plus gras un jour si les autres jours sont équilibrés. Il ne faudrait pas que des enfants aient l'impression que leur cuisine familiale est totalement à bannir. Par contre, certaines habitudes, comme boire des sodas ou ne jamais manger de légumes, peuvent être interrogées.

Phase 2 **TRACE ÉCRITE**
Travail individuel • 15 min
▶ Les élèves collent dans leur cahier le document MENUS À COMPLÉTER, le menu de la cantine, et ils recopient la semaine de menus rédigée par la classe.
▶ Ils notent également les recommandations diététiques écrites au tableau :
- *Pour être en bonne santé, il faut manger chaque jour au moins un aliment de chaque famille.*
- *Un repas est équilibré s'il comprend un aliment des six groupes alimentaires indispensables.*
- *L'eau est la meilleure boisson pour le corps. Attention à ne pas manger trop d'aliments plaisir car ils sont soit trop gras, soit trop salés, soit trop sucrés.*

PAS D'ORGANISATION PARTICULIÈRE
25 minutes

Matériel
★ Par élève :
- 1 document ***Manger équilibré*** (évaluation page 33 et)

SÉANCE 5 SAVOIR CLASSER DIFFÉRENTS ALIMENTS POUR ÉQUILIBRER SON ALIMENTATION SUR UN REPAS — CE2

Phase 1 **ÉVALUATION**
Travail individuel • 25 min
▶ Les élèves prennent connaissance du document ***Manger équilibré*** **(évaluation page 33 et)**. Ils lisent les consignes avant de le compléter.

PROLONGEMENT / TRANSVERSALITÉ

▶ Proposer un gouter équilibré et le cuisiner :
- réaliser des smoothies aux fruits et au yaourt,
- faire des brochettes de fruits (melon, fraise, pomme, abricot, pastèque, raisin…) pour apprivoiser les plus réfractaires.

▶ Découvrir des aliments particuliers, des saveurs nouvelles. Rencontrer et cuisiner avec des professionnels lors de la semaine nationale du goût.

EN CHAIR ET EN OS

CE2 Expliquer les principes élémentaires des mouvements du bras et nommer les organes mis en jeu

Séance 1	Séance 2	Séance 3	Séances 4 et 4bis	Séance 5	Séance 6
Schématiser le bras en mouvement et émettre des hypothèses	Connaitre son squelette et découvrir les os du bras et de l'avant-bras	Repérer toutes les articulations du squelette	Observer une dissection et fabriquer une maquette	Modéliser le mouvement bras / avant-bras	Évaluation
30 min Pas d'organisation particulière	60 min Pas d'organisation particulière	50 min Classe organisée en binômes	2 x 60 min Demi-classe organisée en ilots	60 min Classe organisée en binômes	25 min Pas d'organisation particulière

PAS D'ORGANISATION PARTICULIÈRE
30 minutes

Matériel

★ Pour l'enseignant :
- le poster A2 ***Flexion extension***

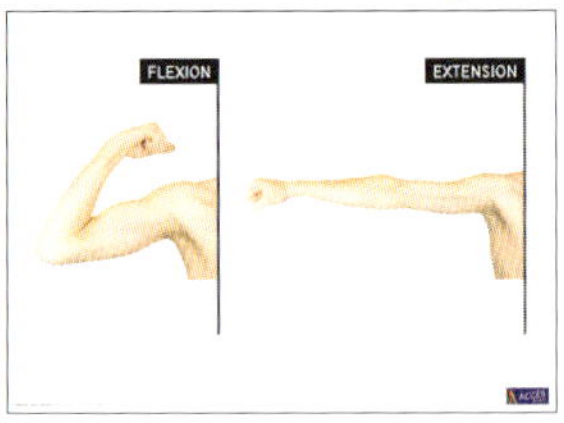

★ Par élève :
- 1 feuille blanche

SÉANCE 1 SCHÉMATISER LE BRAS EN MOUVEMENT ET ÉMETTRE DES HYPOTHÈSES — CE2

Phase 1 **SITUATION INDUCTRICE**
Oral collectif • 5 min

- L'enseignant affiche le poster A2 ***Flexion extension***.
- Les élèves le décrivent et effectuent des mouvements de flexion et d'extension avec leur bras pour comprendre le passage d'une position à l'autre.
- L'enseignant demande comment ces mouvements sont possibles et quels sont les organes qui les permettent.

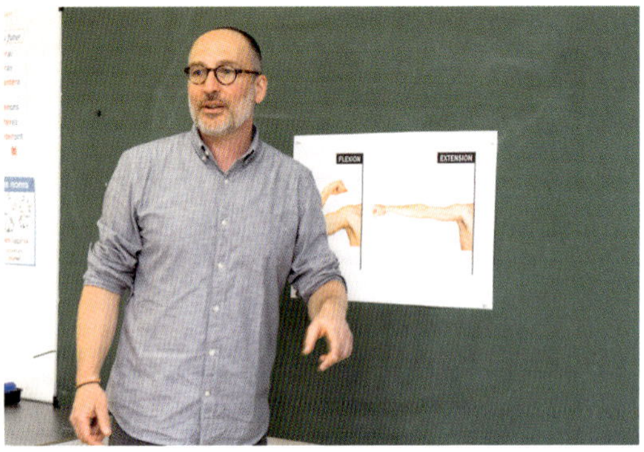

Phase 2 **REPRÉSENTATIONS INITIALES DES ÉLÈVES**
Travail individuel • 15 min

- Les élèves essaient de répondre à la question :
Que se passe-t-il à l'intérieur de mon bras quand je le plie ?
- Les élèves s'observent et réfléchissent. L'enseignant les invite à dessiner un bras en l'annotant et en essayant d'expliquer l'origine du mouvement.

Phase 3 **MISE EN COMMUN**
Oral collectif • 10 min

- L'ensemble des productions des élèves est accroché au tableau.
- Les os et les muscles apparaissent sur la plupart des schémas mais on ne trouve presque jamais les articulations. Il n'y a parfois qu'un seul os dans les deux parties. Les ligaments ou les tendons sont méconnus.
- Les élèves ont quelques connaissances mais n'arrivent pas à expliquer comment fonctionne ce mouvement ni même à utiliser un vocabulaire précis pour nommer les différentes parties impliquées.
- ***Au cours des prochaines séances, nous allons travailler pour pouvoir répondre correctement à la question : Que se passe-t-il exactement à l'intérieur de mon bras quand je le plie ?***

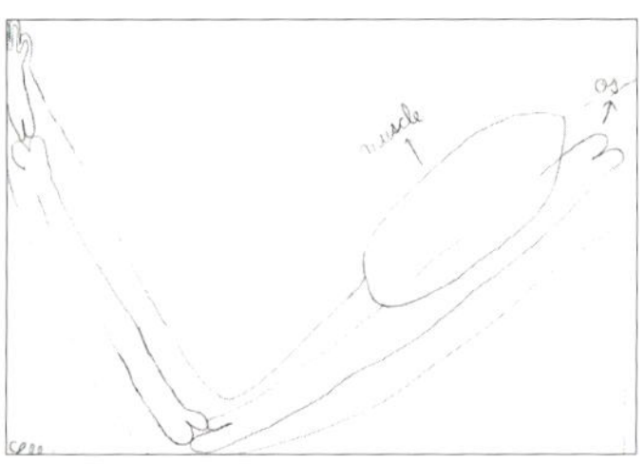

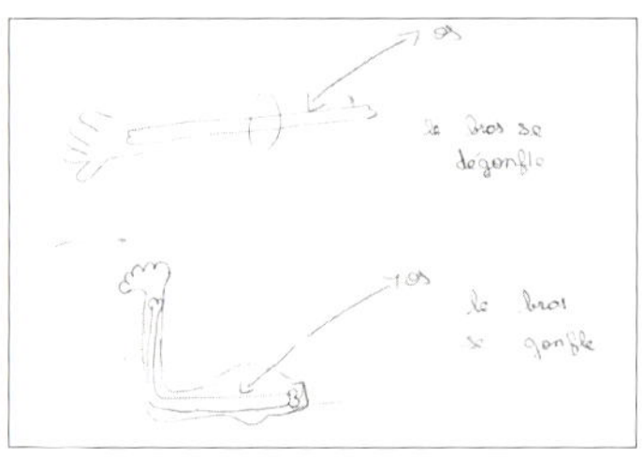

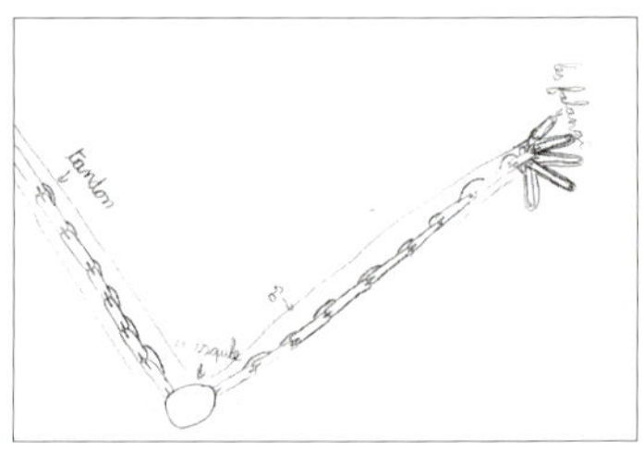

PAS D'ORGANISATION PARTICULIÈRE
60 minutes

Matériel

★ Pour l'enseignant :
- le poster A1 ***Le squelette***

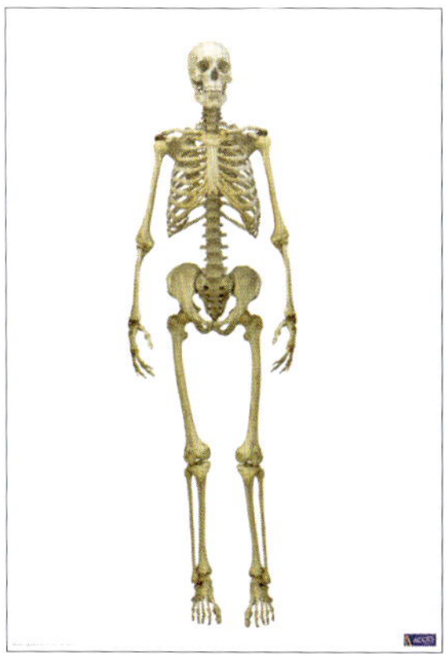

- 1 vidéoprojecteur
- radiographies ou jeu interactif ***Le puzzle des radios***
- ***6 étiquettes*** à placer sur le squelette
- ***radiographie du bras et de l'avant-bras***

★ Par élève :
- 1 document **Les différentes parties du squelette** (document élève page 40 et)

SÉANCE 2 CONNAITRE SON SQUELETTE ET DÉCOUVRIR LES OS DU BRAS ET DE L'AVANT-BRAS — CE2

Phase 1 DÉCOUVERTE DU SQUELETTE
Oral collectif • 20 min

- ***Qu'est-ce qui nous permet de tenir debout, de ne pas être tout mou ?*** *Les os.*
- ***Comment s'appellent l'ensemble des os de notre corps ?*** *Le squelette.*
- L'enseignant affiche le poster du squelette dans la classe.
- Il projette les radiographies ou le jeu ***Le puzzle des radios***. Ce jeu présente différentes radiographies de parties du squelette. Les élèves les décrivent et les replacent au bon endroit sur la silhouette en se repérant sur le poster du squelette affiché.
- Ils évoquent leur forme, leur taille, viennent les montrer sur le poster au reste de la classe.
- Ils placent aussi les ***6 étiquettes*** des principaux groupes d'os du corps humain : LE CRÂNE, LA COLONNE VERTÉBRALE, LA CAGE THORACIQUE, LE BRAS, LE BASSIN et LA JAMBE.

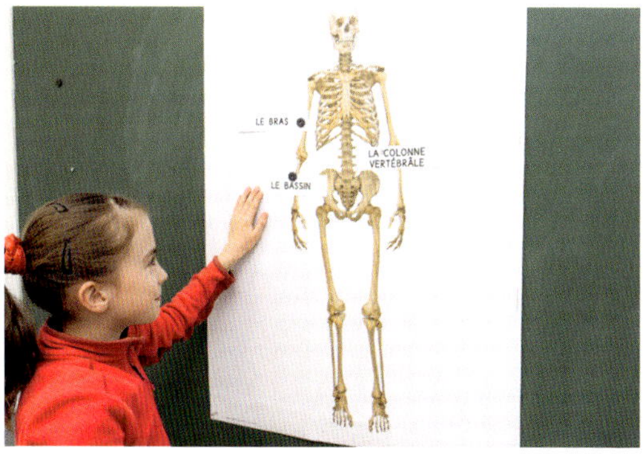

- ***Dans chaque groupe d'os, il y en a qui sont très différents. Essayez de repérer l'os le plus long du corps.***
- Les élèves cherchent et repèrent l'os de la jambe. Un élève vient le montrer sur le poster.
- L'enseignant apprend alors aux élèves qu'il s'appelle le FÉMUR. Il poursuit en précisant qu'il y a 206 os dans le corps humain et que chaque os a un nom. Il précise qu'on ne va pas apprendre le nom de tous les os du squelette, qu'il y en aurait trop à retenir.

+ PARFOIS, DES ÉLÈVES QUI ONT ÉTÉ VICTIMES DE FRACTURES SONT CAPABLES DE NOMMER AVEC PRÉCISION CERTAINS OS DU CORPS HUMAIN.

- ***Nous aurons besoin de connaitre ceux du bras et de l'avant-bras pour comprendre comment le bras bouge.***
- L'enseignant fait récapituler les élèves pour élaborer la trace écrite de la classe au tableau.

Phase 2 TRACE ÉCRITE INDIVIDUELLE
Travail individuel • 15 min

- L'enseignant distribue à chacun le document ***Les différentes parties du squelette*** **(document élève page 40 et).**
- Chacun annote son squelette en se référant au poster et recopie la trace écrite.
  - *L'ensemble des os de notre corps constitue le squelette. Il soutient le corps et nous permet de nous tenir droit. Le squelette humain possède 206 os qui sont tous différents : ils n'ont ni la même forme ni la même taille.*
  - *On regroupe les os en six groupes : le crâne, la colonne vertébrale, la cage thoracique, le bras, le bassin, la jambe. Tous les os du corps ont un nom. L'os le plus long de notre corps s'appelle le fémur et il est situé dans la jambe.*

Phase 3 OBSERVATION DES RADIOGRAPHIES DU BRAS
Oral collectif • 10 min

- L'enseignant projette maintenant une ***radiographie du bras et de l'avant-bras***.
- ***Que voyez-vous sur ces radiographies ?*** *Des os. Il y en a plusieurs.*
- Un élève montre les différents os en traçant leur contour.
- Les autres élèves observent et identifient trois os.
- L'enseignant précise que l'on peut distinguer deux parties sur cette radiographie : le bras et l'avant-bras.
- Les élèves observent alors un os dans le bras et deux os dans l'avant-bras.
- L'enseignant demande aux élèves de les décrire : *ils sont allongés, il y en a un qui est plus fin. Ils sont arrondis au bout.*
- L'enseignant montre et nomme les trois os : L'HUMÉRUS, LE RADIUS et L'ULNA (anciennement appelé le cubitus).
- ***Pliez le bras. Avec l'autre main, sentez ce qui se passe sur le bras.*** *On sent que ça gonfle, ça grossit, ça devient dur...*
- ***Qu'est ce qui grossit quand vous pliez le bras ?*** *Les muscles.*
- Les élèves prennent conscience que le muscle change de forme lors du mouvement de flexion.
- L'enseignant annonce que le muscle qu'ils sentent sur le bras s'appelle le BICEPS et celui qu'ils sentent sous le bras s'appelle le TRICEPS.

Phase 4 **TRACE ÉCRITE INDIVIDUELLE**
Travail individuel • 15 min

- Chaque élève annote son schéma du bras et complète la trace écrite avec les mots écrits au tableau sur le document ***Les différentes parties du squelette*** **(document élève page 40 et).**
  - Notre bras est constitué de trois os. L'os du bras s'appelle l'humérus et les deux os de l'avant-bras s'appellent le radius et l'ulna. Dans le bras, on sent deux muscles qui grossissent et se raccourcissent : le biceps et le triceps.

CLASSE ORGANISÉE EN BINÔMES
50 minutes

Matériel

★ Pour l'enseignant :
- le poster A1 ***Le squelette***

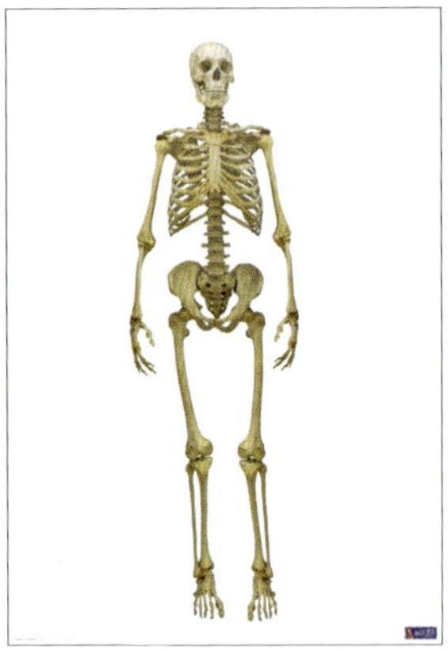

★ Par binôme :
- 1 ***silhouette***

★ Par élève :
- 1 document ***Les articulations du corps humain*** (document élève page 41 et)

SÉANCE 3 REPÉRER TOUTES LES ARTICULATIONS DU SQUELETTE — CE2

Phase 1 **REPÉRAGE DE TOUTES LES ARTICULATIONS DU CORPS**
Binômes • 15 min

- L'enseignant distribue à chaque binôme une ***silhouette***.
- ***En vous servant de votre corps et en vous observant deux à deux, repérez les endroits qui permettent aux différentes parties du corps de bouger. Entourez-les avec précision sur la silhouette. Nommez-les si vous les connaissez.***
- Les élèves s'observent et bougent à tour de rôle. Ils notent sur le document les zones qu'ils ont identifiées.

Phase 2 **MISE EN COMMUN**
Oral collectif • 15 min

- Chaque binôme affiche son document au tableau.
- Les élèves ont repéré les articulations les plus connues : le cou, l'épaule, le coude, le poignet, la hanche, le genou, les chevilles. En comparant les documents, ils constatent la symétrie de la plupart des articulations.
- Un élève vient montrer le mouvement que permet l'articulation repérée sur le poster du squelette. Il la nomme et note son nom au tableau.
- Par le questionnement, l'enseignant amène les élèves à nommer d'autres articulations : mâchoires, colonne vertébrale, doigts de la main et doigts de pied.

+ ON NE PROPOSE PAS ICI DE CLASSER LES ARTICULATIONS SELON LE MOUVEMENT QU'ELLES PERMETTENT. CE CLASSEMENT EST COMPLEXE, N'EST PAS INDISPENSABLE À CETTE SÉQUENCE ET PEUT ÊTRE FAIT ULTÉRIEUREMENT.

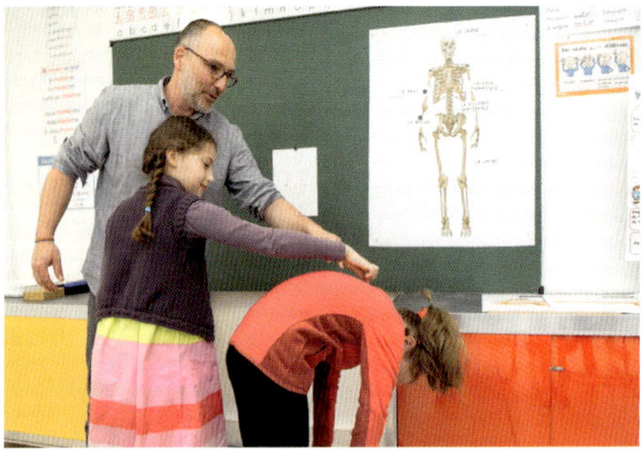

Phase 3 **ÉLABORATION DE LA TRACE ÉCRITE**
Oral collectif • 10 min

- L'enseignant amène les élèves à élaborer la trace écrite en leur demandant de nommer quelques articulations, de dire où elles sont situées et à quoi elles servent.
  - Les articulations relient les os entre eux.
  - Grâce aux articulations, on peut plier ou bouger différentes parties de notre corps. Par exemple, l'articulation du genou permet de plier la jambe, celle du poignet permet de bouger la main.
  - La colonne vertébrale permet de se redresser ou d'arrondir le dos, de bouger la tête.
- L'enseignant revient alors au mouvement du bras.
- ***Quelle articulation intervient dans le mouvement du bras et de l'avant-bras ?*** *Le coude.*
- ***Quels os sont reliés par le coude ?***
- Les élèves reprennent le schéma annoté lors de la séance 2 et peuvent répondre : l'humérus et le radius.

Phase 4 **TRACE ÉCRITE INDIVIDUELLE**
Travail individuel • 10 min

- Chaque élève place les principales articulations sur le document ***Les articulations du corps humain*** **(document élève page 41 et).** Il recopie la trace écrite de la classe.

DEMI-CLASSE ORGANISÉE EN ILOTS
2 x 60 minutes

Matériel

★ Pour l'enseignant :
- des ciseaux, un couteau, des cure-dents, 1 bac pour la dissection
- 1 appareil photo
- les ***photos de la dissection***

★ Par groupe :
- 1 cuisse de poulet
- des gants de chirurgien en latex

★ Par élève :
- 1 ***gabarit de la maquette***
- du papier cartonné
- 1 crayon à papier
- 1 paire de ciseaux
- 1 compas
- 1 attache parisienne
- 2 bouts de laine de 40 cm
- 1 pochette transparente
- son cahier d'exploration du monde

SÉANCES 4 ET 4BIS OBSERVER UNE DISSECTION ET FABRIQUER UNE MAQUETTE — CE2

Phase 1 RAPPEL DES SÉANCES PRÉCÉDENTES ET PRÉSENTATION DU TRAVAIL
Demi-classe • 5 min

- Réaliser cette séance en demi-classe. Si ce n'est pas possible, mettre la moitié de la classe en autonomie.
- Les phases 2 et 2bis sont réalisées simultanément avec deux groupes différents puis en inversant.
- En questionnant les élèves, l'enseignant fait verbaliser tout ce qu'ils ont déjà appris et qui peut servir pour expliquer le mouvement du bras : les os, les muscles, l'articulation du coude.
- Comme il est difficile de regarder ce qui se passe dans le bras lorsqu'on le plie, l'enseignant leur propose de disséquer une patte de poulet pour pouvoir observer ce qui se passe réellement à l'intérieur.
- Diviser la demi-classe en deux groupes. Pendant qu'un groupe observe la dissection, l'autre groupe prépare le matériel nécessaire à la réalisation d'une maquette représentant le bras et l'avant-bras que l'on utilisera lors de la séance suivante pour mieux comprendre ce mouvement.

Phase 2 DISSECTION DE LA CUISSE DE POULET
1 groupe de 5 à 8 élèves • 20 min

+ AVANT DE COMMENCER, LIRE LES TRUCS & ASTUCES PAGE 18. IL FAUT BIEN PRÉCISER AUX ÉLÈVES QUE CETTE CUISSE DE POULET A ÉTÉ ACHETÉE EN BOUCHERIE ET QU'AUCUN ANIMAL N'A ÉTÉ SACRIFIÉ SPÉCIALEMENT POUR LA DISSECTION. L'ENSEIGNANT RÉALISE LA DISSECTION DEVANT LES ÉLÈVES. IL LEUR MONTRE, LES FAIT TOUCHER OU AGIR ET VERBALISER LES DIFFÉRENTES ÉTAPES. UN ÉLÈVE DE CE2 N'EST PAS CAPABLE, MÊME GUIDÉ, DE DISSÉQUER SEUL UNE PATTE DE POULET.

- Observer les différentes parties de la patte et faire identifier la cuisse, la patte, l'articulation, la peau. Faire plier la patte au niveau de l'articulation. Faire l'analogie avec l'homme.
- Enlever la peau sur toute la patte à l'aide de petits ciseaux. Faire observer les muscles. Préciser que c'est la chair que l'on mange.
- Sur la partie inférieure (le pilon), dégager délicatement les muscles de l'os en utilisant un couteau pour faire apparaitre des filaments fins, blancs et brillants aux extrémités. Tirer dessus pour mettre en évidence qu'ils relient le muscle à l'os. Ce sont les tendons. Faire l'analogie avec un élastique.
- Dégager entièrement l'articulation pour observer une large bande blanche qui relie les deux os : c'est le ligament.
- Casser un os en deux pour montrer qu'il est creux et que l'on voit de la moelle osseuse à l'intérieur.

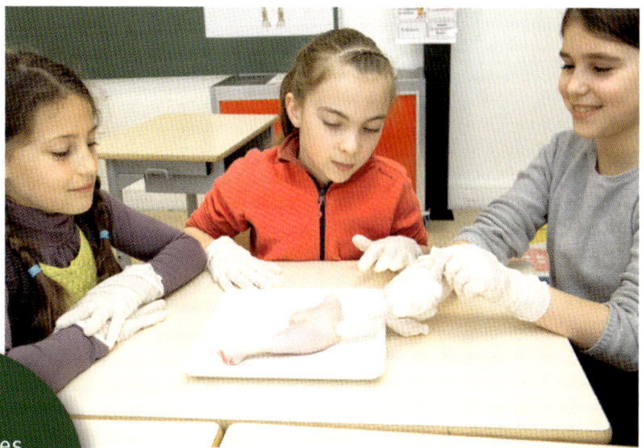

Prendre des photos à chaque étape pour la mise en commun.

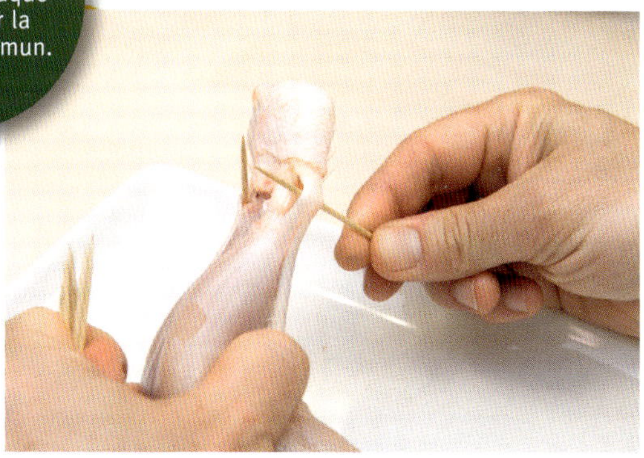

Phase 2bis FABRICATION DE LA MAQUETTE BRAS/AVANT-BRAS
1 groupe de 5 à 8 élèves • 20 min

- Les élèves reçoivent chacun un ***gabarit de la maquette***.
- En suivant les étapes de la fabrication, ils préparent la maquette qui permettra la modélisation du mouvement.

Phase 3 **MISE EN COMMUN ET TRACE ÉCRITE**
Demi-classe • 15 min

- Lorsque tous les élèves ont pu assister à la dissection, l'enseignant projette les photos prises au cours de cette phase ou les ***photos de la dissection*** .
- Les élèves verbalisent ce qu'ils ont appris. L'enseignant écrit au tableau un texte à trous. Les élèves le recopient dans leur cahier d'exploration du monde et le complètent :

  La patte est composée de deux ....(os).
  Sous la peau on voit les ....(muscles), c'est la viande que l'on mange.
  Les os sont reliés entre eux par des ....(ligaments)
  Les muscles sont fixés aux os par des ....(tendons) blancs, longs et fins qui ressemblent à des élastiques.
  A l'intérieur de l'os, on voit de la moelle osseuse rouge.
- L'enseignant amène les élèves à généraliser leurs connaissances pour pouvoir s'en servir pour expliquer le mouvement de flexion extension du bras lors de la séance suivante.

CLASSE ORGANISÉE EN BINÔMES
60 minutes

Matériel

★ Pour l'enseignant :
- 1 maquette agrandie à 141 %

★ Pour 2 élèves :
- le document ***Guide pour la manipulation de la maquette***

★ Par élève :
- le document ***Les mouvements du bras*** (document élève page 42 et)

SÉANCE 5 MODÉLISER LE MOUVEMENT BRAS / AVANT-BRAS — CE2

Phase 1 **PRÉSENTATION DE LA MAQUETTE**
Oral collectif • 10 min

- L'enseignant reprend les différents éléments de la maquette avec les élèves pour faire l'analogie avec le bras :
  - le bras et l'avant-bras sont reliés par une attache parisienne qui joue le rôle de ligament,
  - les deux fils de laine sont les muscles : le biceps est le muscle fléchisseur et le triceps est le muscle extenseur,
  - pour faire fonctionner ce modèle et réaliser des flexions et des extensions, il faut tirer sur les fils de laine.

Phase 2 **MANIPULATION DE LA MAQUETTE**
Binômes • 20 min

- Les élèves lisent le document ***Guide pour la manipulation de la maquette*** , effectuent les manipulations et répondent aux questions.
- Par tâtonnement, ils cherchent les points de fixation possibles : ils constatent qu'un muscle doit s'accrocher sur deux os pour qu'un mouvement soit possible.

\+ Ce tâtonnement est important. Les élèves pensent spontanément que le muscle est fixé sur un seul os, le biceps de part et d'autre de l'humérus. En manipulant, ils prennent conscience qu'aucun mouvement n'est possible dans ce cas.

- Ils décomposent le mouvement du bras en une succession de flexions et d'extensions, observent et notent ce qu'ils constatent.
- Ils tirent successivement sur le fil BICEPS pour plier le bras et sur le fil TRICEPS pour déplier le bras.
- Ils mesurent la longueur de chaque fil lorsque la maquette est en extension puis en flexion et notent les valeurs trouvées à chaque fois.

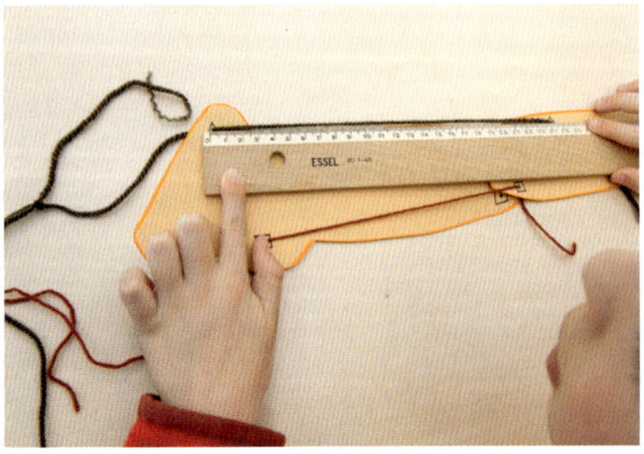

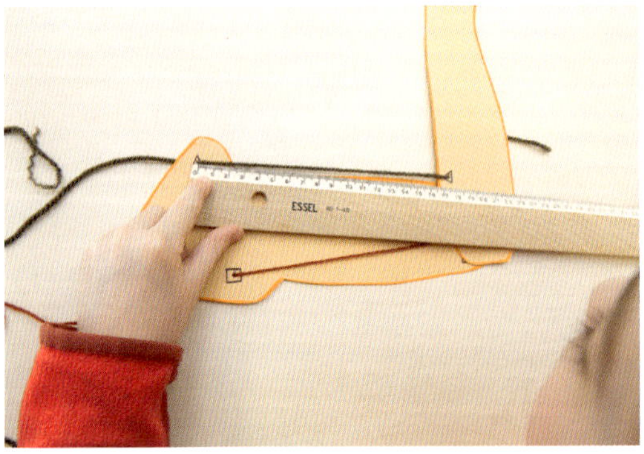

Phase 3 **MISE EN COMMUN**
Oral collectif • 15 min

- L'enseignant questionne les élèves pour savoir comment ils ont fait fonctionner leur maquette et ce qu'ils ont constaté.
- ***Que faut-il faire pour plier le bras ?*** *Il faut tirer sur le fil du haut. Sur le biceps.*
- ***Que constatez-vous ?*** *Il est plus court et le triceps est plus long.*
- ***Où est-il attaché ?*** *Sur l'os de l'avant-bras.*
- ***Que faut-il faire pour déplier le bras ?*** *Il faut tirer sur le triceps. Quand on le mesure, il est plus long et c'est le biceps qui est plus court.*

▶ Il amène les élèves à faire le parallèle avec le mouvement de flexion extension de leur bras et la manipulation de la maquette pour les faire constater que :

- **Il y a deux muscles qui travaillent dans le mouvement de flexion extension du bras.**
- **Lorsqu'un muscle est contracté l'autre est relâché.**
- **Lorsque le muscle est contracté il se raccourcit et provoque un mouvement.**
- **Le biceps se contracte, se raccourcit et provoque la flexion du bras : le bras est plié.**
- **Le triceps se contracte, se raccourcit et provoque l'extension du bras : le bras est déplié.**

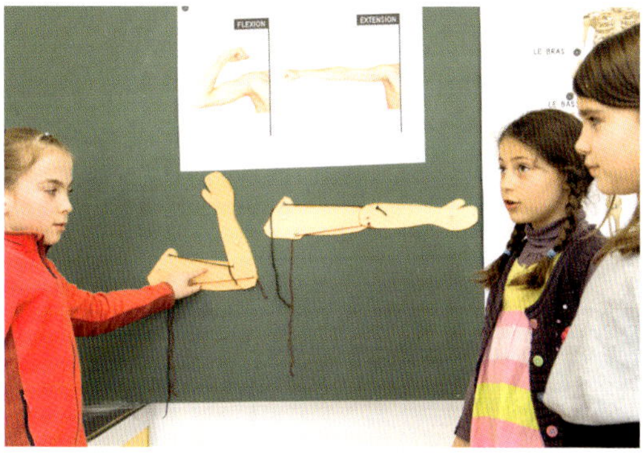
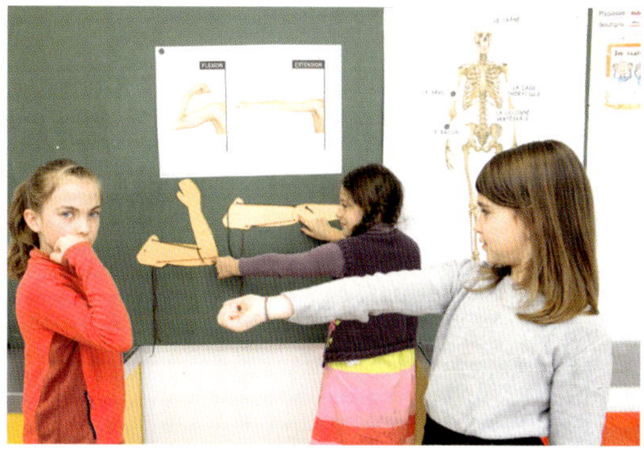

Phase 4 **TRACE ÉCRITE**
Oral collectif / Travail individuel • 15 min

▶ À partir des constatations précédentes, la classe élabore la trace écrite. Chaque élève légende ensuite les deux schémas sur le document ***Les mouvements du bras*** **(document élève page 42 et)** et recopie la trace écrite.

- *Il y a deux muscles qui agissent quand je plie ou déplie mon bras : le biceps et le triceps. Ils sont attachés aux os par des tendons. Les tendons d'un muscle sont attachés à deux os différents.*
- *Quand je plie le bras, le biceps se contracte et le triceps se relâche : c'est la flexion du bras.*
- *Quand je déplie le bras, le biceps se relâche et le triceps se contracte : c'est l'extension du bras.*

PAS D'ORGANISATION PARTICULIÈRE
25 minutes

Matériel
★ Par élève :
- le document ***Bouge ton bras !*** (évaluation page 43 et)

SÉANCE 6 ÉVALUATION — CE2

Phase 1 **ÉVALUATION**
Travail individuel • 25 min

▶ Les élèves prennent connaissance des consignes du document ***Bouge ton bras !*** **(évaluation page 43 et).** Ils le complètent.

PROLONGEMENT

▶ Arts plastiques : travail à partir des œuvres de Keith Haring présentant des personnages en mouvement.

LES MOUVEMENTS DU BRAS

Complète ces deux schémas avec les mots suivants : radius et ulna, humérus, biceps contracté, biceps relâché, triceps contracté, triceps relâché.

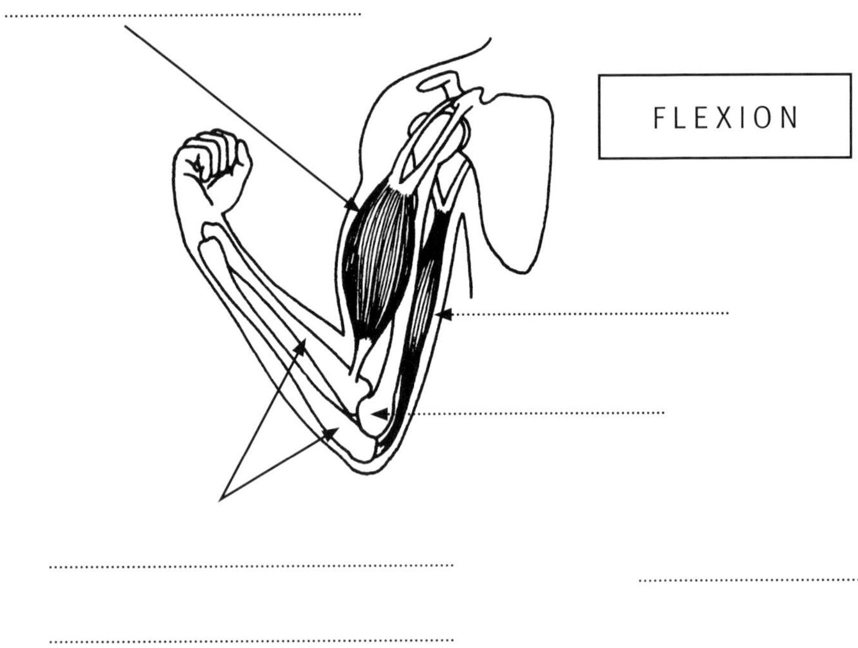

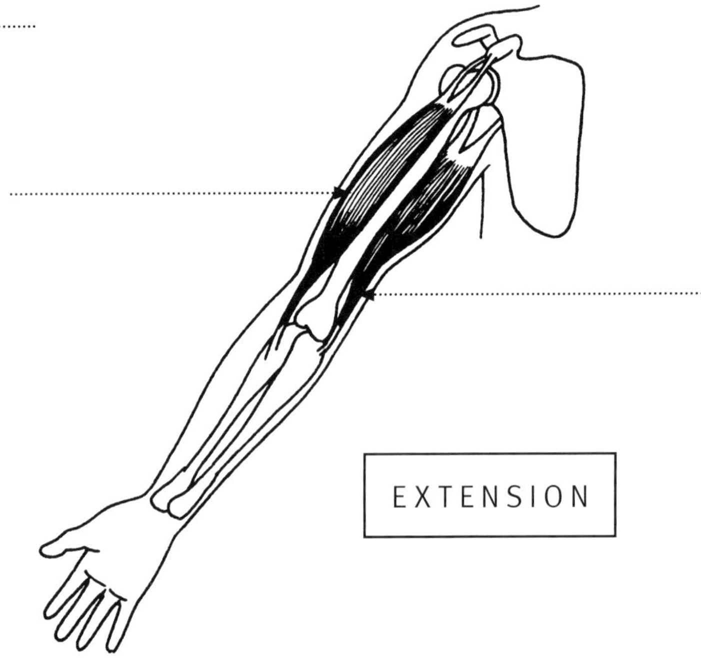

Trace écrite de la classe :

....

....

....

....

PRÉNOM

DATE

Manifestations de la vie chez l'enfant

EXPLIQUER LE MOUVEMENT DU BRAS
ET CONNAITRE LE VOCABULAIRE SPÉCIFIQUE ASSOCIÉ

BOUGE TON BRAS !

Lis les définitions et complète cette grille de mots mêlés.

VERTICAL

1. La cheville en est une.
2. Le triceps en est un.
3. C'est l'articulation qui permet de plier l'avant-bras vers le haut.
6. Quand le triceps est contracté, il est relâché.
8. Il attache le muscle aux os.
10. On en a 206 en tout.

HORIZONTAL

4. Quand je déplie le bras je fais une ......
5. C'est l'os le plus long du squelette.
7. Il attache des os entre eux.
9. Quand je plie le bras, je fais une......

Complète ce texte à trous avec les mots suivants : flexion - relâche - biceps - triceps - contracte - extension. Certains mots doivent être utilisés deux fois.

Quand je plie le bras, je fais une .... Alors, le muscle appelé ....

se .... et celui appelé .... se ....

Quand je fais une .... , je tends le bras, c'est le .... qui se contacte et le .... qui se relâche.

OUVRAGES AUTOUR **DES DENTS**

CE1 CE2

La dent
Julien Perrin et Fred. L
© Alice jeunesse • 2014 • 12€
Un babouin a trouvé une dent. À qui peut-elle bien être? La dentition des animaux de la savane traitée avec humour.

CP CE1

Mes p'tits DOCS: Les dents
Stéphanie Ledu
© Milan • 2014 • 7,90€
Un documentaire pour sensibiliser au brossage des dents.

CE1 CE2

Mes p'tites questions: Les dents
Christine Naumann-Villemin
© Milan • 2016 • 8,90€
Un documentaire pour expliquer la formation des caries et les soins dentaires.

CP CE1

N'oublie pas de te laver les dents!
Philippe Corentin
© L'École des loisirs • 2009 • 13€
Une histoire rigolote dont la chute rappelle qu'il faut bien se laver les dents.

OUVRAGES AUTOUR **DE L'ALIMENTATION**

CP

Mes p'tits pourquoi L'alimentation
Claire Garoux et Anne Rouquette
© Milan • 2020 • 17,90€
Un documentaire facile à lire pour connaitre les bases d'une alimentation équilibrée.

CE1 CE2

Mes p'tites questions L'alimentation
Pascale Hédelin et Aurélie Grand
© Milan • 2018 • 8,90€
16 questions sur l'alimentation et autant de réponses pour répondre aux interrogations des jeunes lecteurs.

CP CE1 CE2

Mes encyclos P'tits DOCS: L'histoire de la cuisine
L'histoire de la cuisine
Stéphanie Ledu et Stéphane Frattini
© Milan • 2018 • 14,50€
Un documentaire pour se pencher sur l'histoire de l'alimentation à travers les âges.

CE2

Beurk! encore des légumes!
Sylvie de Mathuisieulx
© Milan • 2007 • 5,50€
Comment une petite fille va-t-elle accepter de manger des légumes alors qu'elle n'aime que les nouilles?

OUVRAGES AUTOUR **DU CORPS HUMAIN**

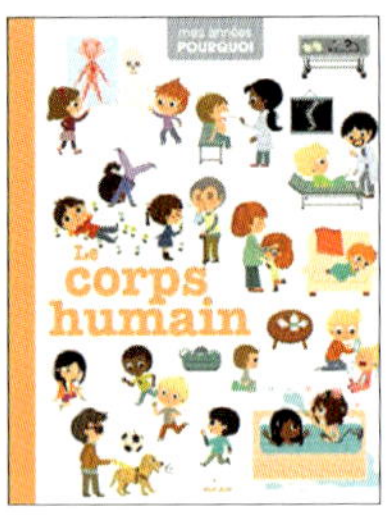

CP CE1

Mes années pourquoi: Le corps humain
Stéphanie Ledu
© Milan • 2013 • 12,50€
Un documentaire illustré construit autour de questions sur le corps humain.

CP CE1

Les trésors du corps
Delphine Gravier-Badreddine
Mes premières découvertes
© Gallimard Jeunesse • 2013 • 20€
Un livre animé pour découvrir le corps et avoir une bonne hygiène de vie.

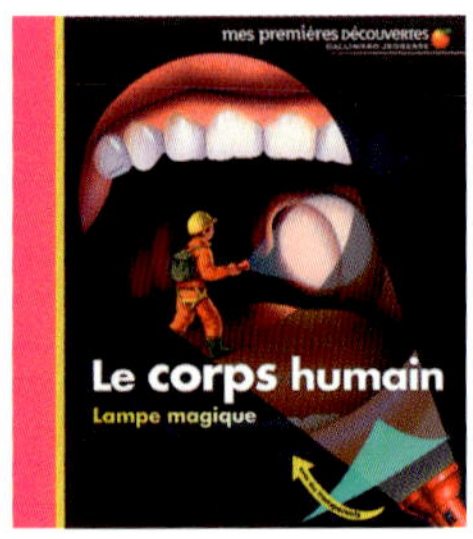

CP CE1

Mes premières découvertes: Le corps humain
© Gallimard Jeunesse • 2008 • 9€
Un documentaire pour découvrir ce qui se passe dans le corps grâce à la lampe magique.

CE2

Explorons le corps humain
Elisabeth de Lambilly et Rémi Saillard
© De La Martinière Jeunesse • 2013 • 10€
Un documentaire pour découvrir les grandes fonctions du corps humain.

VIVANT / NON-VIVANT

Les notions abordées

- **Les bases du concept de vivant**
- **Le classement des objets en fonction de leur origine : animale, végétale, minérale ou objet fabriqué par l'homme**

EXPLOITATIONS DE SORTIES

En forêt

- **Récolter** des écorces, des fruits.
- **Trier et classer** les feuilles des arbres.
- **Récolter** des matériaux pour trier le vivant et le non-vivant.
- **Repérer** des traces et des indices de la présence animale : une pomme de pin grignotée, une empreinte de patte, le chant d'un oiseau...
- **Découvrir** la forêt autrement par une approche sensorielle : toucher l'écorce d'un arbre les yeux bandés, marcher sur de la mousse pieds nus...
- Reconnaitre un arbre d'après ses feuilles à partir d'un livre.
- Utiliser une clé de détermination.

OUVRAGES AUTOUR D'UNE SORTIE **EN FORÊT**

CP CE1

Mes premières découvertes : La forêt
René Mettler © Gallimard jeunesse • 2012 • 9€
Un documentaire avec des transparents pour découvrir la vie de la forêt.

CP CE1 CE2

Une vie merveilleuse
Mélissa Pigois © Tom'poche • 2013 • 5,50€
Le défilé de la vie vu par une feuille. Le cycle de l'arbre au cours des saisons est également abordé.

CP CE1 CE2

Mes premiers documentaires : La forêt
Christina Dorner © ACCÈS jeunesse • 2022 • À partir de 9€
Un documentaire pour mieux connaitre la forêt et comprendre la vie de ses occupants.

CE1 CE2

Mes p'tites questions : Les arbres
Pascale Hédelin et Juliette Roux © Milan • 2021 • 8,90€
Un documentaire construit autour de questions sur les arbres.

OUVRAGES AUTOUR DE SORTIES EN MILIEU NATUREL

CP CE1 CE2

Mes premiers documentaires : Le cygne
Léa Schneider © ACCÈS Jeunesse • 2021 • 9€
Un documentaire avec de belles photos pour tout découvrir sur le cygne.

CP CE1 CE2

Les sciences naturelles de Tatsu Nagata
Tatsu Nagata © Seuil jeunesse • 2011 • 9,90€
Des documentaires uniques en leur genre, qui débordent d'humour.

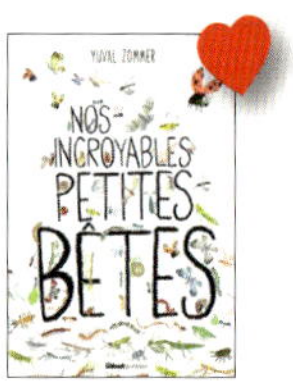

CE1 CE2

Nos incroyables petites bêtes
Yuval Zommer et Barbara Taylor © Glénat • 2016 • 16,95€
Un superbe livre illustré pour tous les élèves qui souhaitent apprendre à observer les petites bêtes tout autour de nous.

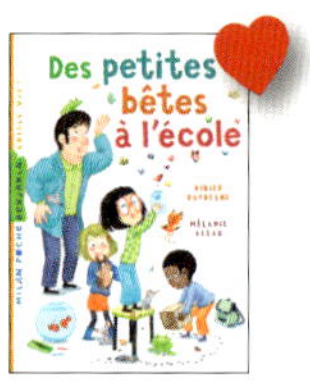

CE1 CE2

Des petites bêtes à l'école
Didier Dufresne et Mélanie Allag © Milan • 2013 • 5,20€
Des élèves apportent des animaux à l'école. Plus personne ne travaille, il faut trouver une solution...

En milieu naturel

Dans un milieu naturel particulier proche de l'école (la cour d'école, un jardin, un parc public, une zone nature...)

- **Observer** des petites bêtes.
- **Trier et classer** des feuilles.
- **Récolter** des écorces, des fruits, des légumes.
- **Récolter** des matériaux pour trier le vivant et le non-vivant.
- Utiliser une clé de détermination.

Le vivant

DÉVELOPPEMENT ET CYCLE DE VIE DES ANIMAUX

Les notions abordées

- **Les bases du concept du vivant à travers l'observation des grandes fonctions**
- **L'alimentation des animaux**
- **Les ovipares et les vivipares**
- **Le cycle de vie complet de la naissance à la mort**
- **Le développement direct ou indirect de certains animaux**

Stanislas
le phasme

Environ 300 espèces de **phasmes** se trouvent actuellement en élevage. L'espèce la plus facile à élever est appelée phasme bâton ou *Dixippe morose* (Carausius morosus). L'adulte mesure dix à douze centimètres de long, son corps ressemble à une brindille grise. Il a une activité principalement nocturne et se nourrit de feuilles de ronce ou de lierre que l'on peut facilement se procurer. La chaleur (20 à 25°C) et un taux d'hygrométrie élevé (60 à 70 %) sont essentiels pour que sa croissance soit optimale. Il faut vaporiser la cage tous les jours pour remplacer la rosée de la nuit et y placer des branches pour que le phasme puisse s'y accrocher.

À PRÉVOIR: terrarium ou aquarium, fibre humidifiée, viseline non collante, couvercle rempli d'eau pour boire, éléments naturels (écorce, feuilles, mousse, branches...), branches de ronce.

Igor
le pyrrhocore

Le pyrrhocore aptère, aussi appelé gendarme, est un insecte rouge et noir de la famille des punaises (ordre des Hétéroptères). Il doit son surnom à la couleur rouge et noire des anciens uniformes des gendarmes. Contrairement aux autres punaises, le pyrrhocore n'a pas d'odeur. C'est un insecte grégaire que l'on peut observer facilement au pied de certains arbres (tilleuls), près de certaines plantes (hibiscus, mauves) sur des murs ensoleillés, dans les haies, les jardins et... les cours d'école.

C'est un insecte inoffensif dit piqueur-suceur qui est doté d'un rostre avec lequel il aspire sa nourriture. Il apprécie particulièrement les fruits du tilleul, mais se nourrit également de graines, de feuilles, d'insectes morts ou vivants et d'œufs d'autres insectes.

À PRÉVOIR: terrarium dont on badigeonne le haut avec de l'huile pour éviter qu'ils s'échappent, terre, pierre, feuilles, branches de tilleul, fruits et graines.

Vanille
la gerbille

La gerbille est un rongeur de la sous-famille des muridés. C'est un animal grégaire, plutôt diurne contrairement au hamster, qui ne peut pas vivre seul dans une cage. Sa physiologie est adaptée au milieu désertique et elle urine très peu ce qui est un avantage car la cage dégage peu d'odeurs. C'est un végétarien granivore avec une tendance omnivore: elle mange des graines et quelques fruits. Il ne faut pas lui donner trop de graines de tournesol, trop riches et souvent présentes en grandes quantités dans les mélanges pour hamster. Sa durée de vie est de deux à trois ans maximum.

À PRÉVOIR: cage profonde à rebord en plastique à plusieurs niveaux, litière végétale, abri (noix de coco, pot de confiture...), laine pour le nid, biberon, rouleaux de papier toilette.

Margot l'escargot

L'escargot n'est actif que dans des conditions d'humidité élevées. Pour le *réveiller*, utiliser un vaporisateur et l'asperger. Assister alors au déploiement de la tête, suivi des tentacules puis du reste du corps.
L'escargot a un régime végétarien. Sa nourriture est surtout composée de feuilles, mais il apprécie aussi les fruits. La reproduction peut être provoquée par un éclairement du terrarium d'au moins quinze heures par jour.

À PRÉVOIR : terrarium ou aquarium, fibre humidifiée, viseline non collante (se trouve dans les magasins de tissu), pot transparent rempli de terre pour la ponte, couvercle rempli d'eau pour boire, éléments naturels (écorce, feuilles, mousse, branches...), pulvérisateur.

Léon le papillon

Le Bombyx Eri est un papillon de nuit facile à élever en classe. C'est un insecte, de l'ordre des Lépidoptères, de la famille des Saturnidés. Son nom de genre et d'espèce est Philosamia ricini. Depuis plusieurs siècles, il est élevé pour la fabrication de la soie en Inde. Il n'existe plus à l'état sauvage, c'est une espèce domestique fruit de lentes sélections effectuées par l'homme. Son cycle de vie, dans des conditions d'élevage optimales, est de deux mois et demi à trois mois. L'incubation des œufs dure une dizaine de jours, la vie de la chenille environ un mois et demi. Elle passe par cinq stades larvaires, grandit à chaque mue et se nourrit de feuilles de troènes, de lilas ou d'ailantes. Au dernier stade, elle est blanche avec une petite tête marron et mesure quatre centimètres.
À la fin de son développement, la chenille s'enferme dans un cocon de soie qu'elle tisse autour d'elle et se transforme en chrysalide.
Au bout de 25 à 30 jours, un papillon adulte sort du cocon. L'adulte ne se nourrit plus. Après l'accouplement et la ponte, il meurt au bout d'une dizaine de jours.

À PRÉVOIR :
Au stade larvaire terrarium avec papier essuie-tout placé au fond pour récupérer plus facilement les crottes, bocal avec couvercle percé pour pouvoir y insérer les branches de troènes ou de lilas (ces branches doivent être placées dans l'eau, mais si le pot est ouvert les chenilles risquent de s'y noyer), plusieurs branches de troène renouvelées régulièrement.
Au stade chrysalide éponge mouillée et vaporisateur pour maintenir une certaine humidité dans le terrarium.
Au stade imago (adulte) terrarium recouvert de tulle ou volière à papillons.

CARTE D'IDENTITÉ
NOM DE L'ANIMAL
PHOTO
DESSIN D'OBSERVATION
LOCOMOTION
ALIMENTATION
RÉGIME ALIMENTAIRE
Je mange
CARNIVORE
VÉGÉTARIEN
OMNIVORE
REPRODUCTION
OVIPARE
Je sors d'un œuf
VIVIPARE
Je sors du ventre de ma mère

Comment garder une trace écrite ?
Pour garder une trace écrite de votre élevage, nous vous proposons d'établir en fin de séquence une ***carte d'identité*** relatant les principales observations sur l'animal. L'organisation de cette carte d'identité est la même quel que soit l'animal étudié, de manière à pouvoir les comparer. Il est possible d'en établir d'autres à partir d'animaux familiers, d'animaux rencontrés lors d'une sortie, dans des livres ou des vidéos.

Notions pour l'enseignant

Cycle de vie et développement des animaux

- Le cycle de vie, appelé également cycle de développement, est l'ensemble des phases de développement des organismes vivants. Il aboutit à la formation d'une nouvelle génération par reproduction sexuée.
- Pour un être vivant, ce cycle commence au stade de la cellule œuf issue de la fécondation et se termine à la mort de l'organisme.
- L'œuf se développe pour donner un embryon qui évolue pour donner naissance à une larve ou un jeune. Celui-ci grandit jusqu'à devenir un adulte. Il produit alors des cellules reproductrices qui, si elles sont fécondées, vont donner naissance à un nouvel individu.
- Certains animaux possèdent un **développement direct** : le jeune ressemble à l'adulte dès sa naissance.

  Exemples : la gerbille mais aussi le phasme ou l'escargot.
- D'autres connaissent un **développement indirect** : la larve subit des transformations importantes appelées **métamorphoses** pour devenir adulte.

Des exemples de développements indirects

- Ce type de développement correspond souvent à un changement de milieu de vie au cours du développement et/ou à un changement de régime alimentaire.

Exemple : la grenouille

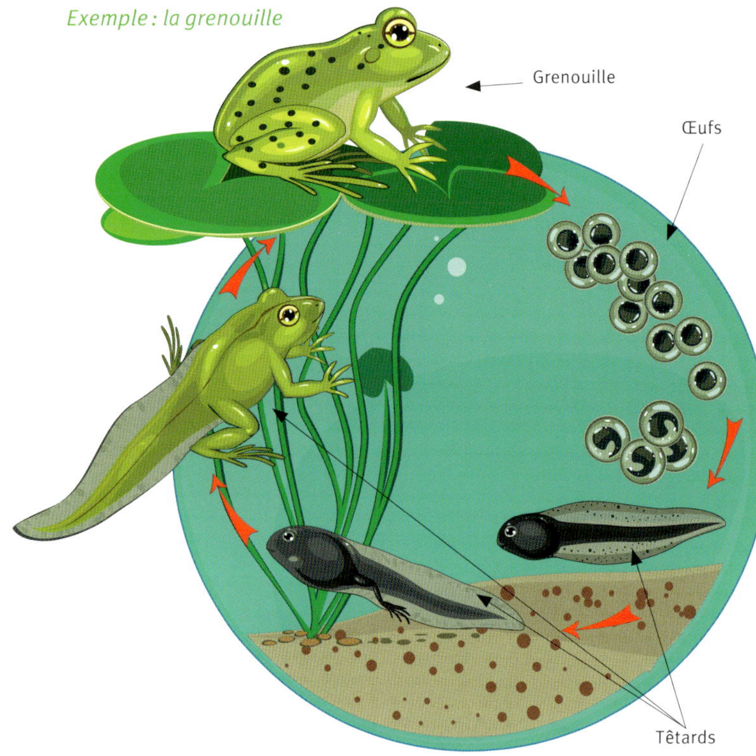

Exemple : la chenille et le papillon

Qu'est-ce que la reproduction ?

- La reproduction regroupe tous les processus permettant la perpétuation des espèces par la naissance de nouveaux organismes. C'est une des activités fondamentales des êtres vivants.
- On distingue :
  - **La reproduction sexuée.** Elle est assurée par la fécondation et la rencontre des gamètes mâles et femelles. Elle est très importante car elle assure le brassage génétique entre les individus d'une même espèce.
  - **La reproduction asexuée ou multiplication végétative.** Elle permet, sans fécondation ni gamètes, d'avoir des descendants tous identiques génétiquement. Seules certaines espèces d'animaux très primitifs peuvent se multiplier de cette façon, à partir d'un individu isolé (des protozoaires : individus unicellulaires, certaines hydres d'eau douce, certaines anémones de mer...).
- Cas particuliers chez les animaux.
  - **La parthénogenèse,** considérée comme un mode de reproduction sexuée car elle fait intervenir des gamètes, est la faculté de l'ovule non fécondé à pouvoir se développer. Elle produit, le plus souvent, un individu femelle identique à sa mère. Parfois, certaines formes de parthénogenèses, par des phénomènes de fusions complexes, peuvent ne donner que des mâles ou encore des mâles et des femelles.
    Dans la nature, on trouve ce mode de reproduction chez des insectes (phasmes, fourmis, abeilles...), des annélides et plus rarement chez certains vertébrés : certains requins, le dragon de Komodo... Pour certaines espèces de phasmes, ce mode de reproduction est tellement répandu que l'on n'a pas encore identifié d'individus mâles dans l'espèce.
  - **L'hermaphrodisme.** Tous les escargots sont hermaphrodites. Ils sont à la fois mâles et femelles et peuvent produire des gamètes mâles et des gamètes femelles simultanément. Ils ne peuvent cependant pas s'autoféconder et doivent toujours être deux individus pour se reproduire. C'est une fécondation croisée et les deux individus se fécondent mutuellement.

Ovipare ou vivipare ?

- Un animal **ovipare** est un animal dont la femelle pond des **œufs.** Le développement et la croissance de l'embryon se déroulent hors du corps de la femelle dans cet œuf.

  Pour que l'œuf puisse se développer, il doit avoir été fécondé par le mâle. Selon les espèces, cette **fécondation** résulte de **l'accouplement** des parents : le mâle dépose sa semence dans le corps de la femelle (ex : la poule) ou le mâle peut féconder les ovules après leur ponte (ex : les grenouilles).

  L'embryon se développe ensuite dans cette enveloppe extérieure solide chez les oiseaux, plutôt gélatineuse chez les poissons et les batraciens ou de forme particulière chez certains requins. L'œuf contient toutes les réserves nécessaires au bon développement de l'embryon.

  Lorsque le petit sort de l'œuf, on appelle cela **l'éclosion**.

  Les oiseaux, les batraciens, les insectes, les araignées, beaucoup de reptiles et de poissons sont ovipares.
- Un animal **vivipare** est un animal dont la femelle assure le développement de l'embryon dans son utérus. La nutrition de ce dernier est mise en place par **le placenta via le cordon ombilical** et la femelle va le garder dans son corps jusqu'à l'expulsion. Tous les mammifères sont vivipares à l'exception de l'ornithorynque et de l'échidné.

Ce qui peut poser problème

- À part la naissance d'un petit frère ou d'une petite sœur, les élèves ont souvent peu de vécu dans ce domaine. Il faut donc prendre le temps de recueillir les représentations initiales et privilégier les observations d'élevages pour construire des connaissances.
- La représentation circulaire du développement illustre la succession des générations dans une même espèce et est parfois plus difficile à comprendre que la représentation linéaire qui correspond au développement d'un individu de sa naissance à sa mort.

CP OVIPARE OU VIVIPARE ?
Classer des animaux selon leur mode de gestation

Séance 1
Classer des animaux selon leur mode de gestation
40 min
Pas d'organisation particulière

Séance 2
Réinvestir les notions d'animaux ovipares et vivipares
70 min
Demi-classe organisée en ilots

Séance 3
Évaluation
10 min
Pas d'organisation particulière

PAS D'ORGANISATION PARTICULIÈRE
40 minutes

Matériel
★ Pour l'enseignant :
- l'album inducteur

Des bébés par milliers
Françoise Laurent et Capucine Mazille
© Ricochet • 2017 • 13,50€

★ Par élève :
- son cahier d'exploration du monde

SÉANCE 1 CLASSER DES ANIMAUX SELON LEUR MODE DE GESTATION — CP

Phase 1 SITUATION DÉCLENCHANTE
Oral collectif • 15 min

- L'enseignant présente l'album *Des bébés par milliers.*
- Avant d'en commencer la lecture, il demande aux élèves s'ils savent d'où viennent les petits des animaux.
- Ils peuvent faire référence à leurs connaissances sur certains animaux, à la naissance d'un petit frère ou d'une petite sœur pour trouver que des petits peuvent sortir d'un œuf ou du ventre.
- L'enseignant présente l'album et lit les pages qui concernent l'origine ovipare ou vivipare des différents animaux.
- À la fin de la lecture, il demande aux élèves ce qu'ils ont retenu : *il y a des animaux qui sortent d'un œuf, comme le crocodile, et d'autres animaux qui sortent du ventre de la mère, comme nous.*

Phase 2 CLASSEMENT DES ANIMAUX OVIPARES ET VIVIPARES DE L'ALBUM
Oral collectif • 15 min

- L'enseignant demande aux élèves de citer des animaux de l'album qui sortent d'un œuf et d'autres qui sortent du ventre.
- L'enseignant trace un tableau : dans une des colonnes, il écrit les noms des animaux qui sortent d'un œuf, dans l'autre les noms de ceux qui sortent du ventre de leur mère.
- L'enseignant introduit alors les termes OVIPARE et VIVIPARE.

Phase 3 TRACE ÉCRITE INDIVIDUELLE
Travail individuel • 10 min

- Les élèves recopient les définitions d'ovipares et vivipares :

Comment naissent les animaux ?
- *Les animaux ovipares sortent d'un œuf.*
- *Les animaux vivipares sortent directement du ventre de leur mère.*

DEMI-CLASSE ORGANISÉE EN ILOTS
70 minutes

Matériel
★ Pour la classe :
- le poster A2 ***Ovipare / vivipare***
- cartes-images A ***Ovipares vivipares***
- albums documentaires sélectionnés (voir page 81)

★ Par élève :
- 1 document ***Ovipare ou vivipare ?*** (document élève page 68 et)
- son cahier d'exploration du monde

SÉANCE 2 RÉINVESTIR LES NOTIONS D'ANIMAUX OVIPARES ET VIVIPARES — CP

Phase 1 PRÉSENTATION DES ATELIERS
Demi-classe • 5 min

- L'enseignant présente les différents ateliers. Il indique les attendus de chaque atelier, nomme et définit le matériel, explique les règles du jeu, les modalités de travail et l'organisation dans chaque groupe.

Phase 2 PASSAGES AUX DIFFÉRENTS ATELIERS
3 groupes de 4 à 6 élèves • 3x15 min = 45 min

ATELIER 1 **LE POSTER OVIPARE / VIVIPARE**

- Les élèves découvrent le poster A2 ***Ovipare / vivipare***. À l'aide des photographies et de leurs légendes, ils repèrent les ovipares et les vivipares.
- L'enseignant aide à la lecture si nécessaire.
- Chaque élève recopie le nom de l'animal dans la bonne colonne du document élève ***Ovipare ou vivipare ?*** **(document élève page 68 et).**

ATELIER 2 **LES CARTES-IMAGES OVIPARES/VIVIPARES**

- Les élèves découvrent dix-huit cartes ***Ovipares vivipares*** sur la table : neuf cartes présentant des animaux et neuf cartes face cachée.
- À partir des cartes des différents animaux, les élèves émettent pour chacune une hypothèse : *Je pense que le petit du canard sort d'un œuf, je pense que le canard est ovipare.*
- Les élèves copient les noms des animaux dans la bonne colonne du document ***Ovipare ou vivipare ?*** **(document élève page 68 et**).
- Ils retournent une après l'autre les neuf cartes disposées face cachée. Chaque carte permet de valider le classement établi pour un animal : *c'est un canard qui a pondu des œufs, le canard est bien ovipare.* Les deux cartes sont disposées côte à côte.
- Lorsque toutes les cartes ont été retournées et que le classement a été validé ou corrigé, l'enseignant peut faire remarquer que tous les animaux vivipares identifiés par les élèves allaitent leurs petits.

ATELIER 3 **RECHERCHE DOCUMENTAIRE**

- L'enseignant met à disposition des élèves plusieurs albums documentaires et des magazines sur les animaux.
- Les élèves cherchent des indices permettant de classer des animaux.
- Exemple à partir de l'album : *À qui est cet œuf ?*
- Les élèves découvrent d'autres animaux ovipares comme l'alligator, la tortue, le papillon…
- L'enseignant explique aux élèves que chez les vivipares les femelles allaitent leurs petits, ce qui leur permet d'utiliser un autre indice de recherche pour compléter leur classement.
- Ils recopient le nom des animaux dans la bonne colonne du document ***Ovipare ou vivipare ?*** **(document élève page 68 et**).

Phase 3 **MISE EN COMMUN ET STRUCTURATION**
Oral collectif • 15 min

- Lorsque tous les élèves sont passés aux différents ateliers, l'enseignant organise une mise en commun.
- À partir de leur document de travail, les élèves présentent et justifient leurs choix et leurs classements.
- Ils complètent leur trace écrite en ajoutant : *Chez les vivipares, les femelles allaitent leurs petits.*

PAS D'ORGANISATION PARTICULIÈRE
10 minutes

Matériel
★ Par élève :
- 1 document ***Ovipare ? Vivipare ?*** (évaluation page 69 et)

SÉANCE 3 CLASSER LES ANIMAUX SELON LEUR MODE DE GESTATION CP

Phase 1 **ÉVALUATION**
Travail individuel • 10 min

- Les élèves renseignent le document ***Ovipare ? Vivipare ?*** **(évaluation page 69 et**).

(CP) L'ŒUF OU LA POULE ?
Ordonner les principales étapes du développement animal direct

Séance 1
Observer l'éclosion d'un œuf de poule
45 min
Pas d'organisation particulière

Séance 2
Retracer la chronologie du développement du poussin
40 min
Pas d'organisation particulière

PAS D'ORGANISATION PARTICULIÈRE
45 minutes

Matériel

★ Pour l'enseignant :
- vidéo ***Développement de l'embryon de poule et éclosion***
- 1 projecteur
- 1 paire de ciseaux

★ Pour la classe :
- un œuf de poule

★ Pour l'élève :
- 1 document ***L'éclosion d'un œuf de poule*** (document élève page 72 et)

VIDÉO
Développement de l'embryon de poule et éclosion

SÉANCE 1 OBSERVER L'ÉCLOSION D'UN ŒUF DE POULE — CP

Phase 1 SITUATION DÉCLENCHANTE
Oral collectif • 5 min

▶ L'enseignant montre à ses élèves un œuf de poule entier et leur demande ce que c'est et ce qu'il y a à l'intérieur. Les élèves vont certainement proposer *un poussin.*

▶ L'enseignant découpe délicatement la coquille de l'œuf avec des ciseaux. Les élèves constatent qu'il y a bien du jaune et du blanc mais pas de poussin.

▶ ***Que faut-il pour avoir un poussin dans l'œuf ?***

▶ L'enseignant fait réfléchir ses élèves pour qu'ils arrivent à expliquer des notions théoriquement évoquées en maternelle. Au-delà des prérequis sur la nécessité d'avoir un mâle et une femelle pour faire des petits, l'enseignant doit faire attention à ne pas choquer ses élèves quand ils mangent des œufs.

▶ ***Le poussin est le petit de la poule et du coq. Si la poule s'est accouplée avec le coq, elle pond un œuf à poussin, on dit que c'est un œuf fécondé. S'il n'y a pas de coq dans le poulailler, la poule pond un œuf non fécondé. Ce sont ces œufs non fécondés que l'on achète pour les manger.***

Phase 2 DÉVELOPPEMENT EMBRYONNAIRE
Oral collectif • 10 min

▶ ***Que se passe-t-il lorsque la poule a pondu un œuf fécondé ?*** *Il faut attendre, elle couve les œufs et ensuite un poussin sort de l'œuf.*

▶ ***Que se passe-t-il à l'intérieur d'un œuf fécondé pendant qu'il est couvé ?***

▶ L'enseignant propose à ses élèves de regarder la vidéo ***Développement de l'embryon de poule et éclosion*** qui explique ce qui se passe à l'intérieur de l'œuf pendant que la poule le couve. Il explique les conditions de réalisation : la caméra ne peut pas entrer dans la coquille, alors le réalisateur du film a prélevé un morceau de la coquille avec beaucoup
de précautions et il a placé l'œuf dans une couveuse : l'œuf continue de se développer normalement.

▶ Les élèves observent alors en entier la première partie nommée *développement embryonnaire.* L'enseignant fait visionner une seconde fois cette séquence en coupant régulièrement pour faire verbaliser les grandes étapes :
- **Jour 1** Observation du jaune (vitellus) et du blanc (albumen). Ce sont des provisions pour nourrir le futur poussin.
- **Jour 5** Observation d'une masse centrale, le futur poussin, avec de nombreux vaisseaux sanguins.
- **Jour 9** Perception nette d'une pulsation. Ce sont les battements du cœur et la masse a grossi.
- **Jour 12** Le poussin est parfaitement identifiable du reste de l'œuf.
- **Jour 14** On devine une patte.
- **Jour 18** Le poussin occupe toute la place dans l'œuf. On voit nettement la tête, l'œil, le bec, la patte, les plumes.
- **Jour 21** Le poussin est capable d'ouvrir le bec, il semble prêt à naitre.

Phase 3 ÉCLOSION DE L'ŒUF
Oral collectif • 15 min

- L'enseignant poursuit le film avec la partie nommée *éclosion*. À nouveau, cette partie est d'abord visionnée en intégralité pour en avoir une vision globale. Les élèves verbalisent ce qu'ils ont déjà observé.
- L'enseignant séquence le visionnage pour faire décrire les principales étapes.
  - Le poussin casse la coquille avec son bec. Le bout du bec est plus dur et s'appelle le diamant.
  - On entend le poussin pépier à l'intérieur de sa coquille.
  - Le poussin cherche à s'extraire de sa coquille en poussant avec sa tête, ses pattes. Ce travail a l'air épuisant.
  - Lorsque le poussin est à l'extérieur, il respire. Ses plumes sont mouillées, il reste couché.

Pourquoi le poussin est-il resté couché ? *Il est très fatigué. Il laisse sécher ses plumes.*
  - Lorsque ses plumes sont sèches, le poussin se relève.

Phase 4 DOCUMENT ÉLÈVE
Travail individuel • 15 min

- L'enseignant distribue le document ***L'éclosion d'un œuf de poule*** **(document élève page 72 et** ☁**).** Il demande aux élèves de décrire les images et leur explique la consigne.
- ***Placez les images dans le bon ordre. Collez chaque phrase sous l'image qui correspond.***

DIFFÉRENCIATION Un niveau plus simple est proposé dans les compléments numériques.

PAS D'ORGANISATION PARTICULIÈRE
40 minutes

Matériel

★ Pour l'enseignant :
- 6 posters A5 ***De l'œuf à la poule***

★ Par élève :
- 1 document ***L'œuf ou la poule ?*** (document élève page 73 et ☁)
- 1 feuille A4
- ciseaux
- colle

SÉANCE 2 RETRACER LA CHRONOLOGIE DU DÉVELOPPEMENT DU POUSSIN — CP

Phase 1 RÉINVESTISSEMENT
Oral collectif • 15 min

- L'enseignant demande à ses élèves de reformuler ce qui a été vu précédemment.
- Il présente les posters, les dispose au tableau et demande à ses élèves de les ordonner.
- Les élèves disposent les images en ligne en commençant par l'accouplement.
- Ils continuent par l'œuf fécondé, pondu et couvé, ce qui permet aux élèves de visualiser une première représentation du cycle de vie de la poule, avec un début (la naissance), les principales étapes chronologiques du développement et une fin (la mort de l'animal qui est inéluctable).

Phase 2 DOCUMENT ÉLÈVE
Travail individuel • 25 min

- L'enseignant distribue le document ***L'œuf ou la poule ?*** **(document élève page 73 et** ☁**).** Il demande aux élèves de décrire les images et leur explique la consigne.
- ***Replacez les images dans l'ordre pour reconstituer le cycle de vie de la poule.***

PROLONGEMENT / TRANSVERSALITÉ

- Lors d'une sortie à la ferme, visiter une bassecour et retrouver les différentes étapes du cycle de vie de la poule.
- Faire naitre des poussins dans sa classe. Attention, il y a de très nombreuses contraintes matérielles et techniques qu'il faut maitriser avant de se lancer.

CE2

MÉTAMORPHOSE

Observer le développement et la métamorphose de la chenille en papillon pour comparer développement animal direct et développement indirect

Séance 1	Séance 2	Séance 3	Séance 4	Séance 5	Séance 6
Exploiter un élevage de chenilles	S'interroger sur le développement des chenilles	Observer les différents stades de développement	Reconstituer le cycle du papillon	Comparer ce développement à celui d'autres animaux: grenouille, poule, escargot	Évaluation
Variable Pas d'organisation particulière	45 min Classe organisée en ilots	Variable Pas d'organisation particulière	45 min Pas d'organisation particulière	60 min Pas d'organisation particulière	25 min Pas d'organisation particulière

PAS D'ORGANISATION PARTICULIÈRE
Variable

Matériel

★ Pour la classe:
- 1 terrarium
- 1 échantillon de chenilles aux premiers stades larvaires
- loupes et boites-loupes
- livres documentaires

SÉANCE 1 EXPLOITER UN ÉLEVAGE DE CHENILLES — CE2

Phase 1 **SITUATION DÉCLENCHANTE**
Oral collectif • 15 min

▸ Cette étape est détaillée dans la séquence *Des élevages dans ma classe* **(voir page 58)**.

▸ Elle correspond à un moment de questionnement, d'investigation et d'observations permettant:
- l'installation des chenilles dans le terrarium,
- une recherche documentaire pour connaitre les besoins alimentaires de la chenille,
- l'observation de grandes fonctions que sont l'alimentation et la locomotion,
- l'observation de la morphologie de l'animal qui s'affine suite à l'étude de ces grandes fonctions.

CLASSE ORGANISÉE EN ILOTS
45 minutes

Matériel

★ Pour l'enseignant:
- poster A4 ***Ponte d'œufs de papillon sur une feuille***

- 1 feuille A3

★ Par groupe:
- 1 feuille A3

★ Par élève:
- 1 feuille A4
- 1 crayon à papier

SÉANCE 2 S'INTERROGER SUR LE DÉVELOPPEMENT DES CHENILLES — CE2

Phase 1 **REPRÉSENTATIONS INITIALES DU CYCLE DU PAPILLON**
Travail individuel • 15 min

▸ ***Que vont devenir les chenilles?***

▸ L'enseignant demande aux élèves de dessiner ce qui va se passer.

+ Prévoir cette séance assez rapidement après la mise en place de l'élevage pour que ce questionnement interpelle les élèves, les rende davantage chercheurs et qu'ils puissent réellement observer la croissance et les différentes mues des chenilles. Effectuée trop tard au dernier stade larvaire, beaucoup d'élèves risquent d'être passés à côté de la croissance et des mues. Si les élèves ont souvent des représentations sur la métamorphose, peu savent que la chenille va évoluer.

▸ L'enseignant montre le poster A4 ***Ponte d'œufs de papillon sur une feuille***.

▸ Les élèves répondent par un dessin annoté.

▸ L'enseignant constate que certains élèves pensent que c'est une chenille qui a pondu les œufs tout en sachant que la chenille se transforme en papillon.

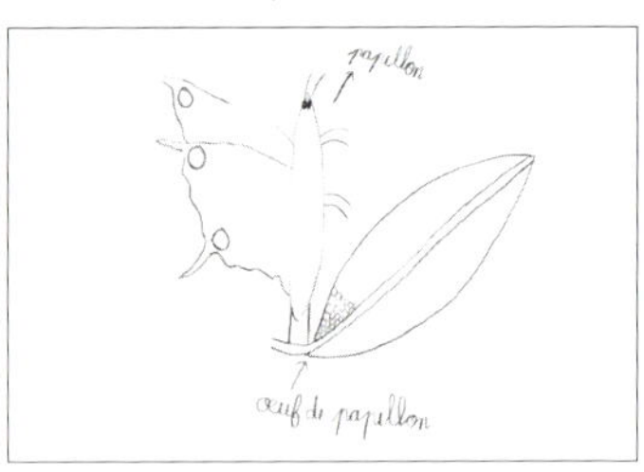

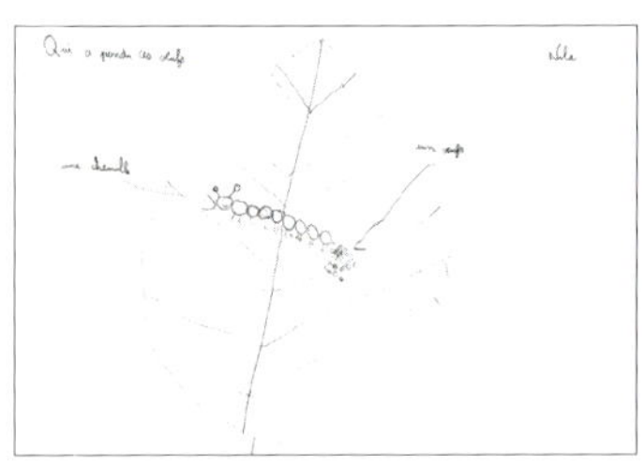
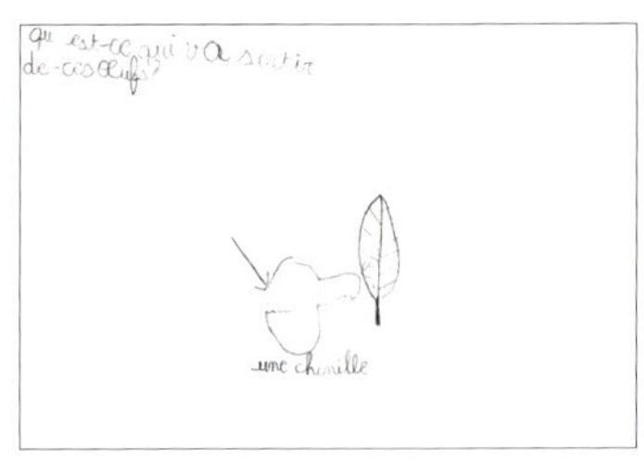

Phase 2 **CONFRONTATION DES REPRÉSENTATIONS**
Oral collectif • 15 min

▸ Les élèves répondent maintenant oralement aux questions posées. L'enseignant fait intervenir chacun pour que tous aient pu exposer leurs représentations, confronter leurs points de vue, pris conscience qu'il y a plusieurs réponses possibles.

▸ L'enseignant note les différentes réponses sur une feuille A3. Il précise que l'on saura plus tard quelles sont les bonnes réponses, en observant les chenilles. Cette feuille est affichée dans la classe.

▸ Pour la question des œufs, il invite chaque élève à se renseigner en classe, à la maison, à la BCD.

Phase 3 **QUESTIONNEMENT À PARTIR DE L'ÉLEVAGE**
4 groupes de 4 à 6 élèves • 15 min

- L'enseignant répartit ses élèves en quatre groupes.
- Il leur demande de se concerter pour écrire sur une A3 toutes les questions qu'ils se posent sur les chenilles.
- Chaque groupe lit ses questions à toute la classe.
- Ces feuilles A3 sont ensuite accrochées à côté des notes de la phase 2.

PAS D'ORGANISATION PARTICULIÈRE
Variable

Matériel

★ Pour la classe :
- loupes
- appareil photo
- documentaires sur les chenilles et les papillons

★ Par groupe :
- 1 *carnet d'observation des chenilles*

SÉANCE 3 OBSERVER LES DIFFÉRENTS STADES DE DÉVELOPPEMENT — CE2

Phase 1 **JOURNAL DE BORD**
Groupes de 4 à 6 élèves • 10 minutes à renouveler sur 10 semaines (pour Bombyx Eri)

- Les élèves se répartissent en groupes et observent l'élevage lors d'activités régulières en autonomie. ***Que doit-on observer ? Comment garder une trace des observations ?***
- Les élèves trouveront facilement qu'on peut dessiner, prendre des photos, écrire certaines informations telles que la date ou ce que font les chenilles. Veiller à ce qu'ils pensent également à les mesurer pour visualiser la croissance : la plupart des chenilles ne sont pas urticantes. Les élèves pourront les tenir, visualiser leur développement et les changements de morphologie, de taille, de grosseur.
- L'enseignant distribue à chaque groupe son ***carnet d'observation des chenilles***.
Il explique que les élèves pourront noter ce qu'ils veulent quand ils veulent et que cette observation des chenilles se fait sur plusieurs semaines.

+ LES CHENILLES DE BOMBYX ERI NE SONT PAS URTICANTES. SI VOUS ÉLEVEZ UNE AUTRE ESPÈCE, RENSEIGNEZ-VOUS AVANT DE LES MANIPULER.

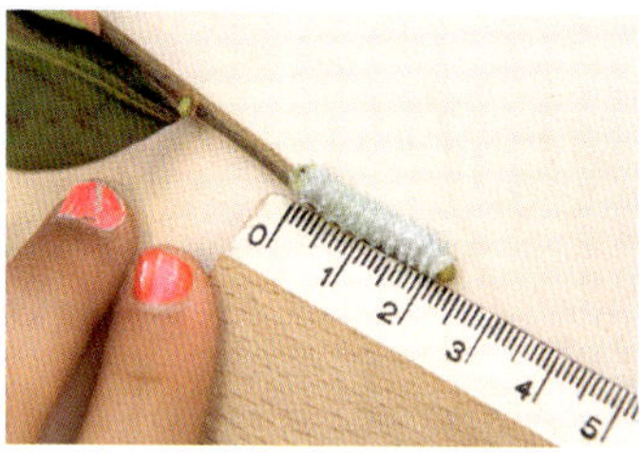

Phase 2 **RECHERCHES COMPLÉMENTAIRES**
Travail individuel ou en groupes • Variable selon les élèves

- Les élèves assisteront également à plusieurs mues : la présence de ces petites peaux n'est pas toujours frappante et ne doit pas être confondue avec les crottes. La présence des mues permet de faire découvrir un phénomène que les élèves ne connaissent probablement pas : la chenille grandit et se développe par mues successives.
- C'est l'occasion de compléter les observations par la consultation de documentaires du coin BCD.
- L'enseignant les incite également à relire les questions posées par le groupe pour trouver des réponses en parallèle de celles apportées par l'élevage.
- Cette recherche est laissée en autonomie à chaque élève. Le groupe est libre de mémoriser ou d'écrire les informations intéressantes. Le cadre de lecture ne doit pas être contraignant pour garantir la motivation à se référer à l'écrit.

PAS D'ORGANISATION PARTICULIÈRE
45 minutes

Matériel

★ Pour l'enseignant :
- 1 vidéoprojecteur
- ***photographies des stades de développement du papillon*** prises lors de la séance précédente
- poster A4 ***Ponte d'œufs de papillon sur une feuille***
- la vidéo ***Chenille qui sort de l'œuf***

★ Par élève :
- 1 bricolage ***Le cycle de vie du papillon*** (matériel page 77 et)
- ciseaux
- 1 attache parisienne

SÉANCE 4 RECONSTITUER LE CYCLE DU PAPILLON — CE2

Phase 1 **COMPTE RENDU DES OBSERVATIONS**
Oral collectif • 15 minutes

- L'enseignant projette des ***photographies des stades de développement du papillon*** prises lors de la séance précédente. Les élèves les décrivent et les commentent en se référant également à leur carnet d'observation, pour rajouter leurs notes : la chenille a grandi, a grossi, elle a changé d'aspect.
- L'enseignant apporte le vocabulaire spécifique : MUE, LARVE, CHRYSALIDE, COCON, MÉTAMORPHOSE.

Phase 2 **RETOUR AUX REPRÉSENTATIONS INITIALES ET RÉPONSES AUX QUESTIONS POSÉES**
Oral collectif • 20 minutes

- L'enseignant relit la question initiale ***Que vont devenir les chenilles ?*** et les différentes hypothèses proposées au départ par les élèves. Ils sont maintenant à même de donner la réponse et d'invalider les hypothèses fausses.
- Un élève par groupe vient lire les questions posées par son groupe. La classe essaie d'y répondre en s'aidant soit des observations soit de sa recherche documentaire.
- Pour répondre aux questions ***Qui a pondu ces œufs ?*** et ***Qui va sortir de ces œufs ?***, l'enseignant montre le poster ***Ponte d'œufs de papillon sur une feuille***, puis fait visionner la vidéo ***Chenille qui sort de l'œuf*** pour que tous les élèves aient la réponse.

C'est un papillon qui a pondu les œufs.
L'œuf donne naissance à une chenille.

Phase 3 **TRACE ÉCRITE SUR LE DÉVELOPPEMENT DU PAPILLON**
Travail individuel • 10 minutes

- L'enseignant distribue le bricolage ***Le cycle de vie du papillon*** **(matériel page 77 et).**
- Les élèves découpent les deux disques et la fenêtre. Ils utilisent l'attache parisienne pour les assembler et complètent les phrases à l'aide des mots proposés.

PAS D'ORGANISATION PARTICULIÈRE
60 minutes

Matériel

★ Pour l'enseignant :
- poster A3 ***Cycles de développement indirects***

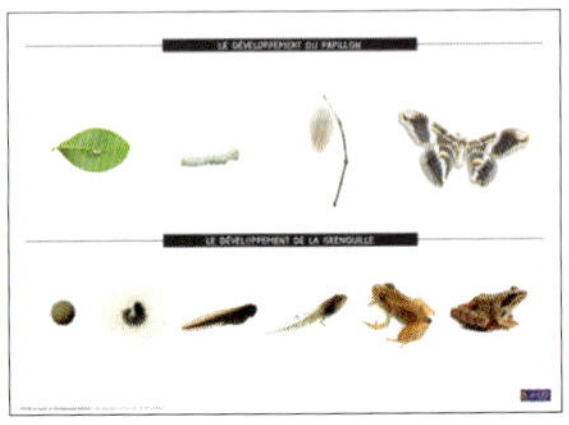

- poster A3 ***Cycles de développement directs***

★ Par élève :
- 1 document ***Les différents cycles de développement des animaux*** (document élève page 78 et)

SÉANCE 5 COMPARER CE DÉVELOPPEMENT À CELUI D'AUTRES ANIMAUX — CE2

Phase 1 **DÉVELOPPEMENT DE LA GRENOUILLE, DE LA POULE, DE L'ESCARGOT ET DU PAPILLON**
Oral collectif • 20 min

- L'enseignant affiche ou projette les posters ***Cycles de développement indirects*** et ***Cycles de développement directs***. Les élèves décrivent chaque cycle.

Phase 2 **DOCUMENT ÉLÈVE**
Travail individuel • 10 minutes

- L'enseignant distribue à ses élèves le document ***Les différents cycles de développement des animaux*** **(document élève page 78 et).** Il leur demande de répondre au questionnaire :
Lisez chaque phrase et retrouvez à quels animaux elle correspond. Cochez les bonnes cases dans le tableau.
- Les élèves remplissent leur document.

Phase 3 **CORRECTION**
Oral collectif • 10 minutes

- L'enseignant interroge un élève. Les autres valident ou non sa réponse.

Phase 4 **STRUCTURATION**
Oral collectif • 10 minutes

- ***Quels sont les animaux qui ont un développement semblable ?***
- Les élèves se rendent compte que l'on peut regrouper les animaux proposés par deux :
  - La poule et l'escargot pondent des œufs. De ces œufs sortent des petits qui ressemblent à l'adulte. Les jeunes grandissent et se développent pour devenir eux-mêmes des adultes.
  - Le papillon et la grenouille pondent des œufs. De ces œufs sortent des petits qui ne ressemblent pas à l'adulte. Ces larves grandissent et se développent pour se métamorphoser en adultes.
- L'enseignant explique ce que l'on appelle *jeune* ou *larve* :
  - La LARVE est un petit qui ne ressemble pas à ses parents et devra se métamorphoser complètement pour devenir lui-même un adulte.
  - On appelle un JEUNE le petit qui ressemble à ses parents et devra simplement grandir et se développer pour être un adulte.

Phase 5 **TRACE ÉCRITE COLLECTIVE**
Oral collectif et travail individuel • 10 minutes

- L'enseignant demande à ses élèves de lui dicter les conclusions de cette séance. Ce résumé ressemblera par exemple à ce texte :
Certains animaux ressemblent déjà à l'adulte lorsqu'ils naissent. Certains jeunes sortent d'un œuf, comme l'escargot, d'autres du ventre de leur mère comme le chat.
À leur naissance, d'autres animaux, comme le papillon, ne ressemblent pas du tout à leurs parents : l'adulte pond un œuf, une larve sort de l'œuf, elle grandit, se développe, et se métamorphose pour devenir adulte.
- Les élèves recopient leur texte au verso du document précédent ou sur une feuille à carreaux.

PAS D'ORGANISATION PARTICULIÈRE
25 minutes

Matériel

★ Pour élève :
- 1 document ***Le cycle de vie du papillon*** (évaluation page 79 et)
- ciseaux, colle, stylo

SÉANCE 6 RECONSTITUER ET DÉCRIRE LE CYCLE DE VIE DU PAPILLON — CE2

Phase 1 **PRÉSENTATION DE L'ÉVALUATION**
Oral collectif • 5 min

- L'enseignant distribue et explique les items du document ***Le cycle de vie du papillon*** **(évaluation page 79 et).**

Phase 2 **ÉVALUATION**
Travail individuel • 20 minutes

- Chaque élève renseigne le document d'évaluation.

PROLONGEMENT / TRANSVERSALITÉ

- Associer deux moitiés par symétrie axiale pour reconstituer des papillons.
- Compléter et construire un papillon par symétrie axiale.

MATÉRIEL	A4 141 %	LE CYCLE DE VIE DU PAPILLON	**À imprimer sur du papier cartonné.**

Découper les deux disques et la fenêtre.
Utiliser l'attache parisienne pour assembler les disques.

Le cycle de vie du papillon

Complète *les phrases en utilisant les mots : papillon, chenille, chrysalide, métamorphose.*

Le .... pond les œufs. La .... sort de l'œuf, elle grandit et grossit par mue successive.

La chenille tisse un cocon, se transforme en ....

La chrysalide se ....

en papillon.

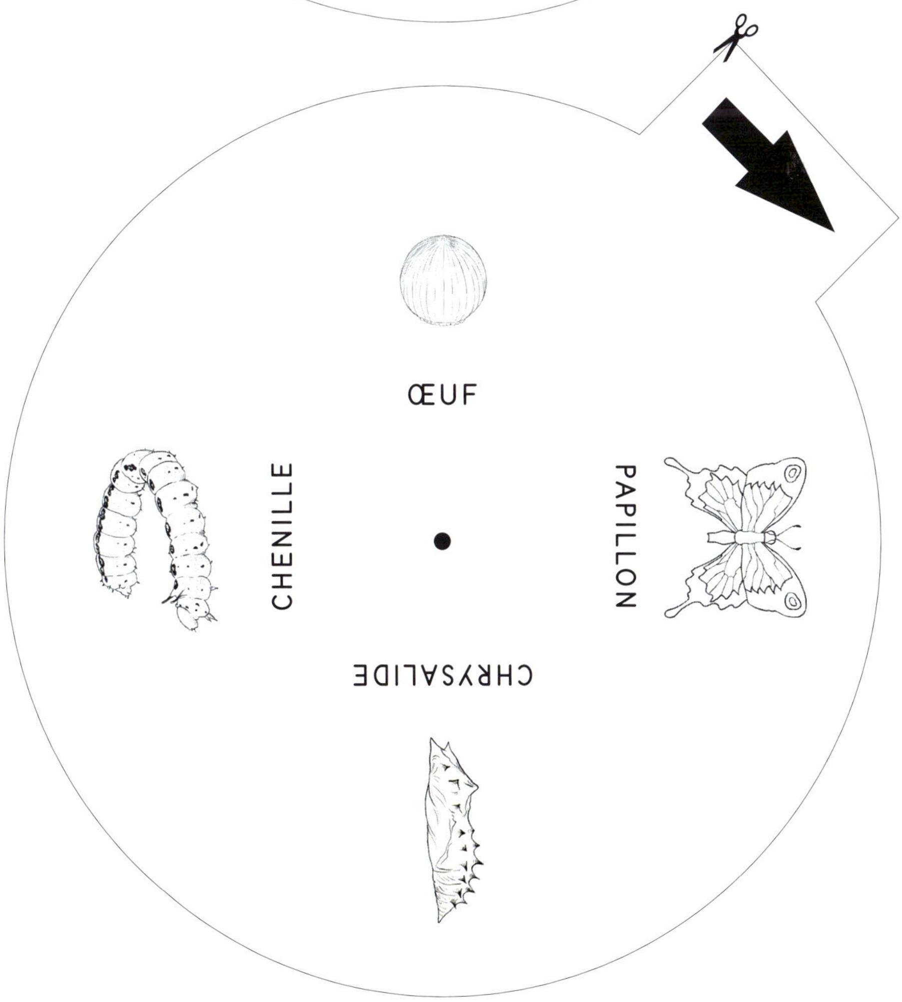

PRÉNOM

DATE

Développement et cycle de vie des animaux | COMPARER LE DÉVELOPPEMENT DU PAPILLON À CELUI D'AUTRES ANIMAUX

LES DIFFÉRENTS CYCLES DE DÉVELOPPEMENT DES ANIMAUX

Observe ces différents cycles de développement.

L'ESCARGOT

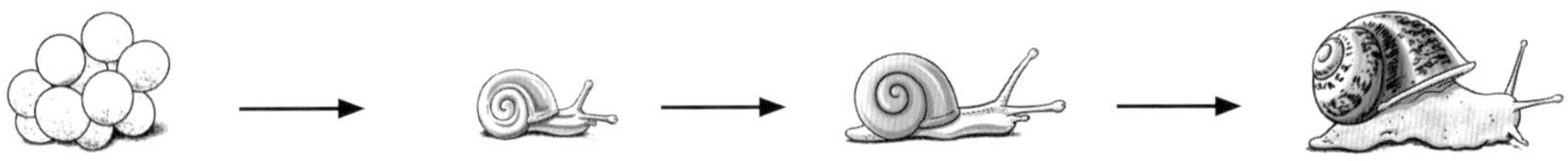

LA GRENOUILLE

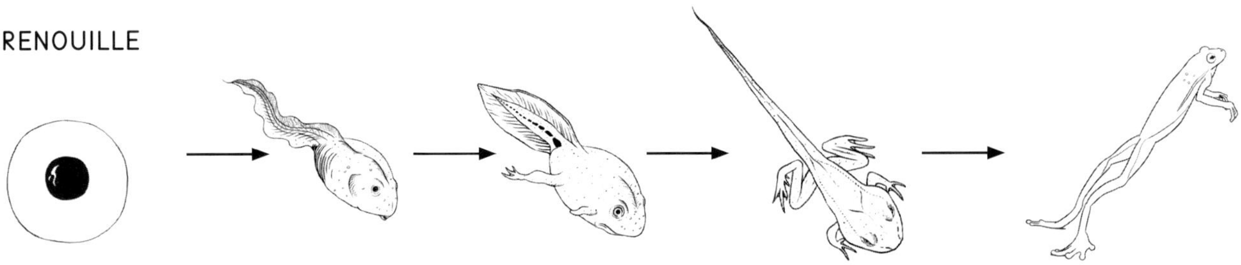

LE PAPILLON

LA POULE

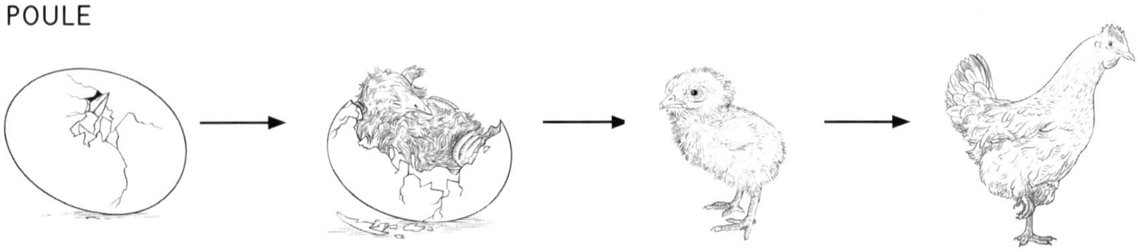

Lis chaque phrase et retrouve à quels animaux elle correspond.
Coche les bonnes cases dans le tableau.

	ESCARGOT	POULE	PAPILLON	GRENOUILLE
De l'œuf sort un petit qui ressemble déjà à l'adulte.				
De l'œuf sort un petit qui ne ressemble pas à l'adulte.				
Pour devenir adulte, le jeune grandit et se développe.				
Pour devenir adulte, la larve grandit, se développe et se métamorphose.				

PRÉNOM DATE

Développement et cycle de vie des animaux

RECONSTITUER ET DÉCRIRE LE CYCLE DE VIE DU PAPILLON

LE CYCLE DE VIE DU PAPILLON

Découpe chaque image et reconstitue le cycle de vie du papillon.
Écris une phrase sous chaque image en utilisant les mots : œuf, chenille, grandit, mue, chrysalide, cocon, métamorphose, papillon.

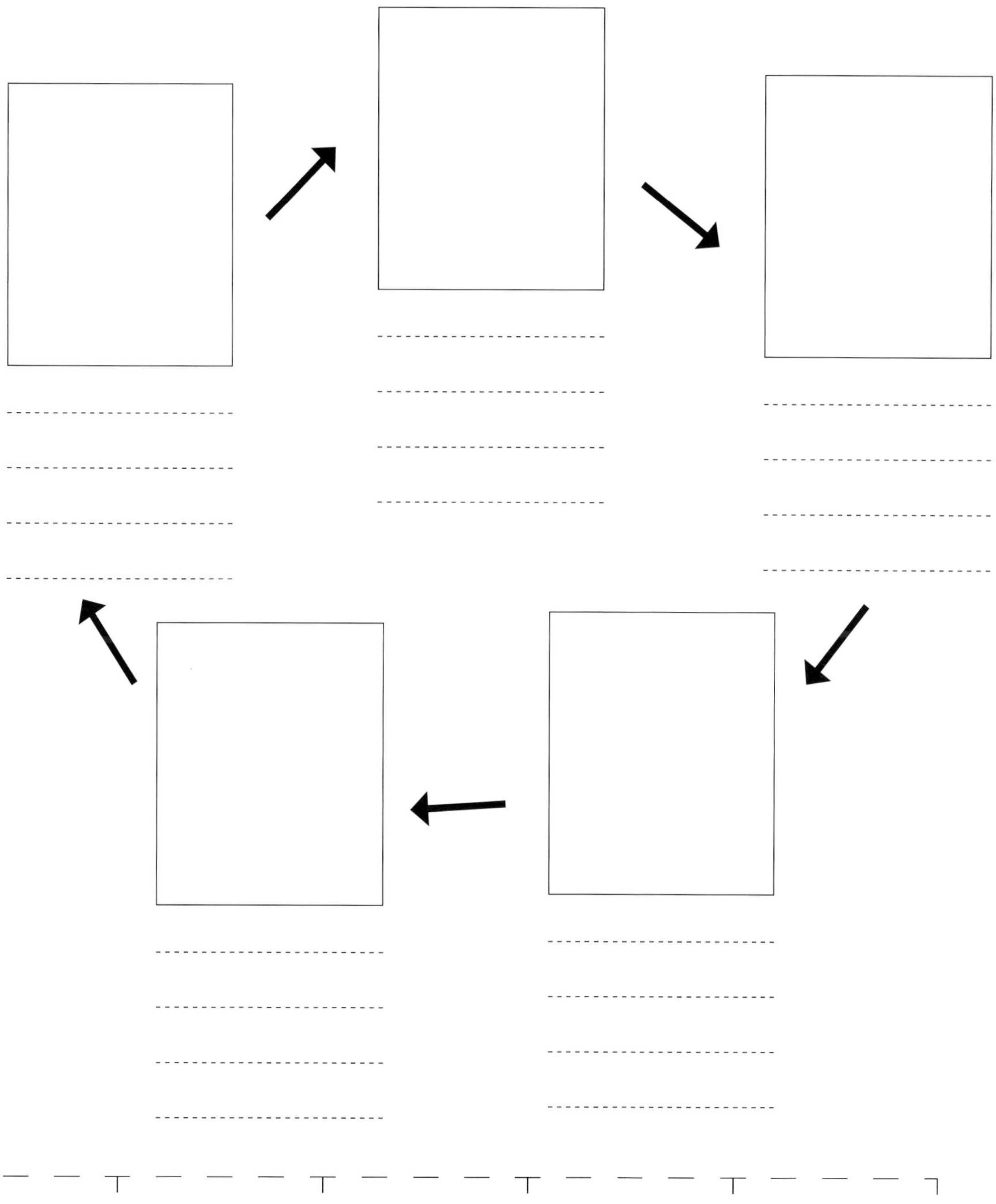

OUVRAGES AUTOUR **DES ANIMAUX ET DE LEUR DÉVELOPPEMENT**

CP CE1 CE2

Mes premiers documentaires

Léa Schneider et Christina Dorner
© ACCÈS Jeunesse • 2021 • 9€

Des documentaires faisant la part belle aux photos pour découvrir différents animaux à travers des questions sur leur habitat, leur locomotion, leur reproduction, leur alimentation…

CP CE1

Mes premières découvertes

© Gallimard Jeunesse • 9€

Une collection de documentaires avec volets transparents. Existe pour le poisson, l'escargot et le lapin.

CP CE1 CE2

Les sciences naturelles de Tatsu Nagata

Tatsu Nagata
© Seuil jeunesse • À partir de 9€

Une collection de documentaires formidables pour parler des différents animaux avec humour et vérité scientifique. Existe notamment pour l'escargot, la poule, le phasme ou le pyrrhocore.

CP CE1 CE2

Des bébés par milliers

Françoise Laurent et Capucine Mazille
© Ricochet • 2017 • 13,50€

Un ouvrage très complet sur la reproduction des animaux.

OUVRAGES AUTOUR **DES ŒUFS ET DU CYCLE DE VIE DE LA POULE**

CP

Le vilain petit canard

Léa Schneider et Emmanuelle Halgand
© ACCÈS Jeunesse • 2021 • 12€

Un petit canard cherche son identité. Auprès de qui trouvera-t-il sa place? Une version moderne du célèbre conte d'Andersen.

CP

Maman!!!

Vincent Wagner
© Callicéphale • 2016 • 30€

Dans ce kamishibaï, on part à la recherche de la maman d'un mystérieux œuf. Dans sa quête, Tom découvrira les différentes formes d'œufs que pondent les animaux.

CP CE1 CE2

Mes premiers documentaires: La poule

Léa Schneider
© ACCÈS Jeunesse • 2022 • 9€

Un documentaire faisant la part belle aux photos pour tout découvrir sur la poule: son mode de vie, son alimentation, sa locomotion, sa reproduction…

CP

Maxidoc: De l'œuf à la poule

© Milan jeunesse • 2010 • 24,98€

Un documentaire géant avec des textes simples pour visualiser les étapes de développement du poussin, de l'œuf à la poule.

OUVRAGES AUTOUR **DES PAPILLONS**

CP CE1 CE2

Mes premiers documentaires: Le papillon

Léa Schneider
© ACCÈS Jeunesse • 2022 • 9€

Un documentaire faisant la part belle aux photos pour tout découvrir sur les chenilles et les papillons: leur alimentation, leur reproduction…

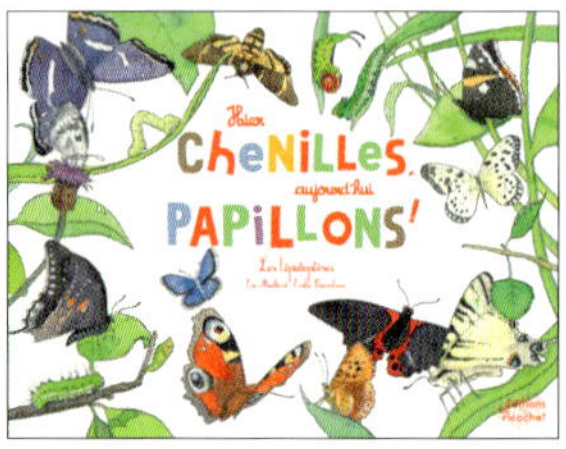

CE2

Hier chenilles, aujourd'hui papillons!

Éric Mathivet et Émilie Vanvolsem
© Ricochet • 2017 • 13,50€

Un documentaire illustré pour découvrir les chenilles et les papillons.

CE2

Papillons et chenilles

Léon Rogez © Milan • 2012 • 5,95€

Un documentaire pour apprendre à reconnaitre de nombreux papillons et chenilles de nos régions.

CE2

L'histoire d'un papillon

Dianna Hutts Aston et Sylvia Long
© Circonflexe • 2012 • 13,50€

Un documentaire qui explique tous les aspects de la vie du papillon de l'éclosion à la métamorphose.

DÉVELOPPEMENT ET CYCLE DE VIE DES VÉGÉTAUX

Les notions abordées

- Les étapes de la germination d'une graine
- Le cycle de vie d'une plante
- Les étapes de développement du bulbe
- L'anatomie d'une plante
- Les conditions de germination des graines
- La diversité du vivant

Dossier jardinage

Créer et entretenir un jardin est évidemment un projet motivant et porteur de sens pour les enfants du cycle 2, mais le seul enthousiasme d'un enseignant ne suffit malheureusement pas à garantir la réalisation de ce projet.

AVANT DE COMMENCER

Travailler avec des partenaires

- Il vous faut l'appui total de votre école et surtout le soutien de la municipalité.
  - Les terrains de l'école appartiennent à la mairie et les aménagements permanents nécessitent son accord.
  - La mairie peut apporter un soutien logistique pour la mise en place de bacs ou de platebandes. Elle peut aussi accorder un soutien financier pour l'achat de plantes.
  - Des agents municipaux peuvent vous aider à rendre le terrain cultivable, à arroser, à entretenir.
- Commencez par de petites surfaces pour garder la maitrise des plantations et de l'entretien des parcelles.
- Renseignez-vous et recherchez des bénévoles auprès d'associations.

Créer du lien social, des rencontres entre générations

- Invitez des personnes âgées ou non, passionnées de jardin et flattées de transmettre des savoirs à la jeunesse, ravies d'apporter de l'aide pour l'entretien (arrachage des mauvaises herbes, taille...).

Consulter absolument le site Jardinons à l'école

www.jardinons-alecole.org

- C'est une véritable mine de renseignements pour démarrer un jardin, notamment pour connaitre les dates de floraison et de récoltes.

Se renseigner sur l'évènement

La semaine du jardinage à l'école

- Cette semaine est parrainée par les ministères de l'Éducation nationale, de l'Écologie et du Développement durable. Connaitre les partenaires et les distributeurs pour chaque région de France.

S'organiser dans le temps

- Avant de démarrer le projet, choisissez les plantations selon la saison et le temps dont on dispose, en prenant en compte notamment les vacances scolaires.

Se poser les bonnes questions

- Quelqu'un peut-il s'occuper du jardin pendant les vacances? Selon la réponse vous pourrez cultiver ou non des plantes qui se récoltent en automne, des plantes qui poussent sans entretien ou des plantes qui ont un grand besoin en eau.
- Où y a-t-il du soleil et un point d'eau dans la cour?
- De quel budget disposons-nous? Les graines, bulbes et autres plantes à transplanter ont un cout car chaque élève va les utiliser.

	SEMIS EN PLEINE TERRE	PLANTATION	DURÉE AVANT RÉCOLTE	FLORAISON	RÉCOLTE
			LÉGUMES		
Carottes	Mars à juillet		Entre 3 et 5 mois		Juin-novembre
Courgettes	Mars à mai	Mai-juin	Entre 2 et 3 mois		Mi-juillet à octobre
Fèves	Février à avril		Entre 3 et 4 mois		Mai-juin
Haricots et petits pois	Mars à juin		Entre 2 et 3 mois	Mai à juillet	Juin à septembre
Laitue	Mars-avril		Environ 2 mois		Mai-juin
Maïs	Avril-mai		Environ 5 mois		Septembre-octobre
Pommes de terre		Avril-mai	Entre 3 et 5 mois		Septembre-octobre
Potiron	Avril-mai		Entre 5 et 6 mois		Septembre-novembre
Radis	Mars à juillet		Entre 3 et 6 semaines		Avril à aout
Tomate		Mai	Entre 2 à 4 mois		Juillet à octobre
			FRUITS		
Fraisier		Septembre à mi-octobre		Avril-mai	Mai-juin
Framboisier		Novembre à février		Avril-mai • Juillet-août	Juin - juillet • Septembre - octobre
			HERBES AROMATIQUES		
Basilic	Mars à mai				Mai à octobre
Menthe	Mars à juin				Toute l'année
Ciboulette	Février à mai				Avril à novembre
Persil	Mars à aout				Toute l'année
			BULBES		
Tulipes		Octobre à décembre		Mars à mai	
Amaryllis		Octobre à février		2 mois plus tard	
Jacinthe		Septembre à janvier		Décembre à mai	
Perce-neige		Septembre-octobre		Janvier à mars	
Crocus et jonquille		Septembre à novembre		Février à mai	
Muscari		Septembre à novembre		Mars à mai	
Dahlia		Mars à juin		Juin à octobre	
Glaïeuls		Mars à juillet		Juillet à septembre	
Arums		Mars à mai		Juin à octobre	

JARDINER EN PLEINE TERRE OU EN BACS ?

- Le travail de la terre est une activité particulièrement pertinente pour les enfants du cycle 2. Prévoyez au moins trois séances pour utiliser chaque outil et enlever les cailloux, aérer et aplanir le terrain, même si les adultes ont déjà rendu ce terrain cultivable.
- Jardiner en pleine terre permet d'utiliser correctement tous les outils de jardinage. La surface doit être allongée, ni trop large pour ne pas devoir piétiner la terre, ni trop étroite pour éviter les accidents de serfouette et de râteaux. Aménager un terrain en platebande est une bonne solution et les élèves restent propres.
- Pour les écoles qui n'ont pas de possibilité de travailler directement la terre, la culture en bacs permet néanmoins de réaliser un jardin, la hauteur des bacs correspond à la hauteur des cuisses des élèves.
- Utilisez les bacs pour planter plutôt les plantes vivaces et persistantes (bulbes, plantes aromatiques, fraisiers), afin que ces plantes ne vous gênent pas l'année suivante pour travailler la terre d'un espace que vous remanierez chaque année.
- N'oubliez pas d'utiliser l'espace vertical le long des clôtures, les plantes grimpantes sont vigoureuses et ont plein d'astuces pour s'accrocher.

UN JARDIN SENSORIEL

- L'approche sensorielle du jardin et du jardinage correspond bien à l'âge des élèves du cycle 2 et peut être facilement associée à d'autres projets menés dans la classe. Il n'est évidemment pas nécessaire de planter les six *coins ci-dessous*.

Coin gourmand
- Fruits : fraises, groseilles, cassis et framboises, cerises et pommes (attendre au moins cinq ans après la plantation des arbres).
- Légumes : radis, salades, potirons, courgettes, carottes.
- Plantes aromatiques : persil, ciboulette, coriandre.

Coin couleurs et formes
- Plantes vivaces à bulbes : perce-neige, crocus, muscaris, jacinthe, tulipe.
- Annuelles à semer : capucine, coquelicot, souci...
- Transplanter des semis offerts par des partenaires.

Coin 3D des grimpantes
- Liseron (envahissant mais jolies feuilles en forme de cœur).
- Ipomée (très jolies fleurs en tube).
- Clématite (choisir celles qui fleurissent au printemps).
- Chèvrefeuille.

Coin texture
- Grande feuille lisse de rhubarbe.
- Plante qui pique : le chardon.
- Feuille épaisse et douce de sauge.
- Longues tiges et épis des graminées, choisir différentes variétés et prévoir notamment un petit carré de blé.

Coin aromatique
- Plantes à semer ou à transplanter : thym, romarin, menthe poivrée, menthe citronnée, lavande, estragon, sarriette, basilic, chèvrefeuille.

Coin sonore
- Placer quelques instruments qui vont jouer au gré du vent :
  - pot avec une perle comme une cloche,
  - installation de bambous en suspension.
- Acheter une grenouille et un oiseau qui se déclenche lorsqu'on passe devant eux (nature et découverte).

EDD Installation d'un compost et d'un récupérateur d'eau en concertation avec la municipalité.

& Trucs astuces

Quelles graines utiliser ?

- L'utilisation de graines variées permet d'aborder la notion de diversité et d'associer un type de graine à une plante précise.
- Les graines sélectionnées ci-dessous ne demandent aucune précaution particulière et germent rapidement. Vous pouvez réduire les couts en privilégiant des graines achetées au rayon alimentaire de magasin bio ou non (lentilles, haricots, pois chiches, soja, maïs, alfalfa, luzerne...).

Les graines du potager

Les graines de haricot
Morphologie la plus caricaturale de la graine. Existent en plusieurs couleurs. Germination facilement observable même pour un petit, et rapide (48 heures) : au bout de trois semaines, la plante a produit plusieurs stades de feuilles.

Les graines de radis
Petites graines claires qui germent très rapidement. Le légume radis s'obtient trois à quatre semaines après la germination. Pour observer ces petits radis, il faut clairsemer les plantules : les élèves ont tendance à planter trop et à trop serrer. Pour que la racine du radis grossisse et devienne le *radis*, arracher les plants trop rapprochés.

Les graines de basilic
Très petites et noires. La germination est visible au bout de cinq à sept jours. Intéressantes à comparer aux graines plus rapides de radis, haricot, lentilles, car du coup on a l'impression qu'il ne se passe rien jusqu'à ce que...

Les graines que les élèves sont susceptibles d'avoir mangées et qui germent facilement

Les lentilles
Brunes ou vertes, germination également très rapide (24 heures).

Les graines de petits pois
Germination comparable à celle du haricot mais les feuilles découpées de la plante sont très différentes.

Les graines de tournesol
La plantule sort de la coque, bel effet !

Les graines de soja vert
Graines un peu plus petites que les graines de haricot, mais le soja fait partie de la même famille. Germination visible au bout de 48 heures.

Les graines cultivées en germoir
Alfalfa, luzerne

Les pois chiches
Germent au bout de quatre ou cinq jours.

Les caryopses : fruits secs dans lesquels l'embryon est intimement soudé. On parle du coup de grains et non de graines !

Le maïs
Il germe au bout d'une semaine.

Le gazon
Mélange de caryopses de graminées, l'ensemble ressemble à des débris de foin et n'est pas immédiatement identifiable comme *graines*.
Au début, on pense également qu'il ne se passe rien, mais il germe au bout de sept à dix jours.

Le blé
On peut extraire les grains directement de l'épi, ce qui permet un bon support pédagogique pour visualiser le cycle d'une plante.

Dans quoi planter ?

Substrat

LE TERREAU

Le terreau est le substrat idéal : c'est une terre enrichie en matière organique et minérale. C'est un substrat plus léger que la terre grâce à la présence de fibres et d'écorces.

LA TERRE

La terre est un substrat naturel dont la composition est essentiellement déterminée par la nature de la roche mère. Elle varie ainsi énormément selon les régions.

LE COMPOST

Le compost est le résultat du recyclage et de la décomposition de matières organiques. Son rôle principal est d'enrichir le sol ou le terreau en micro-organismes, éléments minéraux et humus. Il doit être mélangé à la terre et ne peut pas être utilisé pur.

LES COPEAUX DE BOIS OU SCIURES

Les copeaux de bois peuvent remplacer le terreau pour les bricolages de *Tête à cheveux* (page 100 et fiche de construction 2).

Inconvénient. Pour des enfants qui ont toujours planté dans du terreau, utiliser des copeaux ne correspond pas à un réel réinvestissement, il serait plus pédagogique de faire une étape pour montrer aux enfants que la terre n'est pas indispensable à la germination et utiliser d'autres substrats (coton, rien comme le germoir, copeaux).

Avantages. Les copeaux de bois ou sciures sont moins salissants, ils sont trop gros pour passer à travers les mailles du collant, la tête obtenue est moins lourde et conserve plus facilement sa forme ronde.

Germination sur du coton

- Recouvrir une barquette de coton, placer les graines, recouvrir de coton et arroser sans noyer.
- On peut utiliser un cure-dent ou une pique à brochette avec le nom de la plante et quelques graines scotchées.

⚠ Les graines ont besoin d'eau pour germer mais également d'oxygène. Lors de l'arrosage, il ne faut pas noyer le milieu, la graine serait asphyxiée et ne germerait plus. Pour éviter que l'eau stagne au fond du pot, utiliser de préférence des pots troués au fond. Pour les plantations dans du coton, éliminer l'eau qui n'a pas été absorbée par les fibres de coton.

De manière générale, les germinations ratées le sont essentiellement parce qu'elles ont été trop arrosées.

Plantation de bulbes en intérieur

⚠ De nombreux bulbes sont toxiques et les élèves ne doivent jamais porter les bulbes à leur bouche.

Pour faire pousser des bulbes dans sa classe, si on veut qu'ils fleurissent, il faut leur faire subir un traitement spécial appelé forçage. Les bulbes doivent être placés au réfrigérateur pour une durée de 6 semaines. Le forçage évite que la tige et les feuilles ne se développent avant les racines et ne permettent pas le fleurissement.

On peut pratiquer la culture en carafe dans des vases spéciaux mais on peut également les fabriquer soi-même en coupant une bouteille d'eau minérale en deux. La partie supérieure est placée retournée sur la partie inférieure. Dans celle-ci, on place le bulbe qui doit affleurer l'eau.

Faire germer des pépins ou des noyaux

Nous vous conseillons les pépins de pomme et de citron, les noyaux d'avocat et de litchi. Bien sûr, dans la nature, toutes les graines ont vocation à germer, mais de nombreux pépins et noyaux sont programmés pour ne pas germer trop tôt. Ainsi, les noyaux de pêche et de cerises subissent une abrasion lente par la terre et l'eau d'au moins un an, et ce n'est qu'après cette détérioration qu'ils déclencheront le processus de germination. On peut tricher avec les pépins de pomme en les plaçant au réfrigérateur pendant trois semaines et lever la dormance.

POUR FAIRE GERMER DES PÉPINS DE CITRON

- Choisir de préférence des citrons bio car certains traitements peuvent rendre les graines stériles.
- Prélever des pépins et les débarrasser de tout morceau de pulpe : le plus facile consiste à les sucer jusqu'à ne plus sentir le goût du citron et les planter immédiatement dans un pot de terreau, les pépins ne doivent pas dessécher.
- Arroser régulièrement et attendre au moins un mois pour observer une petite pousse.

POUR FAIRE GERMER UN NOYAU D'AVOCAT

- Couper délicatement l'avocat pour extraire le noyau sans le blesser avec le couteau.
- Laver et débarrasser le noyau de toute chair.
- Plonger le noyau une heure dans un verre d'eau tiède.
- Piquer trois cure-dents pour maintenir le noyau au-dessus d'un verre d'eau, ou placer le noyau en carafe.
- Placer le noyau sur le verre d'eau, la partie pointue est dirigée vers le haut, la partie bombée plonge dans l'eau.
- Compter une quinzaine de jours pour observer la radicule sortir du noyau.
- Lorsque la racine sera développée, transplanter la plantule dans un pot de terreau.

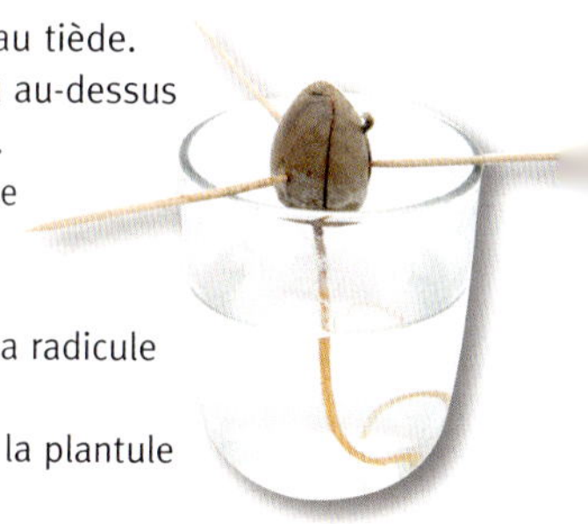

POUR FAIRE GERMER UN NOYAU DE LITCHI

- Laver le noyau pour le débarrasser de la chair du litchi.
- Placer le noyau dans un verre d'eau tiède pendant deux jours.
- Planter le noyau dans un pot de terreau, la partie plane vers le bas, et la partie conique vers le haut.
- Arroser copieusement régulièrement mais sans noyer.
- Attendre entre quinze jours et un mois pour observer une petite pousse.

⚠ Optimiser les chances de réussite en utilisant plusieurs noyaux ou pépins, avec une ou deux graines il y a trop de risques de ne rien faire germer.

CLASSE ORGANISÉE EN ILOTS
60 minutes

Matériel

★ Pour l'enseignant :
- pots de yaourt
- terre bien sèche
- 1 gobelet gradué
- 1 thermomètre

★ Par groupe :
- 1 affiche

★ Par élève :
- son cahier d'exploration du monde

SÉANCE 2 CONCEVOIR DES PROTOCOLES EXPÉRIMENTAUX — CE2

Phase 1 REFORMULER LES HYPOTHÈSES
Oral collectif • 5 min

- Pour lancer la séance, l'enseignant fait reformuler les hypothèses retenues par la classe.
- En les questionnant, il amène les élèves à se mettre d'accord sur les quatre paramètres qu'ils jugent indispensables pour que la graine germe : la graine doit être recouverte de terre, doit être arrosée tous les jours un petit peu, doit être placée dans la classe à la lumière près de la fenêtre et à la température de la classe (chaleur), environ 20°.

Phase 2 RÉFLÉCHIR AU PROTOCOLE EXPÉRIMENTAL
Oral collectif • 10 min

- L'enseignant fait réfléchir les élèves sur les conditions des expériences qu'ils vont réaliser.
- Les élèves doivent comprendre que c'est l'absence du paramètre qui permettra de vérifier l'hypothèse.
- ***Si on croit que la graine a besoin d'eau pour germer, comment le vérifier ?*** *On la sème et on ne l'arrose pas.* ***Et pour la lumière ?*** *On la sème et on la met dans le noir. Si elle n'a pas de lumière, elle ne poussera pas.* ***Mais on continue à l'arroser ?*** *Oui sinon on ne saura pas si c'est à cause de l'eau ou de la lumière qu'elle n'a pas poussé.*
- Une des difficultés pour les élèves est de comprendre la nécessité de ne faire varier qu'un seul paramètre et de garder les trois autres stables.
- Le matériel à utiliser est défini lors de cette phase pour que les élèves puissent se concentrer sur le protocole quand ils seront en groupes : des pots de yaourt pour planter, de la terre bien sèche, des graines de haricot, un gobelet gradué pour l'arrosage, un thermomètre pour mesurer la température.

Phase 3 CONCEVOIR UN PROTOCOLE EXPÉRIMENTAL
Groupes de 4 à 6 élèves • 20 min

- La classe est répartie en quatre groupes. Chaque groupe doit concevoir une expérience pour tester une des quatre hypothèses.
- Dans chaque groupe, les élèves schématisent, écrivent et dessinent ce qu'ils pensent faire sur une affiche.
- L'enseignant les aide à être précis, les pousse à annoter leurs schémas et à penser à représenter aussi le pot témoin.

Phase 4 MISE EN COMMUN
Oral collectif • 20 min

- Chaque groupe présente son expérience à la classe. La comparaison des différents protocoles permet à certains de se rendre compte de leurs erreurs, comme l'oubli du témoin par exemple, et de corriger ou d'affiner leur protocole.
- Chaque groupe sème plusieurs graines de haricot pour pouvoir multiplier les observations.

GROUPE **BESOIN EN EAU**

- *On arrose le pot témoin tous les jours, la terre doit toujours être humide. On n'arrose jamais les autres pots. On les place dans la classe, près de la fenêtre l'un à côté de l'autre.*

+ LE GROUPE PEUT AUSSI VOULOIR TESTER « BEAUCOUP D'EAU ». ON LES LAISSERA ALORS METTRE EN PLACE UN POT SUPPLÉMENTAIRE À TESTER.

GROUPE **BESOIN EN TERRE**

- *On sème des graines de haricot dans des pots remplis de sable, de coton, de papier, d'éponge…*
- *On les arrose tous les jours et on les place dans la classe près de la fenêtre l'un à côté de l'autre. On n'oublie pas de faire un pot témoin avec de la terre.*

+ LA QUANTITÉ DE POTS DÉPEND ICI DU NOMBRE DE SUBSTRATS PRÉVUS POUR REMPLACER LA TERRE. IL FAUT LAISSER LES ÉLÈVES EN ESSAYER PLUSIEURS CAR ILS ONT DU MAL À CROIRE QUE LA GRAINE PUISSE GERMER AILLEURS QUE DANS LA TERRE.

GROUPE **BESOIN DE LUMIÈRE**

- *On sème des graines de haricot dans des pots, on les arrose régulièrement et on les place dans le noir dans une armoire de la classe. On place le pot témoin sur l'armoire à la lumière.*

GROUPE **BESOIN DE CHALEUR**

- *On sème des graines de haricot dans des pots. On place certains pots dehors sur le rebord de la fenêtre et le pot témoin dans la classe. On mesure la température dedans et dehors tous les jours et on n'oublie pas d'arroser tous les pots tous les jours.*
- *On peut aussi le placer dans le réfrigérateur de l'école.*

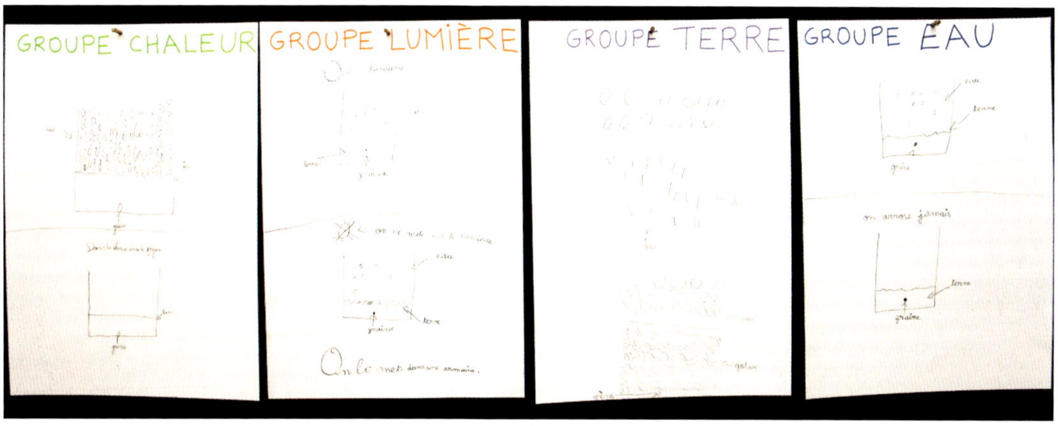

Phase 5 **TRACE ÉCRITE**
Travail individuel • 5 min

- Chaque élève recopie le protocole expérimental de son groupe dans son cahier d'exploration du monde.

CLASSE ORGANISÉE EN ILOTS
25 minutes
+ 15 minutes /jour
pendant 8 à 10 jours

Matériel

★ Pour la classe :
- appareil photo

★ Par groupe :
- 4 à 6 pots de yaourt
- de la terre bien sèche
- 2 cuillères à soupe
- des graines de haricot
- 1 gobelet gradué
- 1 thermomètre
- 1 *document d'observation* photocopié en A3

SÉANCE 3 SEMER ET OBSERVER RÉGULIÈREMENT LES SEMIS — CE2

Phase 1 **SEMER LES GRAINES DE HARICOT**
Groupes de 4 à 6 élèves • 25 min

- Chaque groupe réalise les semis prévus pour pouvoir tester le paramètre qui lui est attribué.
- Le matériel à disposition est le même pour chaque groupe et les élèves ne sont pas obligés de tout utiliser.
- Chaque pot est numéroté et une étiquette rappelle ce que l'on y teste. Les pots ne sont pas nominatifs.
- L'enseignant explique aux élèves que toutes les graines doivent être placées à la même profondeur pour que ce paramètre n'intervienne pas dans les résultats des expériences.

Phase 2 **OBSERVATIONS QUOTIDIENNES DES SEMIS**
Groupes de 4 à 7 élèves • 5 min/jour pendant 8 à 10 jours

- Tous les jours, deux élèves de chaque groupe vont arroser et observer les semis.
- Si nécessaire, ils relèvent la température.

OUVRAGES AUTOUR **DU JARDINAGE**

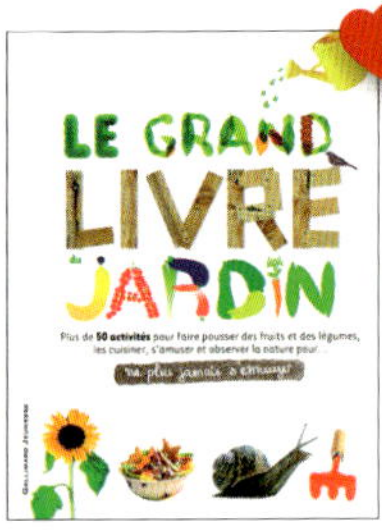

CP CE1 CE2

Le grand livre du jardin

© Gallimard jeunesse • 2014 • 17,80 €

Ce livre fourmille d'idées, de recettes, de jeux ou d'activités pour tous ceux qui aiment profiter de leur jardin et de la nature autour de chez eux.

CE1 CE2

Comment poussent la salade et les autres légumes ?

Anne-Sophie Baumann

© Tourbillon • 2011 • 11,95 €

Un documentaire qui explique tout sur les légumes et leur transformation pour notre alimentation.

CE1 CE2

Le potager de Chloé

Pascale Bougeault

© Eyrolles jeunesse • 2013 • 9,90 €

Un documentaire raconté comme une histoire pour apprendre à jardiner, à faire pousser des légumes et à cuisiner certaines récoltes.

CE2

Je plante ça pousse !

Philippe Asseray et Charlène Tong

© Rustica éditions • 2013 • 10,80 €

Un livre qui explique tout ce qu'il faut savoir pour réussir son premier carré de jardin.

OUVRAGES AUTOUR **DES GRAINES**

CP

Premier printemps

Anne Crausaz

© Memo • 2010 • 14,20 €

Une petite fille découvre les joies de la nature au fil des saisons.

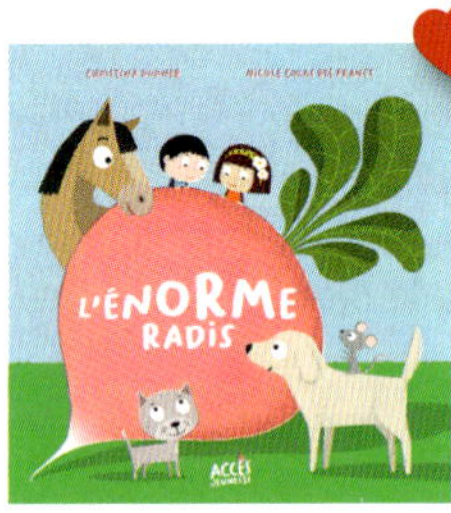

CP

L'énorme radis

Christina Dorner et Nicole Colas des Francs

© ACCÈS Jeunesse • 2020 • 12 €

Un petit garçon et une petite fille sèment une graine de radis. Ils s'en occupent si bien que le radis devient énorme. Qui les aidera à le sortir de terre ?

CP CE1

Ça pousse !

Léa Schneider et Anne Crausaz

© ACCÈS Jeunesse • 2021 • 12 €

Des graines se dispersent au gré de la nature. Que deviendront-elles ? Un album pour découvrir avec poésie les différents modes de dispersion des graines.

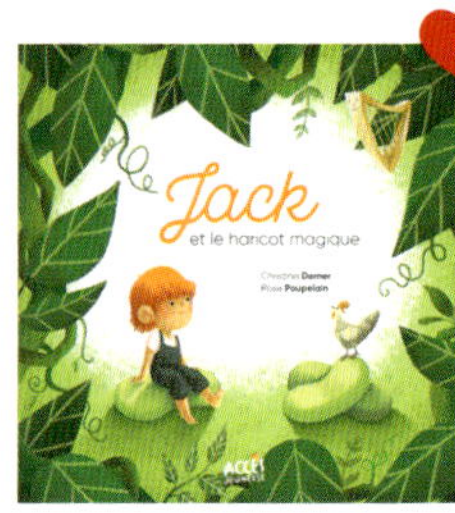

CP CE1 CE2

Jack et le haricot magique

Christina Dorner et Rose Poupelain

© ACCÈS Jeunesse • 2021 • 12 €

Une version moderne du célèbre conte populaire anglais à étudier en parallèle de l'observation et du semis de graines de haricot.

OUVRAGES AUTOUR **DU CYCLE DE VIE D'UNE PLANTE**

CP

J'ai grandi ici

Anne Crausaz

© Memo • 2008 • 14,20 €

Le cycle de vie d'une graine évoqué de manière poétique par Anne Crausaz.

CP

Dix petites graines

Ruth Brown

© Gallimard jeunesse • 2001 • 12 €

Une histoire sans paroles qui décrit avec justesse les différentes étapes de la vie d'une graine de tournesol, de la germination à la fleur.

CE1 CE2

Une belle plante !

Marguerite Tiberti et Capucine Mazille

© Ricochet • 2016 • 14,50 €

Un très bon album pour aborder la germination et les cycles de vie des plantes.

CE1 CE2

Le voyage du pollen

Kim Mi-gyeong et Lee Yeong-Rim

© Ricochet • 2016 • 13,50 €

Un très bon album qui évoque le fonctionnement et les acteurs de la pollinisation.

DIVERSITÉ ET INTERACTIONS ENTRE LES ÊTRES VIVANTS ET LEUR ENVIRONNEMENT

Les notions abordées

- **Les différents régimes alimentaires : végétarien, carnivore, omnivore**
- **Les chaines alimentaires**
- **La diversité animale dans un environnement proche**
- **Les adaptations des animaux aux conditions climatiques**
- **Les adaptations de la locomotion en fonction des différents milieux de vie**

Notions pour l'enseignant

Que signifient les termes de diversité et d'interactions dans un écosystème ?

DIVERSITÉ

▶ Au sens large, la diversité des êtres vivants ou biodiversité, désigne la variété et la variabilité du vivant sous toutes ses formes. Elle s'apprécie en considérant la diversité des écosystèmes et ses interactions. La biodiversité n'est pas un sujet d'étude en soi, c'est un concept.

▶ Les élèves du cycle 2 découvrent cette diversité en étant confrontés à toutes sortes de plantes et d'animaux ; en étudiant la germination de différentes graines, la croissance de bulbes variés ; en observant des élevages en classe, en récoltant des petites bêtes et des plantes autour de l'école...

ÉCOSYSTÈMES ET INTERACTIONS

▶ En écologie, un écosystème correspond à une association d'êtres vivants, la biocénose, dans un environnement donné, le biotope. Cet environnement a des caractéristiques physiques données (température, sècheresse, lumière...) et subit également souvent des variations saisonnières. Les êtres vivants de cette biocénose ont su s'adapter à l'ensemble de ces paramètres pour survivre. Écosystème = biocénose + biotope

▶ Un écosystème est caractérisé par les interactions qui s'exercent entre les êtres vivants (réseau trophique, mutualisme, commensalisme, symbiose, parasitisme...) ou les interactions des êtres vivants avec leur milieu (adaptations aux conditions de vie).

▶ Au cycle 2, les interactions étudiées consistent en la mise en évidence :
- de chaines alimentaires pour illustrer les interactions entre espèces,
- d'adaptation des espèces de nos régions aux conditions de vie hivernales,
- d'adaptation de la locomotion à la nature du milieu (aérien, terrestre ou aquatique).

Quels déplacements pour quel milieu de vie ?

▶ La locomotion est une suite de mouvements qui entrainent un déplacement. On peut associer les déplacements au milieu de vie : un animal ne se déplace pas de la même façon dans l'eau, dans l'air ou sur la terre. Ce déplacement peut être la nage ou la propulsion dans l'eau, le vol dans l'air. une progression bipède, quadrupède ou apode sur terre.

▶ Certains ne se déplacent que dans un seul milieu, comme les poissons, alors que d'autres sont capables de se mouvoir dans plusieurs milieux, comme les canards.

▶ Se déplacer, c'est toujours prendre appui sur quelque chose de résistant :
- le sol pour marcher, courir, ramper, sauter,
- l'eau pour nager,
- l'air pour voler.

▶ Dans l'eau, les animaux nagent. Il existe certes des animaux marcheurs, comme le crabe, mais s'ils vivent dans l'eau, le déplacement se fait sur une surface solide correspondant aux fonds aquatiques. Le singe qui grimpe dans l'arbre n'est pas aérien pour autant ! Certains animaux tels les gerris arrivent à marcher sur l'eau, ce qui est possible grâce aux forces de tension de surface de l'eau et constitue un cas particulier.

Pourquoi les animaux se déplacent-ils ?

▶ Les animaux se déplacent pour se nourrir, pour se reproduire, pour fuir un prédateur ou poursuivre une proie, pour trouver des conditions de vie plus clémentes.

Quel organe pour quel déplacement ?

▶ Pour une même fonction « se déplacer », les organes de déplacement sont adaptés au milieu de vie. De manière générale, on trouve des pattes pour le milieu terre, des ailes pour le milieu air et des nageoires pour le milieu eau.

▶ Chez les vertébrés, des modifications très importantes sont apparues pour adapter les membres au type de déplacement malgré une organisation générale commune du squelette. Ainsi la patte antérieure du cheval, l'aile de la chauvesouris et la nageoire du dauphin ont subi d'importantes modifications qui les adaptent au milieu de vie dans lequel ils évoluent.

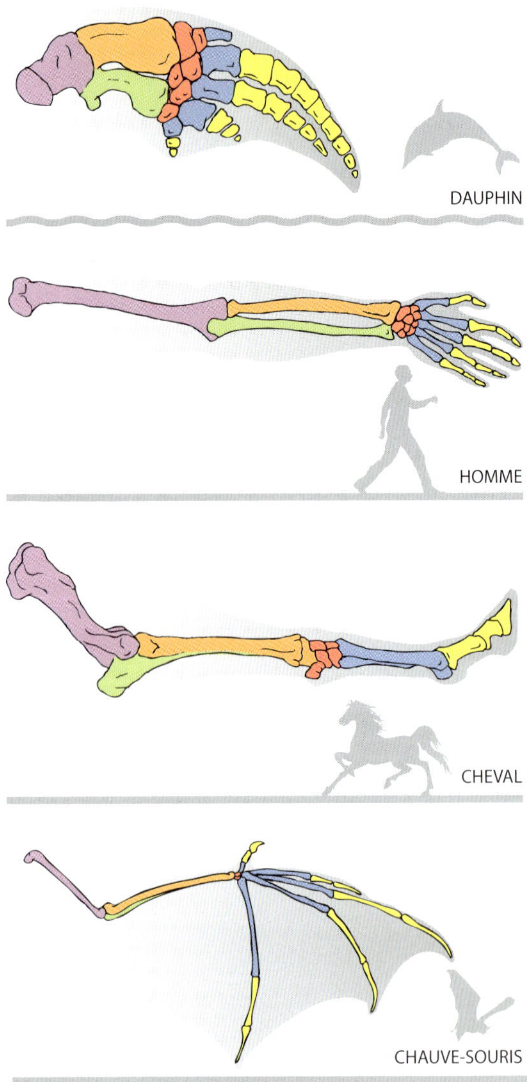

Qu'est-ce qu'un régime alimentaire ?

- **Le régime alimentaire** définit la façon dont un animal se nourrit. Son régime alimentaire peut être constitué exclusivement d'animaux, de végétaux ou parfois des deux. C'est sur la base de cette différence d'origine des aliments que l'on a établi une classification des régimes alimentaires.
- Les animaux qui ont **un régime alimentaire carnivore** se nourrissent d'aliments d'origine animale. Ce sont les zoophages. Exemples : le hibou, le lion, la couleuvre, le héron, la coccinelle, l'étoile de mer...

  Certains régimes carnivores sont très spécialisés.
  - Les **insectivores** ne consomment que des insectes. Ex : l'hirondelle.
  - Les **charognards** ne mangent que des cadavres. Ex : le vautour.
  - Les **piscivores** ne mangent que des poissons. Ex : le martin-pêcheur.
- Les animaux qui ont **un régime alimentaire végétarien** se nourrissent d'aliments d'origine végétale et de substances produites par les végétaux comme la sève ou le nectar. Ce sont **des phytophages.** Exemples : le phasme, la gerbille, le lapin, le cerf...

  Ce régime alimentaire peut également être très spécialisé.
  - **Les herbivores** ne mangent que de l'herbe. Ex : la vache.
  - **Les granivores** ne mangent que des graines. Ex : le verdier d'Europe.
  - **Les nectarivores** ne se nourrissent que de nectar sécrété par les fleurs. Ex : le colibri.
- D'autres animaux ont **un régime alimentaire omnivore**. Ils se nourrissent à la fois d'aliments d'origine animale et d'aliments d'origine végétale. Exemples : le renard, le sanglier, le raton laveur, l'ours, le merle...

  Ce régime peut étonnamment être aussi très spécialisé.
  - **Les planctophages** ne consomment que du plancton d'origine animale et végétale. Ex : la baleine.
- Le régime alimentaire a une influence sur le comportement de l'animal (prédateur, proie), sur la structure anatomique de certaines parties du corps (bouche, dents, griffes, estomac...).
- Il peut varier au cours de la vie de l'animal. Le jeune mammifère se nourrit de lait maternel au début de sa vie puis adopte le régime alimentaire de son espèce.
- Il peut également varier en fonction des saisons quand la quantité de nourriture disponible change. Le raton laveur se nourrit beaucoup de larves, d'œufs, d'oisillons et de vers de terre au printemps, puis de fruits, graines et baies en automne.
- Les animaux qui sont exclusifs dans leur régime alimentaire sont souvent plus vulnérables à la sélection naturelle que les omnivores. Ex : le panda.

Qu'est-ce qu'une chaine alimentaire ?

- Une chaine alimentaire caractérise une suite de relations alimentaires entre les êtres vivants : **chaque être vivant est mangé par un autre.**
- Le premier maillon est un **végétal**, le deuxième maillon est occupé par un animal **végétarien**, le troisième maillon par un animal **carnivore prédateur** du végétarien. Le **superprédateur** est en bout de chaine.

  VÉGÉTAL → VÉGÉTARIEN → PRÉDATEUR → SUPERPRÉDATEUR
- Dans une chaine alimentaire, le sens de la flèche est conventionnel et il signifie : **« est mangé par »**

  Exemple :

  Fleur → pucerons → coccinelle → mésange → chat
- Les chaines alimentaires permettent le maintien d'un écosystème en équilibre. Les décomposeurs permettent de réaliser un cycle en dégradant la matière organique.
- Une chaine alimentaire est ainsi le résultat des interactions entre trois catégories d'organismes :
  - les **producteurs :** êtres vivants du règne végétal en général,
  - les **consommateurs :** animaux végétariens, omnivores et carnivores,
  - les **décomposeurs** : bactéries et champignons pour la plupart.
- Les animaux du sol appelés décomposeurs, tels les vers de terre et certains insectes, ont plutôt une action préliminaire. Ils s'attaquent aux débris végétaux ou animaux et en délivrent par leurs excréments la matière organique que les véritables décomposeurs vont pouvoir recycler.
- À l'intérieur d'un même écosystème, on trouve beaucoup de chaines alimentaires. L'ensemble de ces chaines se recoupe et définit un réseau alimentaire également appelé réseau trophique.

Ce qui peut poser problème

- Les élèves ont spontanément envie de construire la chaine alimentaire en mettant une flèche signifiant « mange ». Or la chaine alimentaire commence par un végétal avec une flèche signifiant « est mangé par ».

1

Percer deux trous aux diamètres des tuyaux dans le couvercle du pot de yaourt.

2

Sur une extrémité du tuyau le plus court, fixer un morceau de gaze avec l'élastique.

3

Passer les deux tuyaux dans les trous. Le bout de tuyau avec de la gaze doit être à l'intérieur du pot.

4

Réaliser deux joints en pâte à fixer pour étanchéifier le tout.

5

Replacer le couvercle sur le pot. Votre aspirateur à insectes est prêt à l'emploi !

Fabriquer un aspirateur à insectes

Matériel

- 1 paire de ciseaux
- 1 pot de yaourt en verre avec son couvercle
- 1 tuyau en plastique souple transparent de 30 cm de long et de 10 mm de diamètre
- 1 tuyau en plastique souple transparent de 15 cm de long et de 8 mm de diamètre
- de la pâte à fixer
- 1 élastique
- 1 morceau de gaze (compresse stérile)

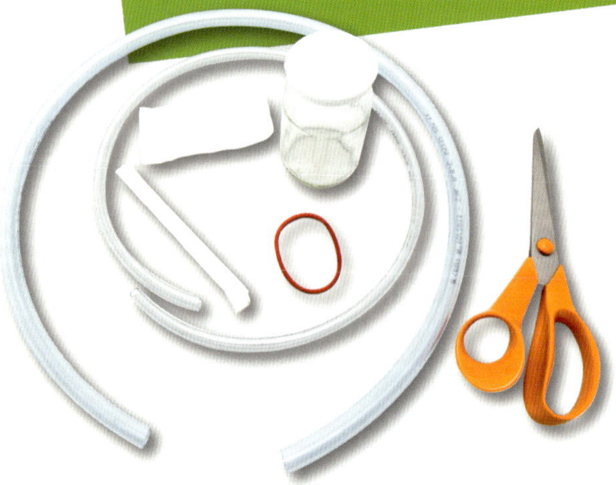

Utilisation de l'aspirateur à insectes

Placer le tuyau le plus long près de l'insecte et aspirer avec l'autre tuyau. L'animal sera aspiré et capturé dans le pot. Avec l'aspirateur à insectes, on peut capturer sans les blesser des petits insectes difficiles à attraper et à manipuler.

Comment ça marche ?

En aspirant dans le tube le plus court, on crée une dépression qui fait entrer l'air de l'extérieur vers l'intérieur du pot par le tuyau placé près de l'insecte qui est emporté aussitôt et se retrouve dans le pot.

La gaze placée à l'extrémité du tube dans lequel on aspire sert de filtre et évite que l'on avale des insectes.

Fabriquer ses propres boites à récolte

Récupérer des pots de yaourt en verre avec couvercles en plastique dans lesquels il suffit de faire quelques trous pour permettre aux animaux de respirer.

Fabriquer une clé de détermination

Les petites bêtes sont classées en fonction du nombre de pattes et d'ailes.

Critères de classement retenus :

- 0 patte
- 4 pattes
- 6 pattes 0 aile
- 6 pattes 2 ailes
- 6 pattes 4 ailes
- 6 pattes ailes dures
- 8 pattes
- 10 pattes et plus
- Larves

1
Détacher chaque carte de sa planche.

2
Perforer chaque carte dans le coin supérieur gauche.

3
Placer les cartes dans l'ordre. Elles sont numérotées de 1 à 54.

4
Passer un cordon dans chaque trou et faire un nœud.

5
Emporter votre clé lors des sorties.

CP

PLAT DU JOUR
Déterminer le régime alimentaire de quelques animaux

Séance 1
Déterminer l'origine animale ou végétale des aliments
45 min
Pas d'organisation particulière

Séance 2
Établir la notion de régime alimentaire
40 min
Classe organisée en binômes

Séance 3
Évaluation
20 min
Pas d'organisation particulière

PAS D'ORGANISATION PARTICULIÈRE
45 minutes

Matériel
★ Pour l'enseignant:
- 6 poster A4 ***Animaux en train de se nourrir***

★ Par élève:
- 1 document ***D'origine animale ou végétale?*** (document élève page 112 et)
- crayons de couleur rouge et vert

SÉANCE 1 DÉTERMINER L'ORIGINE ANIMALE OU VÉGÉTALE DES ALIMENTS — CP

Phase 1 DESCRIPTION DES ANIMAUX CHOISIS
Oral collectif • 10 min

- L'enseignant présente les six poster A4 ***Animaux en train de se nourrir*** ou projette leurs photos.
- Les élèves nomment les animaux et donnent des renseignements qu'ils connaissent sur chaque animal.
- L'enseignant note le nom de chaque animal au tableau.

Phase 2 CLASSEMENT DES ALIMENTS SELON LEUR ORIGINE
Oral collectif • 10 min

- L'enseignant propose aux élèves d'observer les aliments mangés par les six animaux.
- Chaque aliment est nommé et les élèves doivent indiquer s'il est d'origine animale ou d'origine végétale.
- L'enseignant guide et relance les élèves pour qu'ils réalisent tous ensemble un premier classement.
  L'écureuil mange une noisette. La noisette est un fruit, elle pousse sur le noisetier, c'est un arbre, UNE PLANTE, donc la noisette est un aliment d'origine végétale.
- Les six aliments identifiés sont triés.

Phase 3 CLASSEMENT D'AUTRES ALIMENTS
Travail individuel • 10 min

- L'enseignant demande aux élèves de déterminer l'origine animale ou végétale d'autres aliments à partir du document ***D'origine animale ou végétale?*** **(document élève page 112 et).**
- ***Colorie en rouge les aliments d'origine animale et en vert ceux d'origine végétale.***
- L'enseignant, lors de la correction, fait verbaliser chaque élève qui doit justifier son choix.
- Les aliments proviennent soit:
  - *Des animaux: la viande, mais aussi ce qu'ils font comme les œufs et le lait.*
  - *Des végétaux: les légumes, les fruits, mais aussi les céréales que l'on cultive dans les champs, les graines, les pommes de pin...*

Phase 4 CLASSEMENT DES ANIMAUX
Oral collectif • 5 min

- L'enseignant demande aux élèves de classer les six animaux en deux groupes.
- Les élèves regroupent les trois animaux dont la nourriture est d'origine animale et les trois animaux dont la nourriture est d'origine végétale.

Phase 5 TRACE ÉCRITE INDIVIDUELLE
Travail individuel • 10 min

- Chaque élève complète le texte à trous pour obtenir la trace écrite suivante:
  - *Dans la nature, certains animaux comme la vache, l'écureuil et le papillon ont une nourriture <u>végétale</u>, provenant des <u>plantes</u>*
  - *D'autres animaux, comme le lion, le héron et le chat ont une nourriture <u>animale</u> provenant des <u>animaux</u>.*

CLASSE ORGANISÉE EN BINÔMES
40 minutes

Matériel

★ Pour la classe :
- 1 affiche pour la trace écrite collective

★ Pour 2 élèves :
- 1 document *Dis-moi ce que tu manges !*

SÉANCE 2 ÉTABLIR LA NOTION DE RÉGIME ALIMENTAIRE CP

Phase 1 RAPPEL DES CRITÈRES DE CLASSEMENT
Oral collectif • 5 min

▸ L'enseignant rappelle le déroulement de la séance précédente et à partir d'exemples fait expliciter les deux catégories d'aliments aux élèves.

Phase 2 DÉCOUVERTE DE LA NOTION DE RÉGIME ALIMENTAIRE
Binômes • 15 min

▸ Chaque binôme reçoit un document *Dis-moi ce que tu manges* présentant un animal et son menu.
Colorie les aliments du menu en vert s'ils sont d'origine végétale et en rouge s'ils sont d'origine animale.

▸ L'enseignant leur apprend que les animaux qui se nourrissent seulement d'aliments d'origine végétale ont un régime alimentaire VÉGÉTARIEN. Les animaux qui se nourrissent seulement d'aliments d'origine animale ont un régime alimentaire CARNIVORE.

▸ Ils peuvent ainsi compléter la dernière colonne du tableau en recopiant le mot VÉGÉTARIEN ou CARNIVORE quand ils ont fait leur choix.

+ L'ENSEIGNANT PROPOSE DANS CE TRAVAIL DES ANIMAUX OMNIVORES QUI VONT POSER PROBLÈME.

Phase 3 MISE EN COMMUN ET STRUCTURATION
Oral collectif • 10 min

▸ Lors de la mise en commun, les élèves définissent le régime alimentaire de leur animal. Ils justifient leur choix en s'appuyant sur l'origine animale ou végétale des aliments :
C'est un carnivore car il mange des aliments d'origine animale, car il mange de la viande, car il mange d'autres animaux…

▸ Certains animaux interpellent les élèves : il y a des animaux dont les aliments ont été coloriés en rouge et en vert selon leur origine animale ou végétale.

▸ L'enseignant amène ici le troisième régime alimentaire : le régime OMNIVORE.

▸ Tous les élèves peuvent maintenant compléter leur document.

Phase 4 TRACE ÉCRITE COLLECTIVE
Oral collectif • 10 min

▸ L'enseignant amène la classe à élaborer une trace écrite collective.

Pour vivre, les animaux doivent se nourrir.
- *Les végétariens se nourrissent d'aliments d'origine végétale.*
- *Les carnivores se nourrissent d'aliments d'origine animale.*
- *Les omnivores se nourrissent à la fois d'aliments d'origine végétale et animale.*

PAS D'ORGANISATION PARTICULIÈRE
20 minutes

Matériel

★ Par élève :
- 1 document *Régime alimentaire* (évaluation page 113 et)
- des crayons de couleur rouge et vert

SÉANCE 3 DÉTERMINER LE RÉGIME ALIMENTAIRE DES ANIMAUX CP

Phase 1 ÉVALUATION
Travail individuel • 20 min

▸ Les élèves complètent le document *Régime alimentaire* **(évaluation page 113 et).**
Observe et lis les menus de ces animaux. Colorie en rouge ou en vert chaque aliment selon son origine. Pour chaque animal, écris son régime alimentaire : végétarien, carnivore, omnivore.

PROLONGEMENT

▸ Organiser une recherche documentaire pour déterminer le régime alimentaire d'autres animaux :
- Différents types d'animaux peuvent être proposés (mammifères terrestres et marins, oiseaux, insectes…).
- La recherche se fait dans des magazines, des documentaires et peut permettre d'aller plus loin en découvrant des régimes alimentaires plus spécifiques comme les insectivores, les frugivores…
- À l'issue des recherches, les élèves viennent compléter la trace écrite collective affichée dans la classe.

PETITE BOUFFE ENTRE AMIS

CE1

Réaliser des schémas simples de relations alimentaires entre organismes vivants

Séance 1
Découvrir la notion de chaine alimentaire
65 min
Pas d'organisation particulière

Séance 2
Identifier et reconstituer des chaines alimentaires
55 min
Classe organisée en ilots

Séance 3
Structurer la notion de chaines alimentaires
40 min
Pas d'organisation particulière

Séance 4
Évaluation
20 min
Pas d'organisation particulière

PAS D'ORGANISATION PARTICULIÈRE
65 minutes

Matériel

★ Pour l'enseignant :
- 6 poster A4 ***Animaux en train de se nourrir***
- le poster A1 ***L'étang*** et les cartes-images B ***Animaux de l'étang***

★ Par groupe :
- 1 feuille pour noter les différentes relations alimentaires

★ Par élève :
- 1 document ***Chaine alimentaire de l'étang*** (document élève page 117 et)

SÉANCE 1 DÉCOUVRIR LA NOTION DE CHAINES ALIMENTAIRES — CE1

Phase 1 **RAPPEL SUR LES RÉGIMES ALIMENTAIRES DES ANIMAUX**
Oral collectif • 10 min

- À partir des six posters A4 ***Animaux en train de se nourrir***, l'enseignant amène les élèves à définir les régimes alimentaires des animaux : CARNIVORES, VÉGÉTARIENS, OMNIVORES.
- Il peut également faire préciser l'origine animale ou végétale de certains aliments.
Exemples : des graines = origine végétale – des œufs = origine animale – une larve = origine animale – une pomme de pin = origine végétale…

+ Ces prérequis supposent que la séquence Plat du jour (voir pages 110 à 113) ait été réalisée.

Phase 2 **DÉCOUVERTE DU POSTER DE L'ÉTANG**
Oral collectif • 10 min

- L'enseignant projette ou affiche au tableau le poster de ***L'étang***. Il demande aux élèves de le décrire et de nommer tous les animaux qui y figurent.
- À tour de rôle, chaque élève vient au tableau, nomme un animal et le décrit. Il place la carte de l'animal sur le poster. Les autres élèves valident ou complètent les affirmations. L'enseignant renseigne les élèves pour les animaux qu'ils ne connaissent pas.

+ La quête de renseignements sur les animaux méconnus peut faire l'objet d'une recherche documentaire.

Phase 3 **ÉTABLIR DES RELATIONS ALIMENTAIRES ENTRE LES ANIMAUX**
Oral collectif • 20 min

- L'enseignant propose à la classe d'établir des relations alimentaires entre les animaux de l'étang.
Pour vivre dans ce milieu, les animaux doivent se nourrir. De quoi se nourrissent-ils ?
- En binômes ou en groupes, les élèves réfléchissent et proposent des réponses. Ils viennent au tableau, décrochent au moins deux cartes du poster et affirment en les plaçant à côté du poster qu'un animal en mange un autre. Ils peuvent vérifier leurs hypothèses en lisant au dos de la carte le « menu » précisant ce que mange l'animal.
- Quand un animal est utilisé plusieurs fois, les élèves remplacent la carte déjà utilisée par le nom de l'animal. À ce stade, de nombreuses relations alimentaires sont proposées par les différents groupes.
- Les élèves établissent que certains animaux se nourrissent de plantes, tandis que certains autres se nourrissent d'autres animaux.

Phase 4 **ORGANISATION DE CHAINES ALIMENTAIRES**
Oral collectif • 15 min

- L'enseignant reprend les différentes relations alimentaires établies par la classe et propose de les organiser comme les scientifiques en **CHAINES ALIMENTAIRES** : une chaine alimentaire est une suite dans laquelle chaque être vivant **est mangé par** celui qui le suit.

- Entre deux êtres vivants, on place une flèche qui signifie **…est mangé par…**
- Les élèves reprennent les cartes et organisent différentes chaines alimentaires à plusieurs maillons en respectant le code imposé.
- Les élèves comparent les chaines et remarquent que :
  - le nombre de maillon peut varier d'une chaine à l'autre,
  - chaque chaine débute par un végétal.
- L'enseignant fait utiliser un vocabulaire précis aux élèves qui lisent des chaines :
  végétal → animal végétarien → prédateur carnivore → superprédateur carnivore

Phase 5 TRACE ÉCRITE INDIVIDUELLE
Travail individuel • 10 min

- L'enseignant distribue à chaque élève un document *Chaine alimentaire de l'étang* **(document élève page 117 et).**
- Chaque élève reconstitue les chaines alimentaires à partir des images proposées. Il complète ensuite un texte à trous.

DIFFÉRENCIATION Pour des élèves en difficulté, l'enseignant place le végétal en premier maillon pour induire le reste de la chaine plus facilement.

CLASSE ORGANISÉE EN ILOTS
55 minutes

Matériel

★ Ateliers 1 et 2 :
- le poster A1 *La forêt* et les cartes-images B *Animaux de la forêt*

- le poster A1 *Le jardin* et les cartes-images B *Animaux du jardin*

★ Ateliers 3 et 4 :
- 2 jeux des *7 familles des chaines alimentaires* 2

★ Ateliers 5 et 6 :
- 2 ordinateurs avec le jeu *Chaines alimentaires*

★ Par élève :
- 1 document *Qui mange qui ?* (document élève page 118 et)

SÉANCE 2 IDENTIFIER ET RECONSTITUER DES CHAINES ALIMENTAIRES — CE1

Phase 1 PRÉSENTATION DES ATELIERS
Oral collectif • 10 min

- L'enseignant présente les différents ateliers. Il indique les attendus de chaque atelier, nomme et définit le matériel, explique les règles du jeu, les modalités de travail et l'organisation dans chaque groupe.
- Chaque atelier est dédoublé pour pouvoir constituer des groupes de quatre à six élèves. Chaque groupe passe dans trois ateliers différents, soit dans pairs, soit impairs.
- Avant de quitter l'atelier, chaque élève note les chaines qu'il a réussi à constituer sur son document *Qui mange qui ?* **(document élève page 118 et).**
- L'enseignant choisit de s'installer dans un atelier et organise les échanges à l'intérieur du groupe pour amener les élèves à utiliser le vocabulaire mis en place de façon récurrente et précise.

Phase 2 PASSAGE AUX DIFFÉRENTS ATELIERS
Groupes de 4 à 6 élèves • 15 min par atelier = 45 min

ATELIER 1 **LE POSTER DE LA FORÊT** / ATELIER 2 **LE POSTER DU JARDIN**

- À partir des posters *La forêt* et *Le jardin* et des cartes associées *Animaux de la forêt* et *Animaux du jardin* , chaque groupe établit des chaines alimentaires et les organise dans ce milieu de vie en respectant le code imposé.

ATELIERS 3 ET 4 **LE JEU DES SEPT FAMILLES**

- En jouant, les élèves reconstituent des chaines alimentaires. Ils utilisent un vocabulaire précis lorsqu'ils s'adressent à un autre joueur pour lui demander une carte. Exemple : *dans la famille DÉSERT, je voudrais le végétarien.*

ATELIERS 5 ET 6 **LE JEU INTERACTIF DES CHAINES ALIMENTAIRES**

- Les élèves lisent d'abord les indications sur le régime alimentaire de chaque acteur du réseau puis constituent des chaines de plus en plus longues.

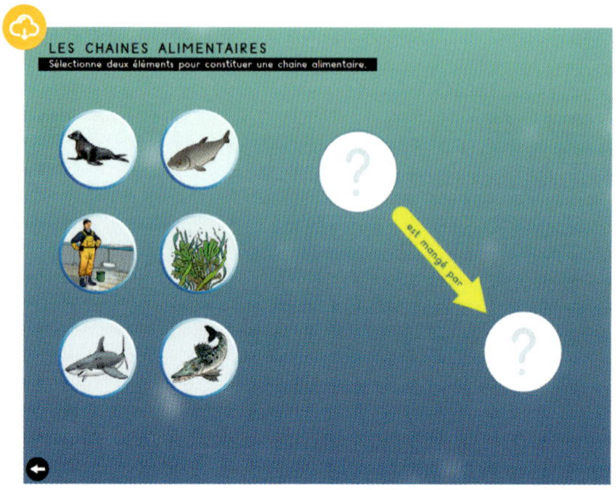

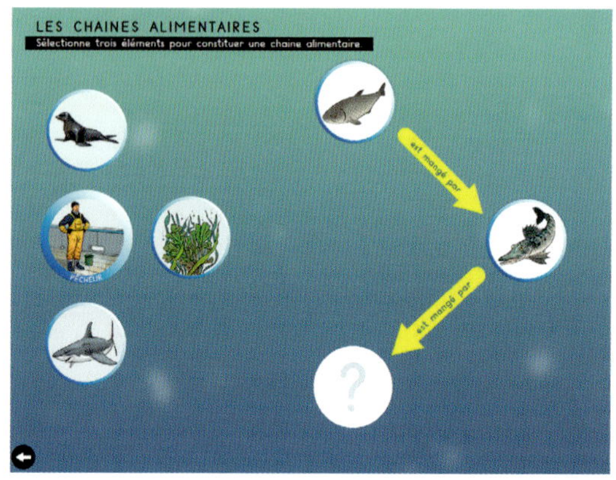

PAS D'ORGANISATION PARTICULIÈRE
40 minutes

Matériel
★ Pour l'enseignant :
- le matériel de la séance précédente

★ Par élève :
- son document ***Qui mange qui ?*** de la séance précédente
- 1 document ***Chaine alimentaire du jardin*** (document élève page 117 et ☁)

SÉANCE 3 STRUCTURER LA NOTION DE CHAINES ALIMENTAIRES — CE1

Phase 1 CORRECTION DU TRAVAIL MENÉ DANS LES ATELIERS
Oral collectif • 25 min

- En s'appuyant sur le document rempli ***Qui mange qui ?*** par chaque élève, l'enseignant reprend le travail mené dans chaque atelier. Il amène les élèves à reconstituer les différentes chaines alimentaires, à utiliser le vocabulaire attendu, à valider, compléter ou infirmer les chaines proposées.
- L'ensemble des chaines alimentaires affichées au tableau conforte les élèves dans leurs connaissances.

Phase 2 TRACE ÉCRITE
Travail individuel • 15 min

- Chaque élève reconstitue une *chaine alimentaire du jardin* à partir de la lecture d'un petit texte **(document élève page 118 et ☁).**

DIFFÉRENCIATION L'enseignant lit le texte avec les élèves à qui cela pourrait poser problème.

PAS D'ORGANISATION PARTICULIÈRE
20 minutes

Matériel
★ Par élève :
- 1 document ***Les chaines alimentaires*** (évaluation page 119 et ☁)
- des ciseaux
- de la colle

SÉANCE 4 RECONSTITUER DES CHAINES ALIMENTAIRES ET RÉINVESTIR UN VOCABULAIRE PRÉCIS — CE1

Phase 1 ÉVALUATION
Travail individuel • 20 min

- L'enseignant distribue le document ***Les chaines alimentaires*** **(évaluation page 119 et ☁).**
- Chaque élève reconstitue trois chaines alimentaires à partir des images d'animaux fournies.
- Chacun remplit un texte à trous en replaçant le vocabulaire important au bon endroit.

PRÉNOM

DATE

Diversité
et interactions

RECONSTITUER UNE CHAINE ALIMENTAIRE

CHAINE ALIMENTAIRE DE L'ÉTANG

Découpe et colle les images dans l'ordre pour reconstituer une chaine alimentaire.

☐ → ☐ → ☐ → ☐

Dans une chaine alimentaire, la ⟶ signifie « est mangé par »

végétal ⟶ végétarien ⟶ prédateur carnivore ⟶ superprédateur

PLANTE

HÉRON

BROCHET

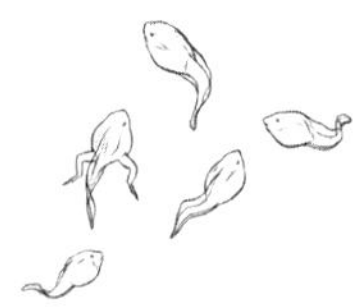
TÊTARDS

PRÉNOM

DATE

Diversité
et interactions

STRUCTURER LA NOTION DE CHAINE ALIMENTAIRE

CHAINE ALIMENTAIRE DU JARDIN

Reconstitue une chaine alimentaire à partir de ce texte.

Dans mon jardin, j'ai planté des salades. Ce matin il a plu, tous les escargots sont sortis de leur coquille et ont rampé vers mes belles salades. Attention, petits escargots ! Derrière le compost se cache un hérisson qui voudrait bien vous croquer.

.... → .... → ....

PRÉNOM

DATE

Diversité et interactions

IDENTIFIER ET RECONSTITUER DES CHAINES ALIMENTAIRES

QUI MANGE QUI ?

Atelier 1 ou 2 **La forêt / le jardin**

Écris dans les cases ci-dessous les chaines alimentaires que tu as établies.

.... → .... → .... → ....

.... → .... → .... → ....

.... → .... → .... → ....

Atelier 3 ou 4 **Les sept familles des chaines alimentaires**

Note les familles que tu as gagnées.

Atelier 5 ou 6 **Le jeu interactif des chaines alimentaires**

Note toutes les chaines alimentaires que tu as réussi à constituer.

.... → ....

.... → .... → ....

.... → .... → .... → ....

.... → .... → .... → .... → ....

PRÉNOM DATE

Diversité et interactions

RECONSTITUER DES CHAINES ALIMENTAIRES
ET RÉINVESTIR UN VOCABULAIRE PRÉCIS

LES CHAINES ALIMENTAIRES

Découpe les images et reconstitue trois chaines alimentaires.

Complète ce texte à trous avec les mots suivants :

est mangé par - chaine alimentaire - prédateurs carnivores - végétal - végétarien - maillons

Une .... est composée de plusieurs ....

Le premier maillon est toujours un .... Le deuxième maillon est un ....

et ensuite les maillons suivants sont des ....

Dans une chaine alimentaire, la flèche signifie ....

LIMACE

LION

RENARD

HERBES

GAZELLE

MULOT

SALADE

BLÉ

HÉRISSON

CE1

MICROCOSMOS
Prendre conscience de la diversité du vivant qui nous entoure

Séance 1
Rechercher des animaux dans un environnement proche de l'école
55 min + déplacement
Cour de récréation ou environnement proche de l'école

Séance 2
Observer les animaux récoltés pour les identifier
60 min + déplacement
Classe organisée en binômes

Séance 3
Se documenter pour installer un animal en classe
70 min
Cour de récréation ou environnement proche de l'école

Séance 4
Réaliser un élevage de pyrrhocore
2 à 6 semaines
Organisation variable

COUR DE RÉCRÉATION OU ENVIRONNEMENT PROCHE DE L'ÉCOLE
55 minutes + déplacement

Matériel

★ Pour l'enseignant :
- appareil photo

★ Pour la classe :
- 1 douzaine de boites de récoltes (*Trucs & astuces* page 108)
- 10 cuillères
- 10 râteaux
- 10 aspirateurs à insectes (*Trucs & astuces* page 108)
- 10 pinceaux ronds n°10

SÉANCE 1 RECHERCHER DES ANIMAUX DANS UN ENVIRONNEMENT PROCHE DE L'ÉCOLE — CE1

Phase 1 MISE EN PROJET
Oral collectif • 10 min

- L'enseignant demande aux élèves : ***Y a-t-il des animaux à l'école ?***
- Les élèves donnent leur réponse. Certains mentionneront peut-être le passage d'un chat, l'observation d'oiseaux. Pour eux le terme d'animal correspond spontanément plus à une grosse bête qu'à une petite.
- L'enseignant présente le projet : ***Nous allons sortir dans la cour pour chercher des animaux. Nous allons en rapporter certains en classe pour pouvoir les observer plus longtemps et essayer de les identifier.***

Phase 2 RÉCOLTE IN SITU
Groupes de 3 élèves • 30 min + déplacement

+ L'enseignant propose certaines parcelles aux abords de l'école. Privilégier les abords des murs et des arbres, les parcelles en terre ou herbacées et évidemment le jardin. Les bois morts au sol, les pierres sont de petits écosystèmes sous lesquels les élèves découvriront des petites bêtes.
Si l'école est totalement bétonnée, emmener les élèves dans un parc à proximité. Effectuer alors un repérage du site avant la sortie : sécurité, présence éventuelle d'espèces protégées...

- L'enseignant présente le matériel et explique à quoi il va servir : des boites de récolte, des râteaux, des cuillères, des pinceaux et des aspirateurs à insectes. Il indique quelles sont les limites du territoire de récolte et explique quelles précautions il faudra prendre pour garantir le respect des lieux et des animaux :
  - ***Placez les animaux que vous allez récolter dans les boites contenant une feuille ou une brindille. Ils pourront ainsi se cacher et s'y accrocher pendant le transport. Fermez bien le couvercle.***
  - ***Prélevez toujours le minimum de petites bêtes. Cherchez des animaux différents plutôt que d'attraper de nombreuses fois le même individu. Placez ensemble dans une même boite les mêmes animaux.***
  - ***Évitez d'utiliser les mains. Privilégiez aspirateurs et pinceaux pour prélever les animaux avec délicatesse.***
  Pour ne pas les blesser et limiter leur stress, manipulez-les avec précaution. Ils sont très fragiles !
  - ***Ne ramassez évidemment pas d'animaux piqueurs comme l'abeille. Demandez-moi si vous avez un doute. Ces animaux peuvent être observés mais pas manipulés.***
  - ***Ne piétinez pas les plantes et replacez tous les éléments naturels que vous aurez soulevés.***
  - ***Nous relâcherons tous les animaux prélevés dès que nous aurons terminé l'observation. Repérez bien l'endroit où vous les avez trouvés.***
- Les élèves investissent le terrain à la recherche de la vie animale.
- Les élèves constatent qu'il y a bien des animaux cachés sous les feuilles, sous la terre, sous les pierres, à l'intérieur du bois mort, au pied des murs ou des arbres.
- Munis de leurs accessoires et de leurs boites, tous essaient de récupérer quelque chose. L'enseignant aide à la récolte de certains animaux si nécessaire.

Phase 3 **MISE EN COMMUN**
Oral collectif • 15 min

- Lorsque la récolte est terminée, les élèves retournent en classe et se rassemblent pour observer l'ensemble des boites.
- ***Quels animaux avez-vous récoltés ?***
- Les élèves nomment certains animaux qu'ils connaissent. L'enseignant fait remarquer que tous les animaux récoltés sont de petite taille :
On appelle PETITES BÊTES les animaux plus petits que la main.
- ***Avez-vous vu d'autres animaux que vous n'avez pas pu attraper ?*** *Oui, nous avons vu une mouche, un papillon, un oiseau...*

CLASSE ORGANISÉE EN BINÔMES
60 minutes + déplacement

Matériel

★ Pour la classe :
- les animaux récoltés lors de la première séance
- les cartes *Clé de détermination*

★ Pour 2 élèves :
- 1 loupe

★ Par élève :
- 1 document *Ma grille d'observation*

★ Pour l'enseignant :
- 1 affiche

L'enseignant prend en photo chaque petite bête étudiée et passe de binôme en binôme pour aider à mieux observer.

SÉANCE 2 OBSERVER LES « PETITES BÊTES » RÉCOLTÉES POUR LES IDENTIFIER — CE1

+ Cette séance doit se dérouler à la suite de la séance 1. En effet, les animaux prélevés doivent être relâchés rapidement dès la fin de l'observation. Le cas échéant, l'observation devra se faire à partir de photos.

Phase 1 **OBSERVATION D'UN ANIMAL EN PARTICULIER**
Binômes • 15 min

- Chaque binôme choisit une des petites bêtes collectées par la classe pour l'étudier plus spécifiquement.
- L'enseignant distribue le document *Ma grille d'observation*. Les élèves le remplissent au fur et à mesure. Ils peuvent utiliser une loupe ou une boite loupe pour mieux observer.

Phase 2 **MISE EN COMMUN : RECHERCHER DES RESSEMBLANCES ET DES DIFFÉRENCES**
Oral collectif • 20 min

- L'enseignant propose à chaque binôme le **jeu de la description**.
- Les deux élèves décrivent l'animal qu'ils ont étudié en s'aidant de leur grille d'observation : la forme du corps, la couleur, le nombre de pattes, la taille approximative, les particularités.
- Les autres élèves doivent identifier la boite contenant l'animal décrit.
- Les élèves comparent ainsi les animaux qu'ils ont étudiés : leurs différences et leurs ressemblances sont mises en évidence et l'enseignant les note au fur et à mesure au tableau.
- Certains animaux sont nommés par les élèves et d'autres non.
- L'enseignant explique alors que pour nommer avec précision les animaux récoltés, on peut utiliser une ***Clé de détermination*** **(cartes)**.
Celle qu'il propose permet de déterminer le nom et la famille de l'animal en fonction de son nombre de pattes et d'ailes.
- Il projette le document. Les élèves le lisent et l'enseignant pose des questions pour en faire émerger l'intérêt.
- ***Quels sont les noms d'animaux écrits sur le document ?*** *Il y a les mots : insecte, araignée, crustacé...*
- ***Comment allez-vous reconnaitre un insecte d'une araignée ?*** *Il faut compter les pattes !*
- Les élèves effectuent un premier classement des boites en classant les animaux en fonction du nombre de pattes qu'ils ont pu observer puis ils utilisent la clé de détermination pour trouver le nom et la famille de l'animal : *il a six pattes, c'est un insecte, il s'appelle le pyrrhocore.*
- Ils peuvent valider ou compléter le nom et la famille de l'animal sur la grille d'observation.

CE1 CE2

PRÊTS POUR L'HIVER

Savoir comment les animaux s'adaptent aux variations climatiques dans un milieu donné

Séance 1	Séance 2	Séance 3
Établir une problématique	Rechercher les adaptations nécessaires à chaque stratégie	Évaluation
60 min Classe organisée en ilots	60 min Classe organisée en ilots	20 min Pas d'organisation particulière

CLASSE ORGANISÉE EN ILOTS
60 minutes

Matériel

★ Pour l'enseignant :
- 1 vidéoprojecteur et 1 écran ou 1 TBI
- 2 photos : *la forêt à la belle saison* et *la forêt en hiver*
- le jeu interactif *Comment passent-ils l'hiver ?*

★ Par groupe :
- 24 cartes ③ *Comment les animaux passent l'hiver*
- 1 feuille de brouillon

SÉANCE 1 ÉTABLIR UNE PROBLÉMATIQUE — CP • CE1 • CE2

Phase 1 OBSERVATION DU 1ER DOCUMENT
Oral collectif • 5 min

▶ Les élèves décrivent ce qui est représenté sur la photo de *la forêt à la belle saison* : des animaux et un milieu de vie, une forêt, la saison, le printemps ou l'été parce qu'il y a des feuilles aux arbres. Ils nomment également les animaux qui y figurent.

Phase 2 CONSTATS
Oral collectif • 10 min

▶ L'enseignant projette ensuite la photo de *la forêt en hiver*. Sur cette photo, aucun animal ne figure, les élèves observent un paysage recouvert de neige.
▶ L'enseignant leur demande d'expliquer les difficultés que les animaux vont devoir surmonter pour survivre.
▶ On aboutit au constat suivant :
- Les animaux doivent se protéger du froid,
- Les animaux ont plus de mal à trouver de la nourriture.

+ La pénurie de nourriture sera moins évidente à établir que le froid mais elle est primordiale. Pour la mettre en évidence, choisir un animal comme l'escargot, questionner sur ce qu'il mange (des feuilles). Les élèves en difficulté perçoivent alors le problème de la nourriture car il n'y a plus de feuilles sur la photo. En poursuivant de la même manière avec la grenouille, l'écureuil, puis de manière plus générale avec les animaux végétariens ou insectivores, la problématique de la nourriture s'installe.

Phase 3 QUESTIONNEMENT ET HYPOTHÈSES
Oral collectif • 15 min

▶ ***Les animaux meurent-ils tous pendant l'hiver de froid ou de faim ?*** *Non, ils n'ont pas disparu.* ***Ils arrivent donc à surmonter ces difficultés.***
▶ Ce questionnement a permis d'établir une problématique accessible à l'âge des élèves : ***Comment les animaux font-ils pour passer l'hiver ?***
▶ L'enseignant laisse aux élèves quelques minutes pour réfléchir puis leur demande de formuler des hypothèses pour répondre à cette question. Ces hypothèses ne sont pas des certitudes et devront être confirmées ou infirmées par la suite.
▶ L'enseignant note les hypothèses au tableau.

+ L'enseignant aide les élèves à faire la distinction entre une réponse catégorique connue, comme « l'ours dort tout l'hiver, les hirondelles partent en Afrique » et la généralisation à un ensemble d'animaux.

Phase 4 VÉRIFICATION DES HYPOTHÈSES
4 groupes de 5 à 7 élèves • 15 min

- L'enseignant distribue à chaque groupe six cartes ❸ *Comment les animaux passent l'hiver.* Sur chacune figurent un animal et un texte explicatif sur son adaptation pour passer l'hiver.
- ***Lisez chaque carte et regroupez les animaux qui ont la même stratégie pour passer l'hiver.***
- Chaque élève lit un texte au groupe qui détermine comment l'animal passe l'hiver. Chacun regroupe les animaux en notant leurs noms sur une feuille.

Phase 5 MISE EN COMMUN ET TRACE ÉCRITE COLLECTIVE
Oral collectif • 15 min

- Une mise en commun est effectuée à l'aide du jeu interactif *Comment passent-ils l'hiver ?*
- Chaque groupe présente ses animaux, leurs stratégies et le classement qu'il a élaboré. Une trace écrite collective est rédigée au tableau.

  Pour survivre en hiver :
  - certains animaux partent,
  - certains restent et continuent à vivre normalement,
  - d'autres restent mais se réfugient dans un trou et hibernent.
- Les élèves écrivent la conclusion élaborée en commun.

CLASSE ORGANISÉE EN ILOTS
60 minutes

Matériel

★ Par groupe :
- 6 cartes ❸ *Comment les animaux passent l'hiver*

★ Par élève :
- son cahier d'exploration du monde

SÉANCE 2 RECHERCHER LES ADAPTATIONS NÉCESSAIRES À CHAQUE STRATÉGIE — CE1 • CE2

Phase 1 RAPPEL DES CONCLUSIONS PRÉCÉDENTES
Oral collectif • 10 min

- Au fur et à mesure que les élèves restituent ce dont ils se souviennent, l'enseignant organise un tableau pour synthétiser : CEUX QUI PARTENT, CEUX QUI RESTENT.

Phase 2 RECHERCHE DES ADAPTATIONS NÉCESSAIRES AUX ANIMAUX
4 groupes de 5 à 7 élèves • 20 min

- L'enseignant répartit les élèves en quatre groupes et distribue à chacun un lot de six cartes animaux comprenant des migrateurs, des actifs et des hibernants. Les élèves doivent chercher des indices et des éléments pour répondre aux questions qui sont notées au tableau :
  - **Que faut-il aux animaux qui continuent à vivre normalement pour pouvoir lutter contre le froid ?**
    Les élèves mentionnent l'épaisse fourrure des animaux qu'ils connaissent. Le plumage est moins connu, mais en faisant référence aux plumes de duvet des anoraks et des couettes, on peut le mettre en évidence.
  - **Comment ces animaux se nourrissent-ils en hiver ?**
    Certains animaux, comme l'écureuil, ont enterré des réserves. D'autres comme le cerf et le chamois mangent des végétaux que l'on peut trouver même quand il y a de la neige : des mousses, des feuilles sèches, des herbes hautes... Les animaux carnivores continuent de chasser des lapins et d'autres rongeurs. Certains s'adaptent et mangent ce qu'ils trouvent, comme la pie, la chouette hulotte. Beaucoup d'animaux ont fait des réserves de graisse pour pouvoir se contenter de peu de nourriture.
  - **De quoi sont capables les animaux qui partent en migration ?**
    Il faut qu'ils soient capables de parcourir de longues distances pour aller dans des régions plus chaudes comme l'Afrique, de se déplacer longtemps vers le sud, parfois de traverser la mer.
  - **Que font les animaux qui hibernent et passent l'hiver sans manger ?**
    Les élèves mentionnent que des animaux comme la marmotte et l'ours ont grossi pendant l'été pour avoir des réserves. Tous ces animaux ont cherché un abri pour ne pas avoir trop froid.

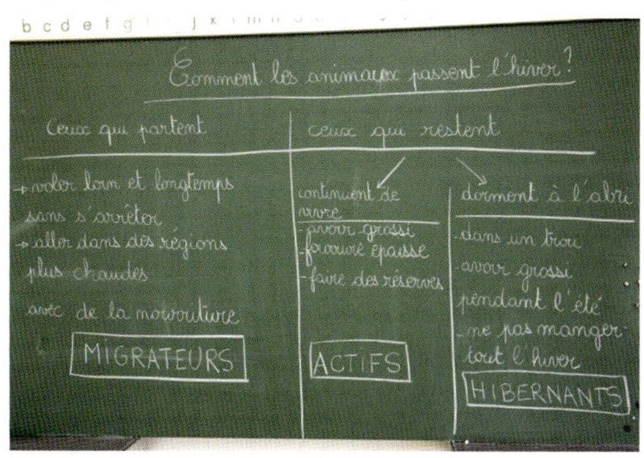

Phase 3 MISE EN COMMUN
Oral collectif • 15 min

- ***Quels sont les animaux migrateurs que l'on a cités ?***
- Les élèves constatent que ce sont tous des oiseaux. *Grâce à leurs ailes, les oiseaux peuvent migrer loin et passer l'hiver dans des pays plus chauds.*
- L'enseignant a complété le tableau avec les mots-clés au fur et à mesure qu'ils sont cités : fourrure épaisse, plumage duveteux, oiseaux migrateurs, voler longtemps, manger des bourgeons, chasser, faire des réserves.

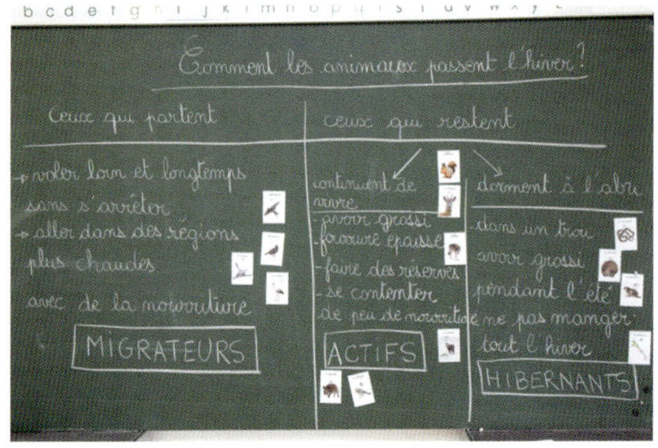

+ L'adaptation des animaux qui dorment n'est a priori pas complétée davantage. Les adaptations de ces animaux relèvent d'une physiologie complexe : hibernation, capacité à s'engourdir de manière contrôlée, capacité à réduire ses fonctions au strict minimum…

Phase 4 TRACE ÉCRITE
Travail individuel • 15 min

- L'enseignant écrit le texte à trous. Les élèves le recopient et le complètent à l'aide du tableau écrit par l'enseignant :
  - *Les animaux qui restent actifs en hiver comme le renard ou le canard doivent lutter contre le ...... grâce à leur épaisse .... (fourrure) ou grâce à leur .... (plumage) duveteux.*
  - *Certains animaux, préfèrent partir très loin dans des régions plus chaudes. Les oiseaux capables de voler très ...... (loin) sans être obligés de s'arrêter sont souvent des .... (oiseaux migrateurs).*

PAS D'ORGANISATION PARTICULIÈRE
20 minutes

Matériel

★ Par élève :
- 1 document *Comment passent-ils l'hiver ?* (évaluation page 127 et ☁)

SÉANCE 3 EXPLIQUER LA STRATÉGIE DE DIFFÉRENTS ANIMAUX POUR PASSER L'HIVER — CE1 • CE2

Phase 1 ÉVALUATION
Travail individuel • 20 min

- L'enseignant distribue le document ***Comment passent-ils l'hiver ?*** **(évaluation page 127 et ☁).** Les élèves lisent les questions et y répondent en faisant des phrases.

DIFFÉRENCIATION L'enseignant aide les élèves qui en ont besoin à la lecture des textes.

PROLONGEMENT

- Étudier d'autres adaptations par rapport au climat en partant de la comparaison d'une même espèce vivant dans plusieurs biotopes différents.
  - Par exemple, pour le renard polaire, le renard roux et le fennec :
    - adaptation de la forme et de la taille des oreilles,
    - adaptation de la couleur du pelage pour le camouflage.
  - Par exemple, pour le lièvre arctique, le lagopède :
    - couleur du pelage ou du plumage de certains animaux selon la saison.

PRÉNOM DATE

Diversité et interactions

À PARTIR DE TEXTES COURTS, REPÉRER ET EXPLIQUER LA STRATÉGIE DE DIFFÉRENTS ANIMAUX POUR PASSER L'HIVER

COMMENT PASSENT-ILS L'HIVER ?

Lis ces trois textes et **souligne** les indices qui indiquent comment le coucou, la marmotte et le sanglier passent l'hiver.

LA MARMOTTE	LE SANGLIER	LE COUCOU
En été, la marmotte passe son temps à manger et grossit beaucoup pour faire des réserves de graisse. À l'arrivée des premiers froids, elle s'installe au fond de son terrier. Elle hiberne tout l'hiver, bien au chaud, sans manger. Elle résiste et reste en vie grâce à ses réserves de graisse. La marmotte se réveille au printemps toute maigre et affamée.	En hiver, le pelage du sanglier est plus épais : ses poils ont poussé de 10 cm et comportent une bourre épaisse qui le protège bien du froid. La nourriture est difficile à trouver mais son odorat développé lui permet de trouver à manger même sous la neige. Le sanglier a également grossi pendant l'été pour avoir des réserves de graisse et résister en hiver quand il ne trouve rien.	Le coucou est un oiseau migrateur. En hiver, il part se mettre au chaud dans les pays d'Afrique, traversant pour cela la Méditerranée et le Sahara. Les insectes périssent en hiver et c'est seulement dans un pays chaud que le coucou, principalement insectivore, peut trouver sa nourriture.

Réponds aux questions :

Quel animal est migrateur ? ....

Cite un autre animal migrateur que tu connais. ....

Quel animal hiberne ? ....

Cite un autre animal que tu connais qui hiberne. ....

Quel animal reste actif et ne quitte pas son territoire ? ....

Cite un autre animal que tu connais qui reste actif et ne quitte pas son territoire.

....

SPORTS DE PLEIN AIR

CE2 Observer l'adaptation des organes locomoteurs en fonction du milieu de vie

Séance 1
Établir des relations entre le milieu de vie et les modes de déplacement
50 min
Pas d'organisation particulière

Séance 2
Classer les organes de déplacement dans les différents milieux
50 min
Pas d'organisation particulière

Séance 3
Analyser différentes pattes pour dégager leurs adaptations
60 min
Classe organisée en ilots

Séance 4
Évaluation
30 min
Pas d'organisation particulière

PAS D'ORGANISATION PARTICULIÈRE
50 minutes

Matériel

★ Pour l'enseignant :
- vidéos ***Déplacement***
- ordinateur et écran ou TBI

★ Par élève :
- 1 document ***Des milieux, des animaux, des déplacements***

VIDÉOS *La locomotion des animaux*

SÉANCE 1 ÉTABLIR DES RELATIONS ENTRE LE MILIEU DE VIE ET LES MODES DE DÉPLACEMENT CE2

Phase 1 OBSERVATION ET RÉPERTOIRE DES DÉPLACEMENTS ET DES ORGANES LOCOMOTEURS
Oral collectif • 20 min

- Les élèves visionnent l'intégralité des vidéos ***Déplacement***. Ils citent les animaux et les déplacements observés.
- L'enseignant demande de préciser quels organes sont utilisés pour chaque animal et chaque déplacement.
- Pour répondre, les élèves ont la possibilité de visionner certains films une seconde fois.

+ LES FILMS PROPOSENT, ENTRE AUTRES, DES ANIMAUX QUI ONT PLUSIEURS DÉPLACEMENTS COMME LE CANARD, LA GRENOUILLE...

Phase 2 RELATION ENTRE MILIEU DE VIE ET DÉPLACEMENT
Oral collectif • 15 min

- L'enseignant trace un tableau avec les milieux de vie AIR, TERRE, EAU, et demande à ses élèves de placer les animaux observés dans la ligne appropriée.
- Certains animaux, comme le canard, occupent plusieurs milieux de vie. Le nom de l'animal ne suffit donc plus, il faut alors rajouter une colonne pour mentionner le déplacement.

+ ON EMPLOIE VOLONTAIREMENT LE TERME EAU ET NON MILIEU AQUATIQUE POUR QUE LES ANIMAUX SOIENT CONTRAINTS À LA NAGE. LES ANIMAUX MARCHEURS TELS QUE LE CRABE OU LES ANIMAUX FIXÉS COMME LA MOULE, N'ONT PAS DE NAGEOIRES ET NÉCESSITENT DU COUP UNE SURFACE DURE. LES ANIMAUX PROPULSEURS COMME LE CALAMAR OU LA COQUILLE SAINT-JACQUES SONT UNE EXCEPTION À LA CONCLUSION DE CETTE SÉQUENCE, ÉVITER DE LES MENTIONNER.

Phase 3 DOCUMENT ÉLÈVE
Travail individuel • 15 min

- À l'aide du tableau de la classe, les élèves complètent leur document ***Des milieux, des animaux, des déplacements***.
- L'enseignant leur fait rajouter des animaux supplémentaires à classer : l'autruche, le manchot, l'araignée, la chauvesouris.

DIFFÉRENCIATION Après avoir vérifié que les élèves connaissent ces animaux, l'enseignant renseigne ceux qui ne les connaissent pas et qui auraient tendance à faire voler les oiseaux proposés.

+ LE MANCHOT NE VOLE PAS, LE VÉRITABLE PINGOUIN VOLE. ATTENTION À LA CONFUSION PERMANENTE ENTRE CES DEUX ANIMAUX. LES OISEAUX RAJOUTÉS DANS LA TRACE ÉCRITE ONT ÉTÉ CHOISIS PARCE QU'ILS NE VOLENT PAS : L'AUTRUCHE MARCHE ET COURT, LE MANCHOT NAGE, MARCHE, RAMPE EN GLISSANT.

PAS D'ORGANISATION PARTICULIÈRE ORGANISÉE
50 minutes

Matériel

★ Pour l'enseignant :
- 1 affiche

★ Pour 2 élèves :
- 1 feuille
- 1 crayon à papier

SÉANCE 2 CLASSER LES ORGANES DE DÉPLACEMENT DANS LES DIFFÉRENTS MILIEUX — CE2

Phase 1 RAPPEL ET ANALYSE DU TABLEAU PRÉCÉDENT
Oral collectif • 10 min

- L'enseignant réécrit le tableau sous la dictée des élèves.
- ***Quels sont les déplacements possibles sur terre, dans l'eau, dans l'air ?***
- En répondant à la question, les élèves citent marcher, courir, grimper, ramper, sauter pour les milieux terrestres et constatent que dans l'eau tous les animaux nagent, et que dans l'air tous les animaux volent.

Pour se déplacer dans l'eau, un animal doit pouvoir nager. Pour se déplacer dans l'air, un animal doit pouvoir voler. Sur terre, il y a plusieurs déplacements possibles.

Phase 2 RELATION ENTRE DÉPLACEMENT ET ORGANES LOCOMOTEURS
Oral collectif • 20 min

- ***Quels sont les organes de déplacement utilisés sur terre, dans l'air, dans l'eau ?***
- L'enseignant projette des photos. Les élèves observent et nomment, puis synthétisent l'ensemble dans le tableau auquel on ajoute à nouveau une colonne.
- Dans l'air, les seuls organes locomoteurs sont les ailes. Sur terre, les animaux utilisent des pattes pour des déplacements variés. Dans l'eau, les animaux nagent avec des nageoires, mais aussi avec des pattes, voire des ailes transformées en palettes natatoires. L'enseignant fait également décrire les pattes des animaux nageurs. Le terme de PATTES PALMÉES est explicité.

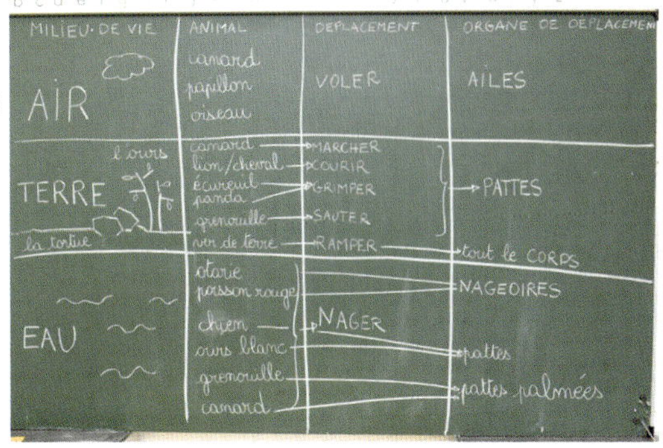

Phase 3 CONCLUSION ET TRACE ÉCRITE
Binômes puis oral collectif • 20 min

- L'enseignant répartit ses élèves en binôme et leur demande de rédiger un premier jet pour élaborer la trace écrite ou au moins une partie.
- Chaque binôme propose sa version. Un autre binôme lit la même idée exprimée avec d'autres mots.
- L'enseignant s'attache à ce que la conclusion soit complète pour parvenir à un texte de ce type :
  - *Les animaux qui vivent dans l'air ont tous des ailes.*
  - *Les animaux qui vivent sur terre ont des pattes pour marcher, courir, grimper, sauter.*
  - *Les animaux qui vivent dans l'eau nagent avec des nageoires ou des pattes adaptées comme les pattes palmées.*
  - *Les organes de déplacement sont adaptés au milieu de vie des animaux.*

CLASSE ORGANISÉE EN ILOTS
60 minutes

Matériel

★ Par groupe :
- 12 cartes-images C ***Déplacement des animaux***
- 1 feuille de papier-calque

SÉANCE 3 ANALYSER DIFFÉRENTES PATTES POUR DÉGAGER LEURS ADAPTATIONS — CE2

+ Les deux premières phases peuvent avoir lieu en demi-classe pour éviter d'avoir à dupliquer le matériel.

Phase 1 CLASSEMENT DES ANIMAUX SELON LEUR DÉPLACEMENT LE PLUS PERFORMANT
4 groupes de 5 à 7 élèves • 10 min

- L'enseignant distribue à chaque groupe douze cartes-images C ***Déplacement des animaux***. Chaque groupe dispose de trois animaux qui sautent, trois qui courent, trois qui grimpent et trois qui nagent.
- Les élèves observent que les animaux proposés ont tous des pattes mais ne se déplacent pas forcément de la même manière.
- ***Classez ces animaux en choisissant leur déplacement le plus performant.***
- Les élèves mettent ensemble les animaux sauteurs, coureurs, grimpeurs et nageurs.

+ La marche n'est pas retenue comme déplacement performant et la patte d'un marcheur n'a pas de caractéristique particulière.

Phase 2 CONFRONTATION DES CLASSEMENTS
Oral collectif • 10 min

- Chaque groupe expose rapidement ses résultats et confronte ses réponses si nécessaire.
- Certains animaux sont performants dans plusieurs déplacements : la grenouille est performante dans la nage et le saut, elle figurera dans les deux groupes. Le canard est le plus performant quand il vole.
- Pour d'autres comme l'ours et l'écureuil, il existe une vraie ambigüité : ils peuvent être placés dans le groupe des coureurs ou des grimpeurs.
- L'enseignant doit alors amener les élèves à justifier leur choix et à lier le déplacement à une situation : l'ours est un coureur performant quand il doit attraper une proie et un grimpeur performant quand il doit trouver du miel.

Phase 3 ANALYSE DES CARACTÉRISTIQUES DE CHAQUE TYPE DE PATTES
4 groupes de 5 à 7 élèves • 10 min

- Chaque groupe choisit un déplacement parmi les coureurs, les grimpeurs, les sauteurs, et les nageurs.
- ***Tracez les pattes de vos animaux sur du papier-calque et trouvez leurs caractéristiques communes.***
- Les élèves tracent, observent et réfléchissent.

- L'enseignant circule de groupe en groupe et contribue si nécessaire à faire observer certaines caractéristiques :
  - pour les sauteurs, des pattes arrière repliées en Z comme un ressort et des pattes avant plus courtes,
  - pour les grimpeurs, des pattes munies de griffes ou de ventouses,
  - pour les coureurs, des pattes allongées,
  - pour les nageurs, des pattes presque toujours palmées. Même l'ours blanc a une petite membrane entre les doigts.

  La comparaison avec des pattes de tortue peut également aider à faire ressortir ces particularités.

DIFFÉRENCIATION Le groupe des nageurs est le plus facile à analyser. La photo de la tortue peut être accrochée au tableau pour permettre de dégager ses caractéristiques facilement.

Phase 4 MISE EN COMMUN
Oral collectif • 20 min

- Chaque groupe vient expliquer les particularités des types de pattes :
  - Le groupe des nageurs utilise le terme de pattes palmées pour la grenouille, la loutre, le canard. Il montre la petite membrane entre les doigts de l'ours blanc. Il compare ces pattes à un nageur qui enfile des palmes pour aller plus vite.
  - Le groupe des sauteurs montre la différence entre les pattes avant et les pattes arrière, la forme en Z de la patte au repos prête à se déployer comme un ressort.
  - Le groupe des coureurs fait ressortir la longueur des pattes de leurs animaux.
  - Le groupe des grimpeurs explique que les pattes doivent avoir des griffes ou des ventouses pour permettre à l'animal de rester fixé au support.

+ LA MORPHOLOGIE DES PATTES N'EST PAS LA SEULE ADAPTATION. D'AUTRES CARACTÉRISTIQUES CONTRIBUENT ÉGALEMENT À LA PERFORMANCE : LE RÔLE DE LA QUEUE, LA SILHOUETTE DU CORPS, LA MUSCULATURE... MAIS ELLES SONT TROP COMPLIQUÉES À ANALYSER EN CE2.

SÉANCE 4 ÉTABLIR DES RELATIONS ENTRE LE MILIEU DE VIE ET LES MODES DE DÉPLACEMENTS CE2

PAS D'ORGANISATION PARTICULIÈRE
25 minutes

Matériel

★ Pour l'enseignant :
- 1 vidéoprojecteur
- les vidéos sur la locomotion

★ Par élève :
- 1 document ***Des animaux, des déplacements, des organes locomoteurs*** (évaluation page 131 et ☁)

Phase 1 ÉVALUATION
Travail individuel • 25 min

- L'enseignant distribue le document ***Des animaux, des déplacements, des organes locomoteurs*** **(évaluation page 131 et ☁)**. Il explique les différents items.
- Chaque élève renseigne son document.

PRÉNOM

DATE

Diversité et interactions

ASSOCIER LES ORGANES LOCOMOTEURS DES ANIMAUX À LEUR MILIEU DE VIE

DES ANIMAUX, DES DÉPLACEMENTS, DES ORGANES LOCOMOTEURS

Complète ce texte à trous en utilisant les mots suivants: nageant, courir, pattes, nageoires, marcher, saute, rampe, pattes palmées, volant, ailes.

Sur terre, le lion se déplace grâce à ses 4 ....,
il peut .... ou .... La grenouille a de longues pattes postérieures, elle ...., l'escargot n'a pas de pattes mais un pied, il .... Dans l'eau, le poisson se déplace en .... grâce à ses .... Le canard utilise ses .... Dans l'air, la mouette se déplace en .... grâce à ses ....

Observe le déplacement de chaque animal projeté et **complète** le tableau.

ANIMAL	DÉPLACEMENT	MILIEU DE VIE	ORGANE/ PARTIE DU CORPS
Ours			
Canard			
Ver de terre			
Grenouille			
Poisson rouge			
Serpent			
Panda			
Tortue			
Papillon			
Kangourou			

Dans la liste des animaux du tableau, **souligne** trois animaux qui peuvent avoir un autre déplacement et utilise-les pour le second tableau.

ANIMAL	DÉPLACEMENT	MILIEU DE VIE	ORGANE/ PARTIE DU CORPS

OUVRAGES AUTOUR **DES MILIEUX DE VIE**

CP CE1

Pas le temps
Anne Crausaz
© Memo • 2011 • 12,20€
Le monde des petites bêtes et leur vie quotidienne évoquée à travers les activités des fourmis.

CP CE1

Maintenant que tu sais
Anne Crausaz
© Memo • 2009 • 14,20€
Ce livre sensibilise les enfants au respect de chaque être vivant dans un écosystème pour préserver son équilibre.

CP CE1

L'une et l'autre
Anne Crausaz
© Memo • 2013 • 14,50€
La vie quotidienne de deux couleuvres et leurs rencontres racontées avec poésie.

CE2

Mon cahier d'activités nature
Christian Voltz © Petite Plume
© La petite Salamandre • 2014 • 14€
Des centaines d'activités autour de différents milieux naturels.

OUVRAGES AUTOUR **DE LA NOTION DE RÉGIME ALIMENTAIRE**

CP

La grenouille à grande bouche
Christina Dorner et Camille Tisserand
© ACCÈS Jeunesse • 2021 • 12€
Une grenouille en a assez de manger des mouches...
Une version moderne d'un conte africain pour découvrir le régime alimentaire de quelques animaux de la savane.

CP

Qui mange qui?
Sarah Hutt
© Phaidon Jeunesse • 2016 • 16,95€
Un coffret composé de trois livres accordéons pour découvrir la chaine alimentaire.

CP CE1

Bon appétit les animaux
Françoise Laurent et Capucine Mazille
© Ricochet • 2016 • 13,50€
Carnivore, granivore ou herbivore? Chacun son régime alimentaire!

CP CE1

Dis, que manges-tu?
Françoise de Guibertet Clémence Pollet © De La Martinière Jeunesse • 2017 • 12,90€
Chaque double page de ce livre présente un animal ainsi que sa façon de se nourrir.

OUVRAGES AUTOUR **DES CHAINES ALIMENTAIRES ET DE L'ADAPTATION À L'HIVER**

CP CE1 CE2

Croque!
Aleksandra Mizielinska
© Rue du monde • 2010 • 17,50€
Un album magnifique montrant plusieurs chaines alimentaires.

CP CE1 CE2

L'hiver?
Christina Dorner
© ACCÈS Jeunesse • 2021 • 9€
Un documentaire faisant la part belle aux photos pour découvrir notamment l'adaptation des animaux à l'hiver.

CE1 CE2

Comme des marmottes
Michel Francesconi et Capucine Mazille
© Ricochet • 2016 • 13,50€
Un très bon album sur l'hibernation des animaux.

CE2

À vol d'oiseau
Michel Francesconi et Capucine Mazille
© Ricochet • 2016 • 13,50€
Un album sur les oiseaux, migrateurs ou non.

ÉTATS DE LA MATIÈRE

Les notions abordées

- **Les propriétés caractéristiques des solides et des liquides**
- **Le vent : de l'air en mouvement**
- **La matérialisation de l'air**

Notions pour l'enseignant

Les trois états de la matière

- À l'école élémentaire, trois états de la matière sont étudiés : SOLIDE, LIQUIDE et GAZEUX.
- Cette classification est en réalité plus complexe : il existe également d'autres états comme les cristaux liquides, les superfluides ou les plasmas qui, s'ils ne sont pas présents à l'état naturel sur Terre, constituent 99 % de la matière de l'Univers.
- Un état de la matière correspond à un certain degré de cohérence de la matière (densité, structure...) qui se traduit par des comportements définis par les lois de la physique (viscosité, malléabilité, loi des gaz...).

L'état solide

- Les particules (atomes, molécules...) sont fortement liées entre elles.
  - Un solide possède son volume propre, et il est incompressible.

L'état liquide

- Les particules sont faiblement liées entre elles, elles peuvent se déplacer les unes par rapport aux autres, les liquides coulent.
  - Un liquide n'a pas de forme propre, il prend la forme du récipient qui le contient.
  - Un liquide présente une surface plane et horizontale (en présence de la gravité).
  - Un liquide a un volume propre, il est incompressible.
- Une autre caractéristique des liquides est leur viscosité.

L'état gazeux

- Les particules sont très faiblement liées entre elles, elles sont quasiment indépendantes les unes des autres, le gaz occupe tout le volume disponible.
  - Un gaz n'a ni volume propre, ni forme propre.
  - Un gaz est compressible.
- Au cycle 2, l'étude de l'état gazeux se limite à la mise en évidence de l'air.

Particules d'un solide

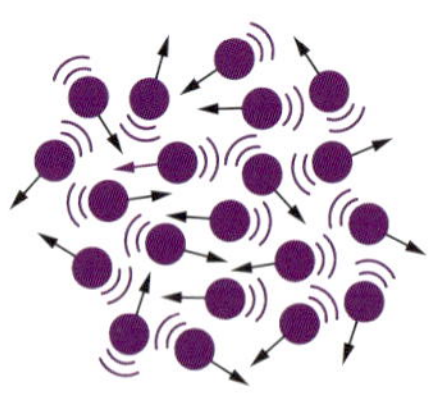
Particules d'un liquide

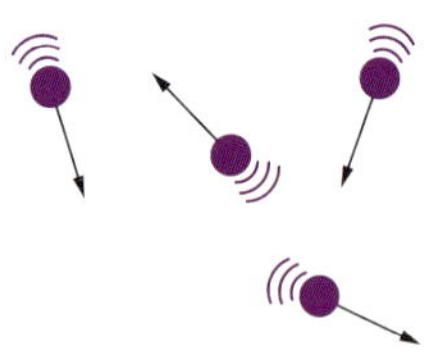
Particules d'un gaz

Propriétés des liquides et des solides étudiées au cycle 2

- Nous proposons différentes expérimentations pour classer différentes matières et matériaux parmi les liquides ou les solides et mettre ainsi en évidence les propriétés de chaque état. Après une première approche sensorielle qui permet de sentir le contact mouillé des liquides, les expériences suivantes permettent d'établir d'autres critères : coule / ne coule pas, prend la forme du contenant, fait des tas / fait des flaques, présente obligatoirement une surface plane ou non.
- Ce classement n'est pas toujours simple car on trouve des matières molles, ni solides ni liquides tels que les verres, les gels ou les pâtes. On observe également des solides se comporter comme des liquides (matière en grains comme les poudres) ou au contraire des liquides avoir des propriétés de solides.
- L'état de la matière dépend également de la température : cet aspect est traité dans le chapitre consacré aux changements d'état. La solubilité et la flottabilité autres propriétés des liquides ne font pas l'objet d'étude au cycle 2.

La manche à air

- La manche à air est un dispositif qui indique la direction du vent et qui donne aussi une estimation de sa vitesse. L'air entre par le grand trou du manchon et ressort par le petit. Le manchon se place donc dans la direction opposée à celle d'où vient le vent.
- On trouve des manches à air au bord des pistes des aérodromes, au bord des autoroutes, sur des panneaux de signalisation pour indiquer une zone venteuse dangereuse et sous forme de pictogrammes sur les bulletins météorologiques.
- Les cinq bandes rouges et blanches alternées qui composent le manchon donnent une indication de la force du vent. Chaque bande lorsqu'elle est gonflée correspond à 5 nœuds (9 km/h) de vent. Le manchon à l'horizontal indique donc un vent de 25 nœuds (45 km/h) minimum.

Le parachute

- Le parachute est un dispositif destiné à ralentir la chute d'une personne ou d'un objet pour le poser sur le sol sans dommage. Sa voile engendre une force de frottement ou résistance de l'air qui ralentit le mouvement de la chute due à la gravité. Pour qu'un parachute soit efficace, il faut qu'il diminue la vitesse de chute d'au moins 75 %.
- C'est Léonard de Vinci qui a le premier conçu scientifiquement un projet de parachute vers 1490. Après la première guerre mondiale, les militaires ont beaucoup développé et utilisé un parachute de forme ronde qui permettait une chute lente et verticale et un largage en groupe.
- Ce parachute classique va petit à petit être remplacé par des parachutes aux voiles rectangulaires appelées « ailes ». Ceux-ci sont plus maniables, plus précis et permettent de mieux contrôler la vitesse de chute. Ils sont utilisés par les parachutistes sportifs.

La constitution de l'air

▸ L'air est un mélange de gaz constitué en volume de 21 % de dioxygène, de 78 % de diazote et d'environ 1 % d'autres gaz : du dioxyde de carbone, de la vapeur d'eau, et des gaz présents à l'état de traces.

NOM DU GAZ	% PRÉSENT
Diazote (N_2)	78 %
Dioxygène (O_2)	21 %
Argon (Ar)	0,93 %
Vapeur d'eau (H_2O)	0 - 4 %
Dioxyde de carbone (CO_2)	0,033 %
Néon (Ne)	0,0018 %
Krypton (Kr)	0,000114 %
Dihydrogène (H_2)	0,00005 %
Protoxyde d'azote (N_2O)	0,00005 %
Xénon (Xe)	0,0000087 %
Ozone (O_3)	0 - 0,000001 %

Les propriétés de l'air

▸ L'air est **pesant**. Pour mettre en évidence son poids, on peut utiliser un ballon de football et une balance.

▸ L'air possède les propriétés d'un gaz : il est **compressible, expansible** et **élastique**.

▸ Une expérience avec une seringue permet de mettre en évidence ces propriétés.

- Lorsqu'on comprime un gaz, l'espace vide entre les molécules diminue, donc le volume occupé par le gaz diminue : la pression du gaz augmente. On dit que le gaz est **compressible**.

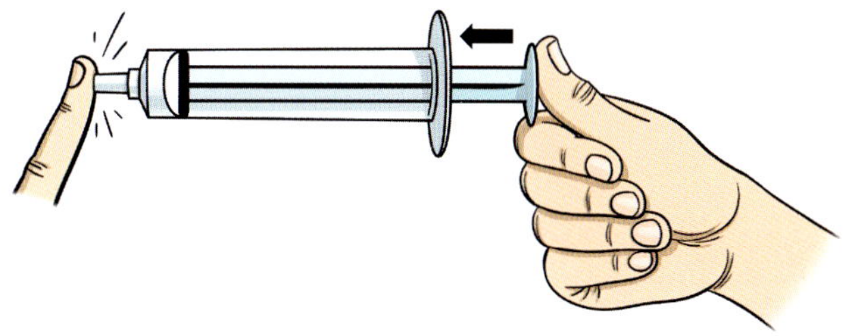

- À l'inverse, si on augmente le volume occupé par un gaz, l'espace vide entre les particules augmente : la pression du gaz diminue. On dit que le gaz est **expansible**.

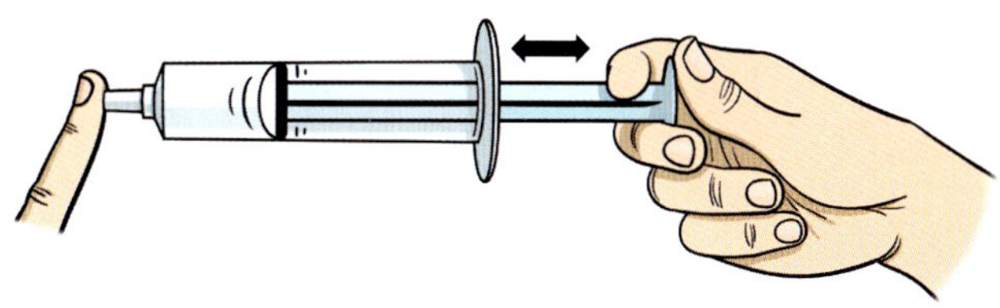

- Un gaz enfermé dans un récipient a toujours tendance à reprendre son volume et sa pression initiale.
  On dit que le gaz est **élastique**.

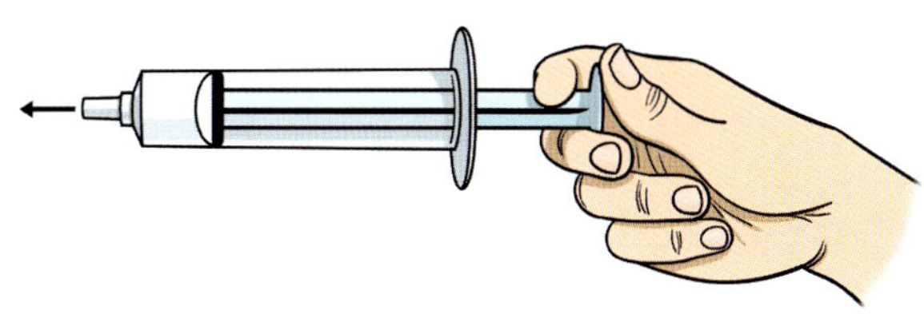

Ce qui peut poser problème

▸ Pour les élèves, un solide est caractérisé par la définition de l'adjectif, il est incassable et dur. Un objet mou et malléable ne sera pas considéré au départ comme un solide. Son concept va se construire progressivement grâce à l'expérimentation.

▸ Le prototype du liquide est l'eau, mais les liquides plus visqueux, comme le savon liquide, ne sont pas classés comme tels.

▸ Les poudres nécessitent plusieurs expérimentations. Les critères coule/ne coule pas ne sont pas suffisants pour déterminer dans quelle catégorie les mettre. Les élèves se serviront des critères fait des tas / fait des flaques pour parvenir à les classer.

& Trucs astuces

Fabriquer une fontaine à air

Matériel

- 1 bouteille vide
- 1 paille
- 1 ballon de baudruche
- de la pâte à fixer
- 1 compas

1

Avec un compas, faire un trou dans la bouteille un peu au-dessus de la moitié.

2

Agrandir le trou avec un crayon pour pouvoir y faire passer une paille.

3

Glisser la paille dans le trou.

4

Mettre de la pâte à fixer tout autour du trou et de la paille pour que cela soit bien étanche.

5

Remplir la bouteille à moitié d'eau. La paille doit plonger dans l'eau.

6

Gonfler le ballon et le pincer pour qu'il ne se dégonfle pas.

7

Fixer le ballon gonflé au goulot de la bouteille. C'est plus facile à plusieurs.

8

Au signal, enlever les doigts qui pincent le ballon et observer.

Comment préparer les bouteilles pour la séance 4 de Solide ou liquide ?

La bouteille n°o est remplie d'eau colorée qui sert de réserve.

La bouteille n°1 a un niveau d'eau horizontal (elle est vide au départ).

La bouteille n°2 a plusieurs niveaux d'eau oblique.

La bouteille n°3 a niveau d'eau différent mais toujours oblique.

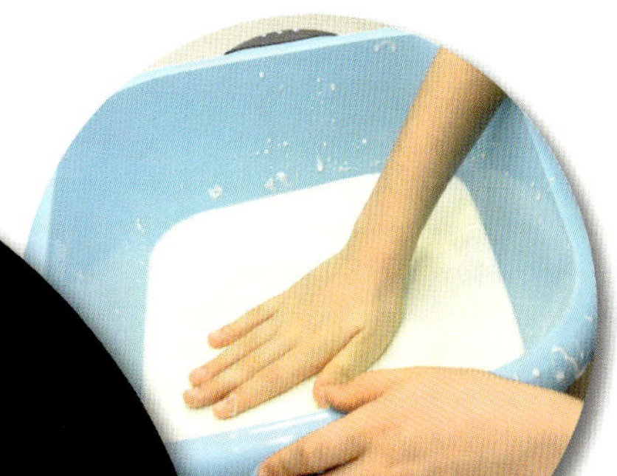

La pâte mystérieuse

La pâte mystérieuse est un fluide non newtonien : il a les caractéristiques des liquides et des solides. La résistance du mélange réagit de façon exponentielle à la force qu'il subit.

C'est un mélange qui se comporte comme un liquide. Si on n'exerce aucune force, il coule dans la main, le doigt s'enfonce. Mais si on le malaxe avec force, on peut en faire une boule. Il offre une surface dure si on tape vigoureusement la surface.

Pour le préparer, il faut mélanger un tiers d'eau et y verser en plus deux tiers de maïzena en battant au fouet.

Placer une bassine d'eau pour rincer les mains et protéger les tables avec du papier journal.

CP CE1 SOLIDE OU LIQUIDE ?

Mettre en évidence de manière empirique quelques propriétés caractéristiques des liquides et des solides

Séance 1	Séance 2	Séance 3	Séance 4	Séance 5
Expérimenter pour dégager certaines propriétés de la matière	Classer différents objets selon les critères SOLIDE ou LIQUIDE	Classer les poudres avec les solides	Découvrir une autre propriété propre aux liquides	Évaluation
45 min Demi-classe organisée en ilots	50 min Pas d'organisation particulière	40 min Demi-classe organisée en ilots	50 min Classe organisée en ilots	20 min Pas d'organisation particulière

DEMI-CLASSE ORGANISÉE EN ILOTS
50 minutes

Matériel

★ Par élève :
- 1 document *Mes expériences*

★ Atelier 1 :
- coton
- 1 plume
- 1 boule de pâte à modeler
- 1 noix entière
- sucre en morceaux
- 1 gobelet de lentilles
- 1 gobelet d'eau
- 2 foulards

★ Atelier 2 :
- 8 bols remplis de lait, pâte à modeler, noix, eau, sucre en poudre, semoule, coton, lentilles
- 8 gobelets

★ Atelier 3 :
- 8 bols remplis des mêmes ingrédients que pour l'atelier 2
- 8 gobelets
- 1 pince à pâtes
- 1 cuillère à soupe
- 1 seringue
- 1 passoire à thé

★ Atelier 4 :
- coton
- lentilles
- sucre en poudre
- eau
- noix
- lait
- semoule
- pâte à modeler

+ Pour les expériences 2, 3 et 4, il vaut mieux préparer plus de gobelets avec les matériaux pour pouvoir les remplacer rapidement quand les élèves changent d'atelier.

SÉANCE 1 EXPÉRIMENTER POUR DÉGAGER CERTAINES PROPRIÉTÉS DE LA MATIÈRE — CP • CE1

+ Cette séance présente une phase de manipulation indispensable pour la structuration de connaissances, mais la logistique matérielle est lourde. Anticipez-la au maximum en amont pour ne pas être débordé. Des adultes supplémentaires (parents, EVS...) pour encadrer certains ateliers peuvent également être d'une aide précieuse.

Phase 1 REPRÉSENTATIONS INITIALES
Demi-classe • 5 min

- Les élèves découvrent l'organisation de la classe, les ateliers déjà en place.
- Nous allons réaliser plusieurs expériences pour étudier les solides et les liquides.
- ***Qu'est-ce qu'un liquide ? Qu'est-ce qu'un solide ?***
  Un liquide, c'est comme de l'eau, il coule et il mouille, on peut mettre son doigt dedans.
  Un solide, c'est dur, ça ne casse pas, je ne peux pas le traverser avec mon doigt.
- L'enseignant intervient pour élargir le sens de solide et permettre aux élèves de ne pas rester bloqués sur toute la séquence pour une question d'ambigüité de vocabulaire. ***L'adjectif solide peut signifier incassable, mais en sciences vous allez découvrir que ce mot désigne autre chose.***
- L'enseignant dévoile alors l'enjeu de la séquence : ***J'ai préparé différents matériaux. Je voudrais que vous fassiez différentes expériences pour savoir s'ils sont solides ou liquides.***
- L'enseignant montre et fait nommer les matériaux qui vont être étudiés.
- Il demande aux élèves lesquels sont des solides, lesquels sont des liquides.

Phase 2 ATELIERS TOURNANTS
4 groupes de 3 à 4 élèves • 40 min

- Chaque groupe va réaliser les quatre expériences. À l'issue de chacune, les élèves remplissent uniquement le tableau du document *Mes expériences* pour garder une trace des résultats.
- Les matériaux testés ne sont pas toujours les mêmes dans chaque atelier, mais l'eau (liquide reconnu à l'unanimité) et la noix (solide reconnu à l'unanimité) sont testées à chaque fois et jouent un rôle de témoin.

ATELIER 1 **APPROCHE SENSORIELLE**

- Un élève a les yeux bandés, un autre lui fait toucher chaque objet. L'élève aux yeux bandés verbalise ce qu'il ressent : *c'est lourd, c'est léger, c'est dur, c'est mou, c'est doux, ça mouille, ça coule...*

ATELIER 2 **TRANSPORT AVEC LES DOIGTS**

▸ Chaque objet est placé dans un bol à un bout de la table. Les élèves transportent le contenu de chaque bol dans un gobelet placé à l'autre bout de la table. Il est interdit de déplacer les bols ou les gobelets.

ATELIER 3 **TRANSPORT AVEC DIFFÉRENTS USTENSILES**

▸ Même protocole que pour l'expérience précédente mais cette fois les élèves doivent tester avec quels ustensiles on arrive ou non à transporter les contenus de chaque bol dans un gobelet placé plus loin.

ATELIER 4 **FORME DE L'OBJET EN FONCTION DU CONTENANT**

▸ Les élèves placent les objets dans différents récipients sans les casser. Ils observent si on peut effectivement introduire l'objet, si l'objet a changé de forme pour épouser la forme du contenant.

PAS D'ORGANISATION PARTICULIÈRE
50 minutes

Matériel

★ Par élève :
- son document *Mes expériences*
- son cahier d'exploitation du monde

SÉANCE 2 CLASSER SELON LES CRITÈRES SOLIDE OU LIQUIDE — CP • CE1

Phase 1 INTERPRÉTER LES EXPÉRIENCES DE LA PHASE 1
Oral collectif • 20 min

▸ Les élèves ont le document récapitulatif sous les yeux. L'enseignant rappelle l'objectif des expériences : ***On cherche à déterminer quels sont les matériaux solides, quels sont les matériaux liquides et pourquoi.***

▸ Pour chaque expérience, les élèves aidés par l'enseignant cherchent à établir des classements provisoires en identifiant un critère possible.

+ Ces classements seront inexacts pour les ateliers 2 et 4 : les poudres sont des solides qui partagent au niveau macroscopique certaines propriétés des liquides. Certains critères isolés comme « non transportables avec les doigts » sont insuffisants. Les expériences 5 et 6 de la séance 3 avec les critères « fait des tas, fait des flaques, traverse le filtre à café », permettront d'établir des conclusions exactes.

- Un élève explicite une expérience, lit les résultats de son tableau. Les autres acquiescent ou contestent. L'enseignant leur demande ce qui caractérise pour eux les solides et les liquides.
- Pour chaque expérience, un critère est retenu par la classe et noté au tableau par l'enseignant. Les élèves remplissent la partie intitulée HYPOTHÈSES APRÈS L'EXPÉRIENCE du document ***Mes expériences***.
- Les critères probablement retenus par la classe sont les suivants:
  - Atelier 1: *un liquide mouille le doigt. Si le doigt n'est pas mouillé, on a touché un solide.*
  - Atelier 2: *on peut porter les solides avec les doigts sans perdre de la matière en route.*
  - Atelier 3: *on peut transporter les liquides avec une seringue.*
  - Atelier 4: *les liquides n'ont pas de forme propre, ils prennent celle du contenant.*
- À partir de ces critères, l'eau et le lait sont systématiquement cochés dans la colonne JE PENSE QUE C'EST UN LIQUIDE.
- La noix, le coton et la pâte à modeler se retrouvent dans la colonne JE PENSE QUE C'EST UN SOLIDE.
- Les élèves constatent qu'avec ces critères, un solide n'est pas forcément dur, mais peut également être mou.
- En revanche, les lentilles et les poudres telles que la semoule et le sucre en poudre se retrouvent alternativement dans les deux colonnes selon le critère choisi.
- L'enseignant fait remarquer alors des contradictions entre les hypothèses des différents ateliers.
- L'ensemble des expériences a permis de définir les caractéristiques communes aux liquides et aux solides, mais pour les poudres, des questions demeurent.

Phase 2 **ANALYSE ET CONCLUSIONS**
Oral collectif • 15 min

- Après avoir interprété les résultats, les élèves en tirent les conclusions pour caractériser les liquides et les solides.
- L'enseignant note au tableau:

*Les solides ont leur propre forme. Cette forme peut se modifier si on malaxe des objets mous. On peut toujours tenir un solide. La noix, la pâte à modeler et le coton sont des solides.
Les liquides ne s'attrapent pas, ils n'ont pas de forme, ils coulent, on peut les transporter à l'aide d'une seringue. Il faut un récipient pour les contenir; le liquide prend la forme du récipient qui le contient. L'eau et le lait sont des liquides.*

- Les élèves ont pu classer la noix, le coton, la pâte à modeler, l'eau et le lait d'après ces caractéristiques, mais les matériaux en poudre posent problème. Ils le rajoutent dans leur trace écrite:

Après ces expériences, on ne sait pas si la semoule, les lentilles et le sucre en poudre sont des liquides ou des solides.

Phase 3 **TRACE ÉCRITE**
Travail individuel • 15 min

- Les élèves notent les conclusions précédentes dans leur cahier d'exploration du monde.

SÉANCE 3 CLASSER LES POUDRES AVEC LES SOLIDES — CP • CE1

DEMI-CLASSE ORGANISÉE EN ILOTS
40 minutes

Matériel

★ Atelier 5:
- pâte à modeler
- 1 gobelet de lait
- 1 gobelet de semoule
- 1 gobelet de sucre en poudre
- 1 gobelet de semoule
- 1 gobelet de lentilles
- 1 gobelet d'eau
- 1 gobelet de sirop à l'eau
- 1 gobelet de savon liquide
- 6 petites cuillères
- 1 grand morceau de papier absorbant par élève

★ Atelier 6:
- même matériel que pour l'atelier 5
- 1 filtre à café en papier par élève

★ Par élève:
- son document ***Mes expériences***

Phase 1 **RAPPEL DU PROBLÈME DES MATÉRIAUX EN POUDRE**
Demi-classe • 5 min

- L'enseignant fait rappeler les propriétés des solides et des liquides. Les élèves verbalisent les conclusions précédentes en donnant des exemples.

Quels matériaux n'avons-nous pas réussi à classer? *La semoule, les lentilles et le sucre en semoule.*

Pourquoi? *Parce qu'ils coulent comme des liquides, prennent la forme de la bouteille, ils ne mouillent pas le doigt, on ne peut pas les transporter avec une seringue.*

Phase 2 **AUTRES EXPÉRIMENTATIONS**
2 groupes de 5 à 7 élèves • 15 min

- L'enseignant présente deux nouvelles expériences pour déterminer si le sucre en poudre, la semoule, les lentilles sont à classer parmi les solides ou parmi les liquides.

ATELIER 5 **TAS OU FLAQUE?**

- ***Essayez de faire un tas avec le sucre en poudre, la semoule, les lentilles, l'eau, le sirop à l'eau, le savon liquide. Déposez sur le papier absorbant un peu de matière à l'aide de la petite cuillère et observez le résultat. Notez sur le document les matières que vous avez pu mettre en tas et celles qui ont fait une flaque sur le papier absorbant.***
- Chaque élève peut tester chaque matériau.

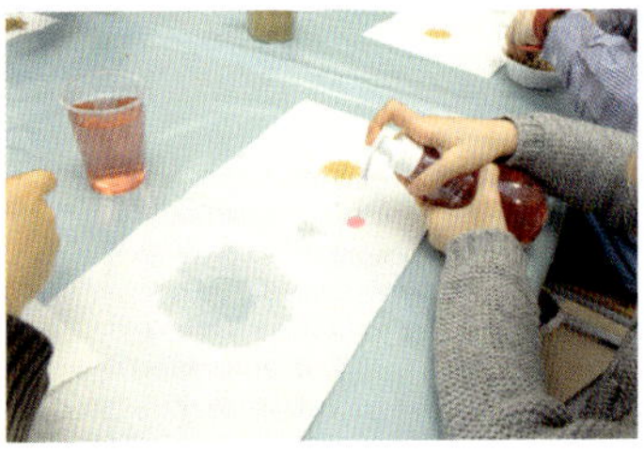

ATELIER 6 **TRAVERSE UN FILTRE À CAFÉ ?**

- ***Faites passer chaque matière à travers le filtre à café. Vous avez le droit d'appuyer sur le filtre pour vérifier si la matière est bloquée par le filtre ou si elle arrive à passer. Notez sur le document les matières qui sont restées coincées et celles qui ont traversé le filtre.***
- Chaque élève teste un seul matériau.

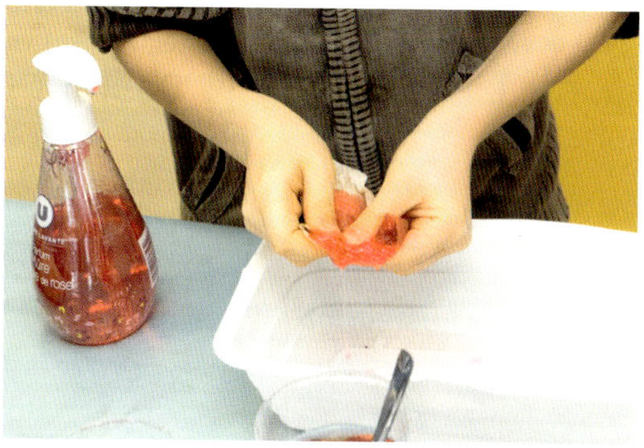

+ LORS DU TEST AVEC LE SAVON LIQUIDE, ENCOURAGER LES ÉLÈVES À APPUYER SUR LE FILTRE POUR QU'IL TRAVERSE LE FILTRE.

DIFFÉRENCIATION Prévoir des groupes hétérogènes pour que l'écrit tant au niveau de la lecture du document que de l'écriture des résultats n'entrave pas la démarche d'élèves en difficultés langagières.

Phase 3 ANALYSE DES RÉSULTATS
Oral collectif • 10 min

- Chaque groupe donne ses résultats. Les élèves constatent que le sucre, la semoule et les lentilles ont réagi de la même manière : on peut les mettre en tas, ils ne font pas de flaque, ils ne passent pas à travers le filtre.
- Le sirop à l'eau, l'eau et même le savon liquide font une flaque et non un tas, ils traversent le filtre à café.
- L'enseignant interroge ses élèves : ***Ces expériences permettent-elles de savoir si le sucre en poudre, la semoule et les lentilles sont des liquides ou des solides ?***
- Les élèves proposent leur réponse et les argumentent. Ils se mettent d'accord pour les classer dans les solides.
- L'eau a donné les résultats opposés et joue de manière implicite le rôle de témoin.

Phase 4 SUITE DE LA TRACE ÉCRITE
Travail individuel • 10 min

- Les élèves complètent leur document ***Mes expériences*** et peuvent ajouter dans leur cahier de d'exploration du monde :

Les liquides laissent une flaque, ils traversent le filtre à café : le savon liquide et le sirop à l'eau sont des liquides.
Les solides laissent un tas. Ils restent bloqués dans le filtre à café : le sucre en poudre, la semoule et les lentilles sont des solides

SÉANCE 4 DÉCOUVRIR UNE AUTRE PROPRIÉTÉ PROPRE AUX LIQUIDES — CP • CE1

CLASSE ORGANISÉE EN ILOTS
50 minutes

Matériel

★ Par groupe :
- 4 petites bouteilles d'eau avec le bouchon (*Trucs & astuces* page 137)
- 1 entonnoir

★ Par élève :
- son cahier d'exploration du monde

Phase 1 SURFACE PLANE DES LIQUIDES
Groupe de 5 à 7 élèves • 25 min

- L'enseignant explicite la première consigne : ***Prenez la bouteille pleine et remplissez la bouteille n°1 jusqu'au niveau indiqué par le trait.***

+ CETTE PREMIÈRE MANIPULATION PERMET DE DÉFINIR LE VOLUME DE DÉPART NÉCESSAIRE POUR RÉPONDRE AUX CONSIGNES DES BOUTEILLES 2 ET 3.

- Un élève réalise cette première action puis tous dessinent la bouteille remplie sur une feuille.
- L'enseignant donne alors la deuxième consigne : ***Prenez la bouteille n°2, et versez-y l'eau de la bouteille n°1. Fermez la bouteille. Débrouillez-vous pour que le niveau d'eau coïncide avec le tracé rouge de cette bouteille***

CP

VIVE LE VENT
Prendre conscience de l'existence de l'air grâce au vent

Séance 1	Séance 2	Séance 3	Séance 4	Séance 5
Observer les effets du vent pour le définir	Identifier des objets qui fonctionnent grâce au vent	Fabriquer une manche à air	Utiliser la manche à air pour déterminer la direction et la force du vent	Évaluation
55 min Pas d'organisation particulière	35 min Pas d'organisation particulière	50 min Demi-classe organisée en ilots	Plusieurs fois 5 min puis 20 min Pas d'organisation particulière	20 min Pas d'organisation particulière

PAS D'ORGANISATION PARTICULIÈRE
55 minutes

Matériel

★ Pour l'enseignant :
- 1 appareil photo

★ Pour 2 à 4 élèves :
- 1 ruban
- 2 sachets
- 2 plumes
- 2 feuilles de papier
- 1 ballon de baudruche gonflé
- 2 foulards
- 1 moulinet

★ Par élève :
- 1 feuille de papier dessin A4
- 1 crayon à papier

SÉANCE 1 OBSERVER LES EFFETS DU VENT POUR LE DÉFINIR — CP

Phase 1 REPRÉSENTATIONS INITIALES
Oral collectif • 15 min

▶ Par un jour venteux, l'enseignant pose la question : ***Qu'est-ce que le vent ?***

▶ Les élèves répondent et leurs propositions sont écrites au tableau.

+ Les élèves vont pour la plupart caractériser le vent par ses effets et donc répondre à la question « que fait le vent ? » et non à la question initiale « qu'est-ce que le vent ? » À l'enseignant de le faire remarquer à ses élèves.

▶ L'enseignant propose une collection d'objets à aller tester dans la cour : ***Que va faire le vent sur ces objets ?***

▶ Les élèves formulent des hypothèses.

Phase 2 EXPÉRIMENTATION DES EFFETS DU VENT
Groupes de 2 à 4 élèves dans la cour de récréation • 20 min

▶ Chaque groupe teste les différents objets dans la cour.

▶ L'enseignant demande à chaque groupe d'attraper du vent pour comprendre ce que c'est.

Phase 3 DESSIN
Travail individuel • 10 min

▶ Chaque élève dessine l'effet du vent sur les objets.

Phase 4 STRUCTURATION
Oral collectif • 10 min

▶ Les élèves verbalisent les effets observés, l'enseignant écrit la conclusion au tableau.

▶ L'enseignant demande quel objet a permis d'attraper du vent, les élèves nomment le sachet.

▶ L'enseignant les relance : ***Quand vous avez attrapé du vent, qu'y avait-il dans le sachet ?*** *De l'air.*

▶ L'enseignant rappelle la question initiale : ***Qu'est-ce que le vent ?***

▶ Les élèves aboutissent à :
Le vent, c'est de l'air qui bouge.

PAS D'ORGANISATION PARTICULIÈRE
35 minutes

Matériel

★ Pour l'enseignant :
- 1 vidéoprojecteur
- ***photographies d'objets fonctionnant grâce au vent***

★ Par élève :
- 1 feuille

SÉANCE 2 IDENTIFIER DES OBJETS QUI FONCTIONNENT GRÂCE AU VENT — CP

Phase 1 QUESTIONNEMENT
Oral collectif • 5 min

▶ ***Connaissez-vous des objets qui utilisent le vent pour fonctionner ?***

▶ Les élèves font appel à leurs connaissances pour répondre.

Phase 2 ENRICHISSEMENT À L'AIDE D'UNE BANQUE D'IMAGES
Oral collectif • 15 min

▶ L'enseignant projette les différentes ***photographies d'objets fonctionnant grâce au vent***. Les élèves nomment les objets et tentent d'expliquer l'action du vent pour comprendre le fonctionnement de chaque objet.

Phase 3 CAS PARTICULIER DE LA MANCHE À AIR
Oral collectif • 15 min

- L'enseignant projette la photo de la manche à air.
- ***Avez-vous déjà vu cet objet ? Où ? À quoi sert-il ?***
- Lorsque les élèves ont nommé la manche à air et expliqué son rôle, l'enseignant leur propose d'en fabriquer une pour observer le vent de l'école.
- ***Que doit-on prévoir comme matériel pour fabriquer la manche à air ? Comment va-t-on procéder ?***
Les élèves réfléchissent à la question pour lister le matériel et amorcer l'étape suivante. Les réponses sont écrites au tableau pour être gardées en mémoire.

DEMI-CLASSE ORGANISÉE EN ILOTS
50 minutes

Matériel

★ Pour l'enseignant :
- 1 fiche de construction 4 ***La manche à air*** en A2

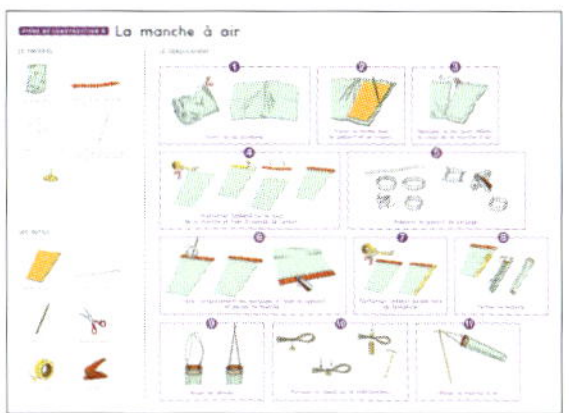

- 1 ***gabarit de la manche à air*** au format A3
- 1 sac-poubelle de 20 litres
- 1 bande de 29,7 cm x largeur adhésif double face en papier cartonné
- 1 bande de 29,7 x largeur double face en papier normal
- 2 x 80 cm de ficelle à cerf-volant (idéal)
- 1 piton fermé
- 1 manche à balai
- 1 seau rempli de sable si le manche à balai ne peut être enfoncé directement dans le sol.
- de l'adhésif double face
- 1 crayon
- 1 paire de ciseaux
- 1 perforette
- 1 stylo à bille

★ Par groupe :
- de l'adhésif double face
- 1 perforette

★ Pour 2 élèves :
- 1 sac-poubelle de 10 litres

★ Par élève :
- 1 fiche de construction 4 ***La manche à air*** en A4
- 1 ***gabarit de la manche à air*** au format A4
- 1 bande de renfort de 21 cm x la largeur de l'adhésif double face
- 1 bande de papier de 21 cm par la largeur de l'adhésif double face
- 2 x 40 cm de ficelle de cerf-volant
- 1 tourillon de 50 x 1 cm (peut éventuellement être remplacé par une baguette chinoise)
- 1 crayon
- 1 paire de ciseaux
- 1 punaise
- 1 stylo à bille
- 1 document ***La manche à air*** (document élève page 147 et)

SÉANCE 3 FABRIQUER UNE MANCHE À AIR — CP

RAPPEL : FABRIQUER L'OBJET EN AMONT POUR BIEN ANTICIPER LES DIFFICULTÉS DES ÉLÈVES.

Phase 1 DÉCOUVERTE DE LA FICHE DE CONSTRUCTION
Oral collectif • 10 min

- Lire collectivement la fiche de construction 4 ***La manche à air***. Comparer avec l'anticipation faite lors de la séance précédente.
- Distribuer le matériel.
- Expliquer la suite de la séance : pendant que les élèves réalisent une manche à air en modèle réduit, l'enseignant en réalise une grande pour la classe.

Phase 2 FABRICATION À PARTIR D'UNE FICHE DE CONSTRUCTION
Travail individuel • 30 min

- Chaque étape est relue à haute voix par un élève. L'enseignant ou un élève suit les instructions pour le modèle agrandi puis chaque élève réalise l'étape pour sa manche à air.
- Si l'étape 8 est trop difficile pour les élèves, elle peut être réalisée par l'enseignant.

+ LES ÉTAPES AVEC LE DOUBLE FACE SONT PLUS FACILES À RÉALISER EN BINÔMES.
+ IL EST POSSIBLE DE DÉCORER AVANT LA FERMETURE DE LA MANCHE EN UTILISANT DES FEUTRES INDÉLÉBILES, DES POSCA® OU DES ADHÉSIFS DE COULEUR. LA NORME POUR LES MANCHES À AIR AÉRONAUTIQUES EST DE TROIS BANDES ROUGES POUR DEUX BANDES BLANCHES.
+ POUR LA MANCHE DE LA CLASSE, REMPLACER LA PUNAISE PAR UN PITON POUR UNE PLUS GRANDE SOLIDITÉ.

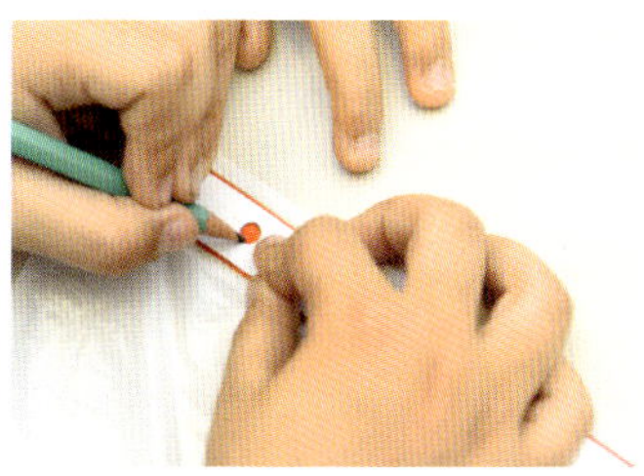
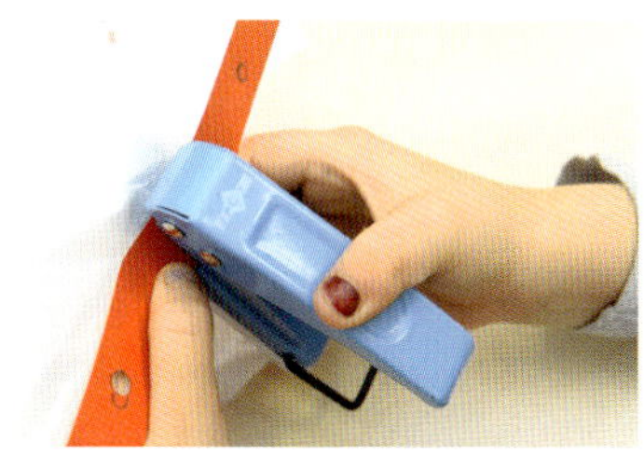

Phase 3 TRACE ÉCRITE INDIVIDUELLE
Travail individuel • 10 min

- L'enseignant distribue à chaque élève un document ***La manche à air*** **(document élève page 147 et).**
- Chaque élève légende le dessin de la manche à air avec le vocabulaire introduit dans la fiche de construction qu'ils peuvent utiliser pour s'aider.

VIDÉO **Trucs & astuces**
Fabriquer une manche à air

PAS D'ORGANISATION PARTICULIÈRE
Plusieurs fois 5 minutes puis 20 minutes

Matériel

★ Pour l'enseignant :
- 1 sèche-cheveux
- 1 rallonge électrique

★ Pour 2 à 4 élèves :
- 1 des 4 grandes manches à air

SÉANCE 4 UTILISER LA MANCHE À AIR POUR DÉTERMINER LA DIRECTION ET LA FORCE DU VENT — CP

Phase 1 OBSERVATIONS DANS LA COUR
Groupes d'élèves dans la cour • 5 min régulièrement sur 7 jours

- Au début, toute la classe puis deux ou quatre élèves seront les rapporteurs.
- Les élèves observent l'état de leur manche à air à des moments intéressants au courant de la journée et sur plusieurs jours.
- Lorsqu'il y a beaucoup de vent, la classe se rend à l'extérieur pour permettre une corrélation entre les perceptions sensorielles, l'état de la manche à air et déterminer d'où vient le vent.

+ LE PARAMÈTRE « DIRECTION DU VENT » N'EST PAS FORCÉMENT ÉVIDENT : SELON LA TOPOLOGIE DE LA COUR, LE VENT AURA PEUT-ÊTRE TOUJOURS LA MÊME DIRECTION. L'EXPÉRIMENTATION DE LA PHASE 2 PERMETTRA ALORS DE METTRE CE PARAMÈTRE EN ÉVIDENCE.

Phase 2 EXPÉRIMENTATIONS DANS LA CLASSE
Oral collectif • 10 min

- Lorsque la classe a suffisamment d'observations, l'enseignant les fait récapituler : ***La manche se lève plus ou moins à l'horizontale selon la force du vent et elle n'indique pas toujours la même direction.***
- L'enseignant utilise un sèche-cheveux : ***Je vais mettre en marche le sèche-cheveux et le diriger ainsi. Comment va se placer la manche à air ?***
- Les élèves émettent des hypothèses avant que la situation soit testée.
- Après l'expérimentation, l'hypothèse correcte est validée.
- Recommencer avec d'autres tests et remplacer la question par : ***Comment faut-il placer le sèche-cheveux pour que la manche à air se dirige vers une direction donnée ?***

DIFFÉRENCIATION Faire manipuler par les élèves en difficultés.

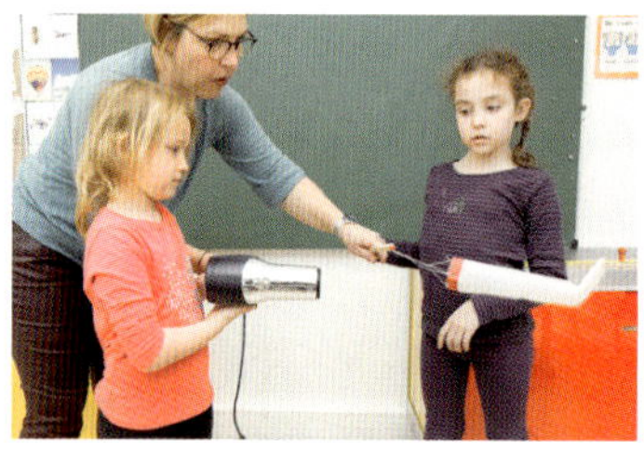
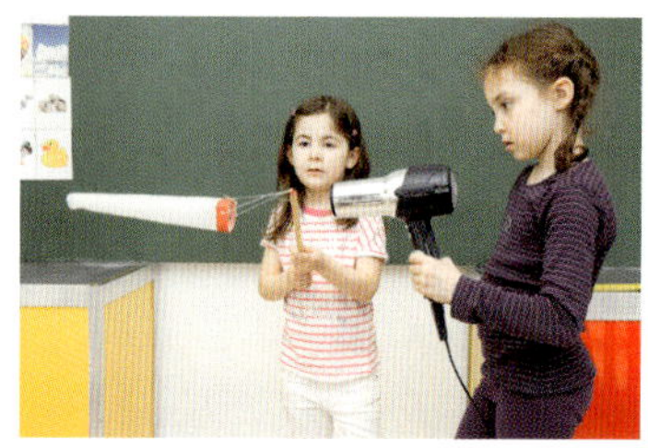

Phase 3 ANALYSE ET CONCLUSIONS
Oral collectif • 10 min

- ***Que permet de savoir la manche à air ?***
- À partir de cette question et des observations précédentes, la classe organise les réponses :
  - *La manche à air permet de connaitre la force du vent : le vent gonfle la manche, quand le vent est fort elle se met à l'horizontale, quand le vent est faible elle pointe vers le bas, quand il n'y a pas de vent elle est totalement flasque.*
  - *La manche à air indique dans quelle direction souffle le vent, l'air entre dans la partie élargie et ressort par la partie resserrée.*

PAS D'ORGANISATION PARTICULIÈRE
20 minutes

Matériel

★ Par élève :
- 1 document ***Le vent*** (évaluation page 148 et ☁)
- 1 crayon de couleur
- 1 crayon à papier

SÉANCE 5 PRENDRE CONSCIENCE DE L'EXISTENCE DE L'AIR GRÂCE AU VENT — CP

Phase 1 ÉVALUATION
Travail individuel • 20 min

- Après lecture et explication des consignes, les élèves remplissent le document ***Le vent*** **(évaluation page 148 et ☁)**. L'enseignant veille particulièrement à la représentation du vent avec des flèches pour l'exercice 2.

PROLONGEMENT

- Il est possible de fabriquer d'autres objets qui fonctionnent grâce au vent. La fiche de construction 5 ***Le moulinet*** est disponible dans le coffret et les compléments numériques.

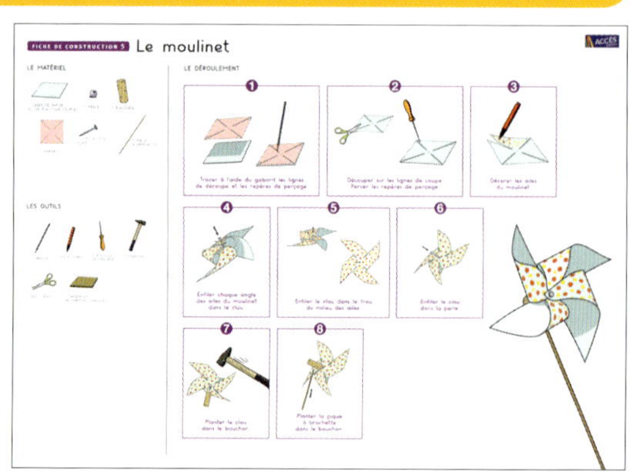

PRÉNOM

DATE

États de la matière

REPRÉSENTER LES DIFFÉRENTES POSITIONS D'UNE MANCHE À AIR SELON LE VENT

LA MANCHE À AIR

Légende le dessin de la manche à air en t'aidant de la fiche de construction.

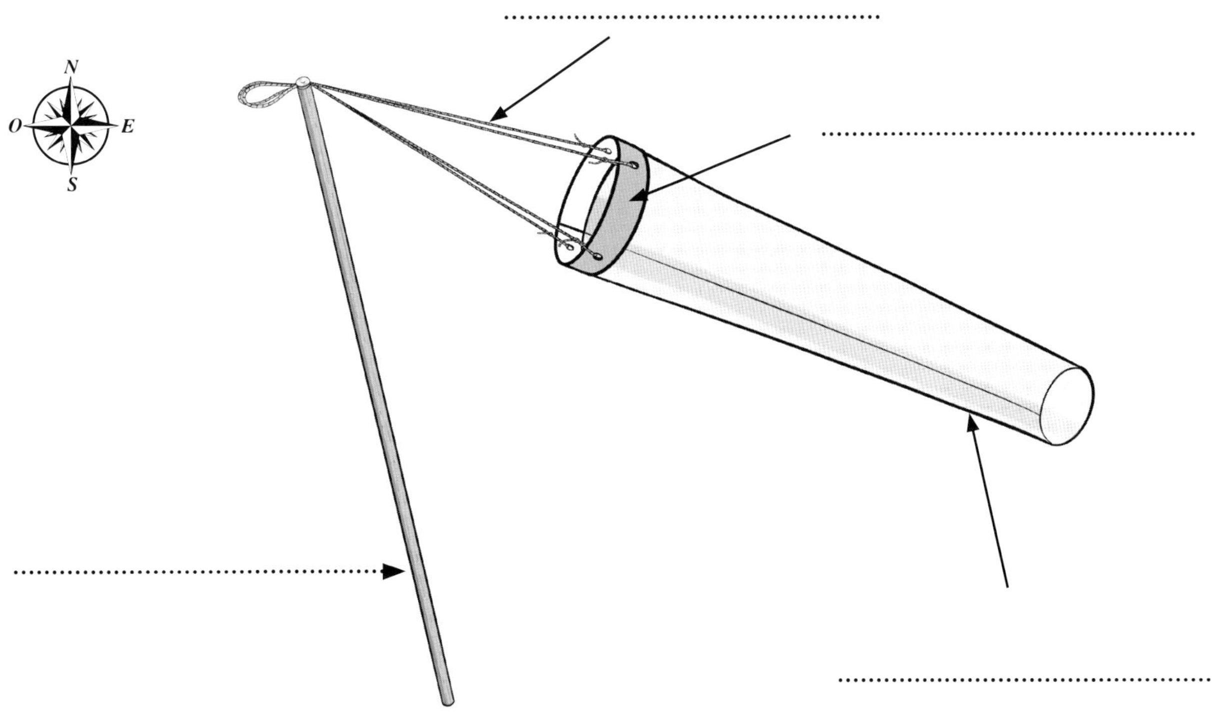

Les fonctions d'une manche à air :

....

....

....

....

....

PRÉNOM

DATE

États de la matière | PRENDRE CONSCIENCE DE L'EXISTENCE DE L'AIR GRÂCE AU VENT

LE VENT

Colorie en bleu les objets qui utilisent la force du vent.

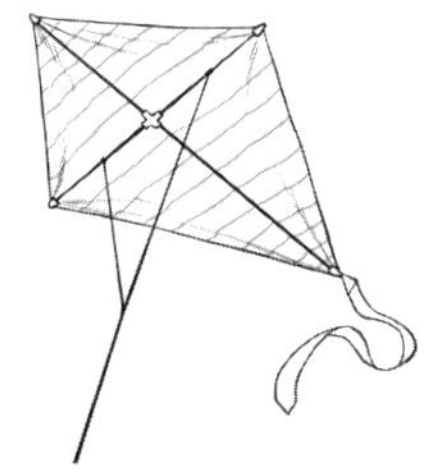
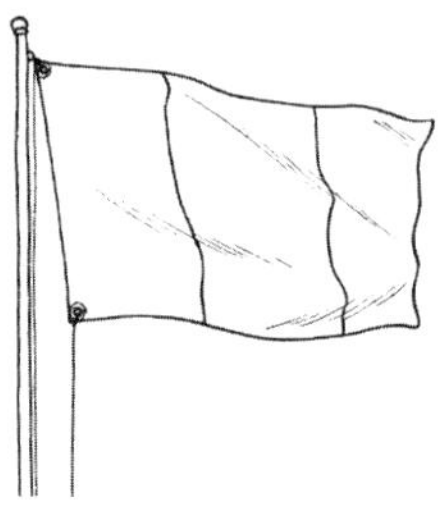
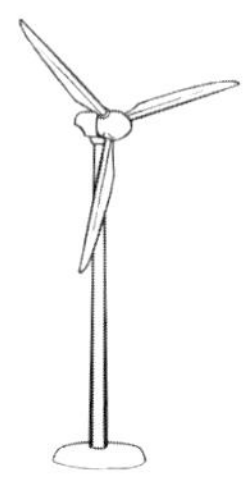
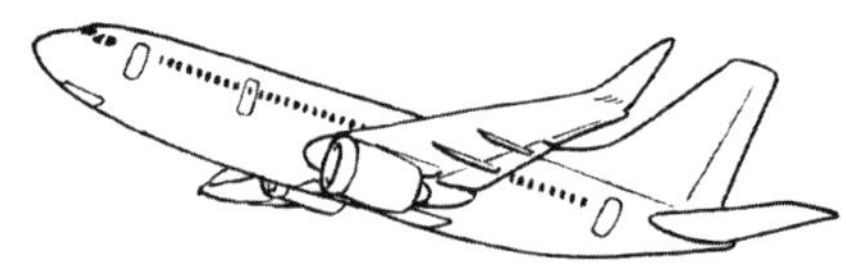

Observe la manche à air et **représente** le vent par une flèche pour chaque dessin.

Légende :

← vent moyen

→ vent moyen

⇨ vent fort

⇦ vent fort

○ pas de vent

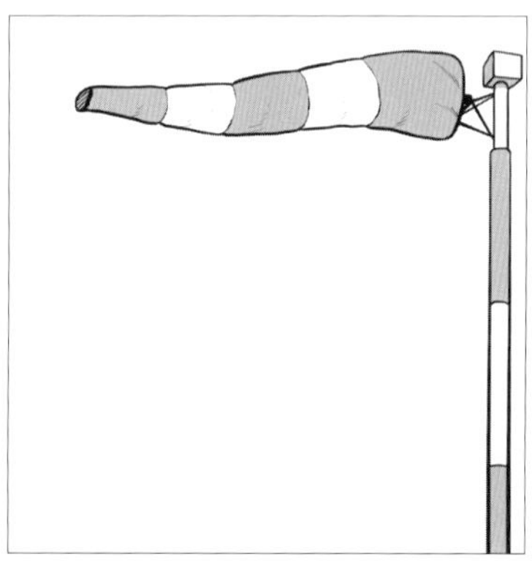
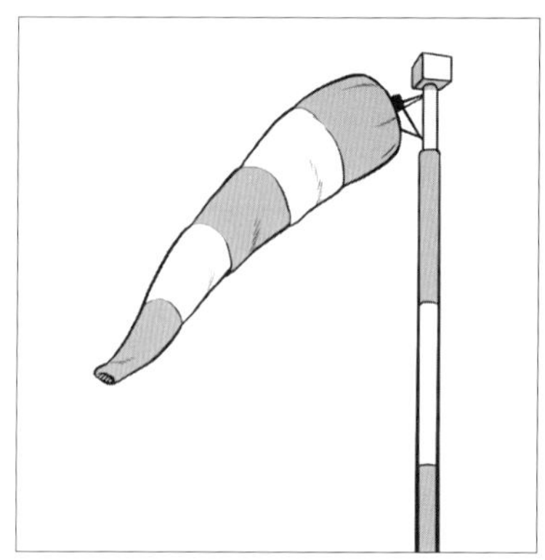
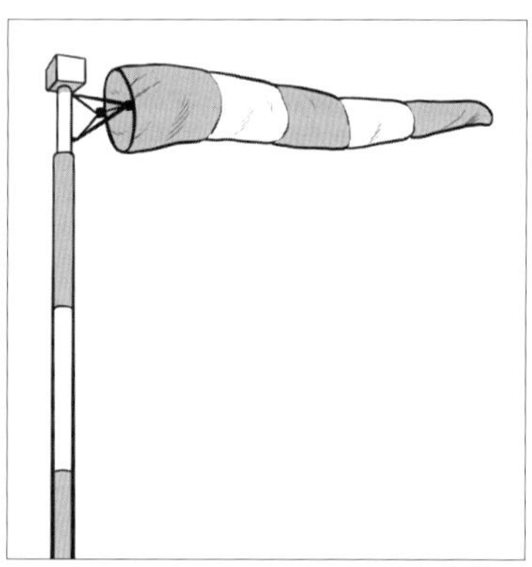
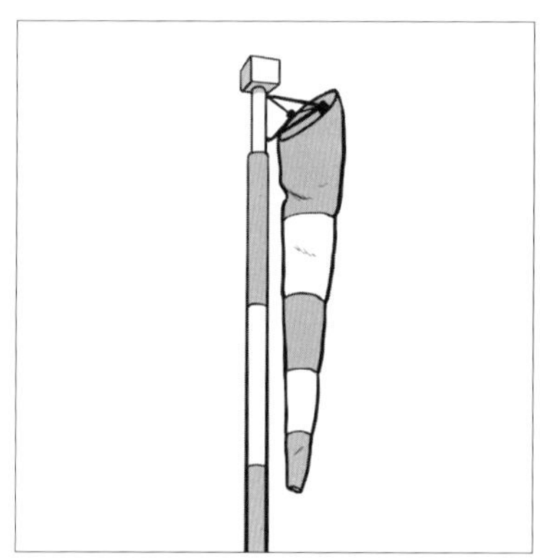

Complète la phrase suivante :

Le vent c'est de l'.. *qui bouge.*

CE1 CE2

L'AIR DE RIEN

Mettre en évidence que les espaces supposés vides sont remplis d'air et dégager quelques propriétés de l'air

Séance 1	Séance 2	Séance 3	Séance 4	Séance 5	Séance 6	Séance 7
S'interroger à partir d'une expérience	Expérimenter pour comprendre	Analyser pour interpréter l'expérience du mouchoir	Traverser l'air pour appréhender la conservation de la matière	Réinvestir des propriétés de l'air avec la fontaine à air	Évaluation	Prolongement : Atterrissage en douceur
35 min Pas d'organisation particulière	45 min Classe organisée en ilots	50 min Classe organisée en ilots	45 min Demi-classe organisée en ilots	55 min Classe organisée en ilots	25 min Pas d'organisation particulière	90 min Classe organisée en ilots

PAS D'ORGANISATION PARTICULIÈRE
35 minutes

Matériel

★ Pour l'enseignant :
- 1 récipient transparent
- 1 gobelet en plastique transparent
- 1 mouchoir en papier

★ Par élève :
- 1 feuille
- 1 crayon à papier

SÉANCE 1 S'INTERROGER À PARTIR D'UNE EXPÉRIENCE — CE1 • CE2

Phase 1 SITUATION DÉCLENCHANTE ET HYPOTHÈSES
Oral collectif • 5 min

- L'enseignant explicite les actions successives : ***Voici un récipient rempli d'eau, voici un gobelet. Je place au fond du gobelet un mouchoir en papier, je retourne mon gobelet et je le plonge entièrement dans l'eau. À votre avis, que va-t-il se passer ?***
- L'enseignant laisse un temps pour réfléchir et recueille les propositions des élèves.

Phase 2 EXPÉRIMENTATION ET OBSERVATION
Oral collectif • 10 min

- L'enseignant réalise l'expérience devant ses élèves, puis il ressort le gobelet et demande à un élève d'en dégager le mouchoir.
- Chaque élève constate en le touchant que le mouchoir n'est pas mouillé. Il confronte cette observation avec les hypothèses précédentes.
- L'expérience peut être refaite si besoin pour réfuter d'éventuelles contestations.

+ À ce stade, l'expérience ne peut être exécutée par un élève car la manipulation doit être rigoureuse : le gobelet doit plonger verticalement dans l'eau. Les élèves risquent d'être tentés de prouver qu'on peut mouiller le mouchoir et en inclinant le gobelet, ils y parviendront.

Phase 3 QUESTIONNEMENT
Oral collectif • 10 min

- ***Pourquoi le mouchoir n'est-il pas mouillé ?***
- L'enseignant recueille les explications des élèves sans les valider ou les réfuter. L'explication correcte sera dégagée ultérieurement à la séance 3 après plusieurs autres expériences.

Phase 4 REPRÉSENTATION DE L'EXPÉRIENCE
Travail individuel • 10 min

- Les élèves dessinent au crayon à papier l'expérience réalisée sur une feuille. L'enseignant veille à ce que les éléments importants y figurent. Ce document sera complété en séance 3.

DIFFÉRENCIATION Faire verbaliser si nécessaire ce qui doit être représenté.

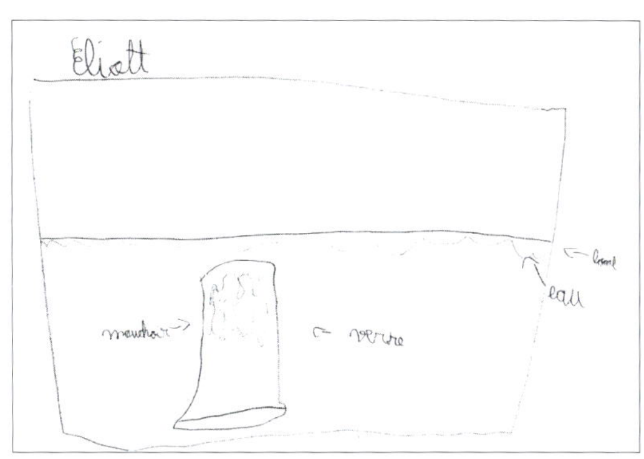

CLASSE ORGANISÉE EN ILOTS
45 minutes

Matériel

★ Expérience 1 :
- 1 seringue
- 1 récipient transparent rempli d'eau

★ Expérience 2 :
- 1 bouteille d'eau vide de 50 ml
- 1 récipient transparent rempli d'eau

★ Expérience 3 :
- 1 seringue

★ Expérience 4 :
- 1 gobelet transparent
- des pailles
- 1 récipient transparent rempli d'eau

★ Expérience 5 :
- 1 gobelet transparent
- 1 compas
- 1 récipient transparent rempli d'eau

★ Par élève :
- 1 feuille
- 1 crayon à papier

SÉANCE 2 EXPÉRIMENTER POUR COMPRENDRE — CE1 • CE2

Phase 1 EXPÉRIENCES POUR METTRE EN ÉVIDENCE LA MATÉRIALITÉ DE L'AIR
5 groupes de 4 à 6 élèves • 6x5 min

▸ Cinq expériences sont proposées sous forme d'ateliers tournants.

EXPÉRIENCE 1 LA SERINGUE PLONGÉE DANS L'EAU

▸ ***Plongez la seringue dans l'eau, bouchez l'extrémité et appuyez sur le piston. Que se passe-t-il ?***

▸ ***Plongez la seringue dans l'eau sans la boucher et appuyez sur le piston. Que se passe-t-il ?***

+ POUR UN ENFANT, UNE BULLE N'EST PAS IMMÉDIATEMENT PERÇUE COMME UNE POCHE D'AIR. IL FAUDRA CONSTRUIRE CETTE NOTION LORS DES VERBALISATIONS.

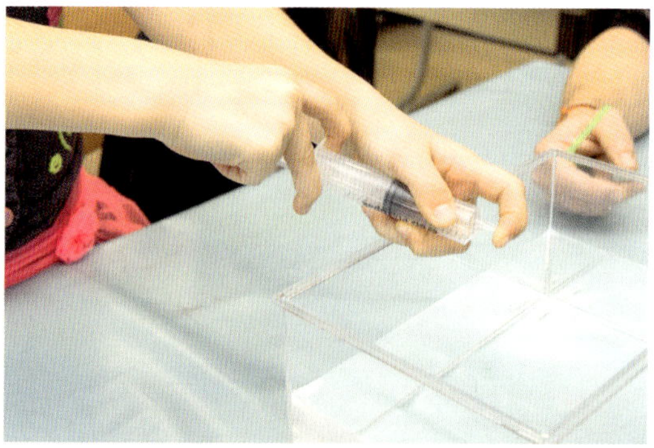

EXPÉRIENCE 2 LA BOUTEILLE PLONGÉE DANS L'EAU

▸ ***Plongez la bouteille vide dans l'eau. Que se passe-t-il ?***

▸ ***Bouchez la bouteille avec son bouchon, plongez-la à nouveau dans l'eau, retirez le bouchon de la bouteille sous l'eau. Que se passe-t-il ?***

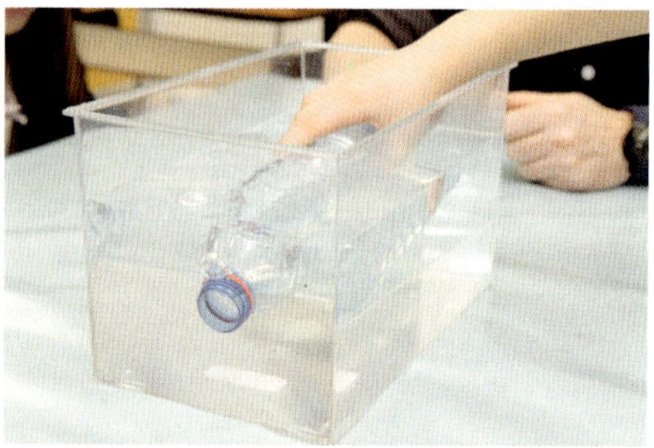

EXPÉRIENCE 3 LA SERINGUE

▸ ***Videz la seringue contre votre main. Que ressentez-vous ?***

▸ ***Bouchez l'extrémité de la seringue et essayez à nouveau de vider la seringue contre votre main. Que se passe-t-il ?***

EXPÉRIENCE 4 LE GOBELET ET LA PAILLE

▸ ***Plongez le gobelet à l'envers dans l'eau, mettez la paille dans l'eau, soufflez dans la paille et attrapez les bulles avec le gobelet.***

EXPÉRIENCE 5 LE GOBELET PERCÉ

▸ ***Plongez le gobelet tout droit dans l'eau, percez-le avec la pointe du compas. Que se passe-t-il ?***

Phase 2 DESSIN D'UNE EXPÉRIENCE
Travail individuel • 15 min

- Les élèves regagnent leur place. L'enseignant leur demande de dessiner une expérience de leur choix. Avant de se mettre au travail, il demande quelle expérience les élèves souhaitent représenter pour bien s'assurer que chacune soit présente.
- Pendant que les élèves sont au travail, à leur demande, l'enseignant écrit au tableau les mots dont ils ont besoin pour légender leur schéma.
- À la fin, tous les schémas sont accrochés au tableau en les regroupant par expérience.

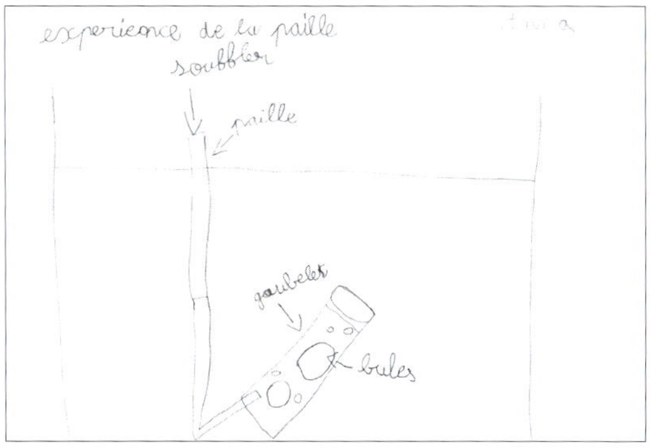

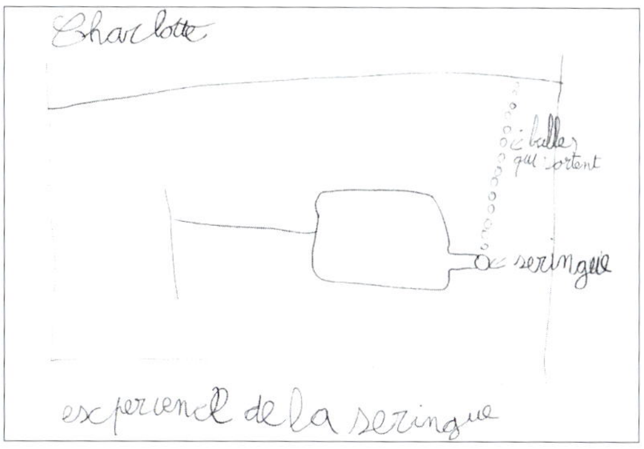

CLASSE ORGANISÉE EN ILOTS
50 minutes

Matériel

★ Pour l'enseignant:
- 1 récipient transparent
- 1 gobelet plastique transparent
- 1 mouchoir en papier

★ Par groupe de 4 à 6 élèves:
- 1 récipient transparent
- 1 gobelet plastique transparent
- 1 mouchoir en papier

★ Par élève:
- le schéma réalisé lors de la séance 1

SÉANCE 3 ANALYSER POUR INTERPRÉTER L'EXPÉRIENCE DU MOUCHOIR — CE1 • CE2

Phase 1 COMPTE RENDU DE CHAQUE EXPÉRIENCE
Oral collectif • 15 min

- Chaque groupe vient au tableau pour verbaliser les observations d'une expérience et l'analyser. Le reste de la classe intervient pour compléter, infirmer ou valider.
- L'enseignant aide les élèves à trouver une conclusion générale:
  - *Toutes ces expériences nous ont montré qu'il y a de l'air dans la seringue, la bouteille, le gobelet. Il est invisible mais on peut le sentir, le voir dans l'eau grâce aux bulles, l'entendre.*
  - *Quand on pense qu'un gobelet est vide, en fait il est rempli d'air.*

+ CETTE SÉANCE EST À PLACER IDÉALEMENT RAPIDEMENT APRÈS LA SÉANCE 2, APRÈS LA PAUSE DE MIDI, LA RÉCRÉATION.

Phase 2 RAPPROCHEMENT AVEC L'EXPÉRIENCE DU MOUCHOIR
Oral collectif • 10 min

- ***Nous n'avions pas compris pourquoi le mouchoir est resté sec lors de la toute première expérience. Maintenant qui pourrait l'expliquer?***
- L'enseignant distribue la parole et canalise les réflexions pour parvenir à la conclusion que le mouchoir est resté sec parce que l'air est resté dans le gobelet.
- ***Que faut-il faire pour mouiller le mouchoir?***
- Laisser les élèves réfléchir et faire des propositions: il faut enlever l'air pour que l'eau puisse entrer.
- L'élève qui pense avoir trouvé vient expérimenter devant la classe: pencher le gobelet, le percer...

Phase 3 MANIPULATION INDIVIDUELLE DANS CHAQUE GROUPE
Groupes de 4 à 6 élèves • 15 min

- Chaque élève réalise l'expérience du mouchoir sans le mouiller. L'enseignant passe de groupe en groupe et fait reformuler les différentes étapes et conclusions aux élèves. Si le mouchoir a été malencontreusement mouillé, l'élève doit être capable de l'expliquer: *je n'ai pas plongé correctement le gobelet dans l'eau, l'air s'est échappé et l'eau est entrée.*

Phase 4 ANNOTATION DE L'EXPÉRIENCE
Travail individuel • 10 min

- Les élèves reprennent le schéma réalisé lors de la séance 1, placent une flèche sous le gobelet avec le mot AIR, et notent la conclusion sous leur schéma:
  - *Quand on pense qu'un gobelet est vide, en fait il est rempli d'air.*
  - *Le mouchoir reste sec car il y a de l'air dans le gobelet. L'air est partout et il est invisible.*

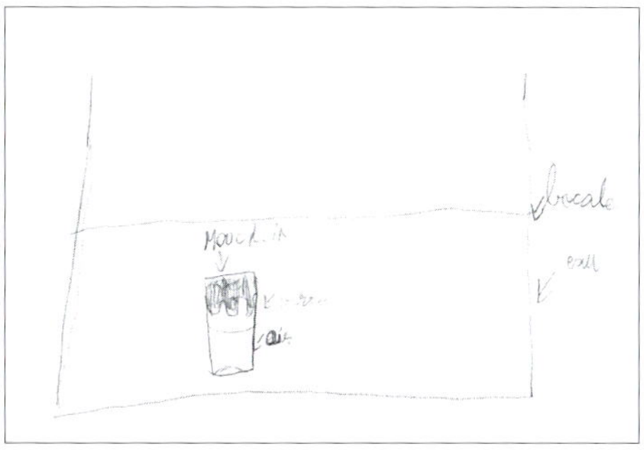

DEMI-CLASSE ORGANISÉE EN ILOTS
45 minutes

Matériel

★ Expérience 1:
- 2 sacs congélation
- 1 paille
- 1 pince à linge

★ Expérience 2:
- 1 récipient transparent rempli d'eau
- 2 gobelets en plastique transparent

★ Expérience 3:
- 1 bouteille de 1,5 litre avec le fond coupé
- 1 sac congélation
- 1 récipient transparent rempli d'eau

★ Par élève:
- 1 document *Mes expériences sur l'air* (document élève page 155 et ☁)
- 1 crayon à papier

SÉANCE 4 TRANSVASER L'AIR POUR APPRÉHENDER LA CONSERVATION DE LA MATIÈRE — CE1 • CE2

Phase 1 EXPÉRIMENTATIONS
Demi-classe répartie en 3 groupes de 4 à 6 élèves • 30 min

▸ Chaque groupe réalise une expérience puis complète le document ***Mes expériences sur l'air*** **(document élève page 155 et ☁).**

EXPÉRIENCE 1 **TRANSVASER L'AIR D'UN SAC DANS UN AUTRE SAC À L'AIDE D'UNE PAILLE**

▸ ***Enlevez la pince à linge, appuyez sur le sac pour remplir l'autre. Dessinez le résultat de l'expérience sur le document.***

EXPÉRIENCE 2 **TRANSVASER L'AIR D'UN GOBELET À UN AUTRE SOUS L'EAU**

▸ ***Plongez le premier gobelet verticalement dans l'eau pour qu'il conserve son air. Plongez le second gobelet dans l'eau pour qu'il se remplisse d'eau. Attrapez délicatement l'air du premier gobelet dans le second.***

▸ ***Observez où il faut placer les gobelets pour que l'air passe de l'un à l'autre. Dessinez la fin de l'expérience sur le document.***

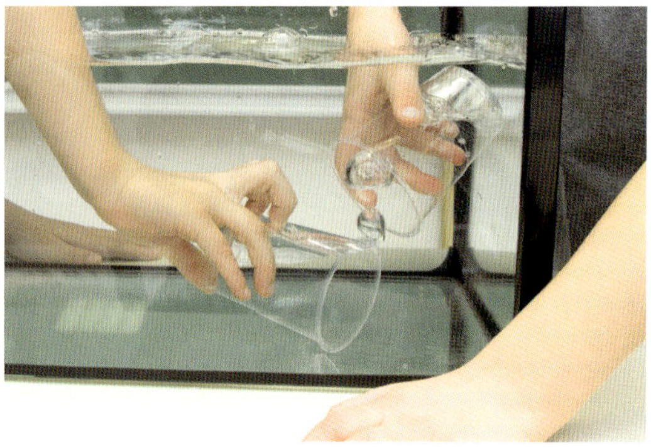

EXPÉRIENCE 3 **TRANSVASER L'AIR D'UNE BOUTEILLE COUPÉE DANS UN SACHET**

▸ ***Plongez verticalement dans l'eau la bouteille recouverte du sachet. Que se passe-t-il ?***

▸ ***Dessinez le résultat de l'expérience sur le document.***

Phase 2 ANALYSE ET CONCLUSION
Demi-classe • 15 min

▸ Les élèves verbalisent leurs expérimentations. L'enseignant les amène à formuler une conclusion commune aux trois expériences: *dans chaque expérience, on a fait passer de l'air d'un récipient à un autre.*

▸ Une conclusion construite avec les mots des élèves est notée comme trace écrite au bas du document.

- On peut transvaser de l'air d'un récipient à un autre.

CLASSE ORGANISÉE EN ILOTS
55 minutes

Matériel

★ Pour l'enseignant :
- 1 récipient transparent
- 1 bouteille de 1,5 litre
- 1 pince à linge
- 1 ballon de baudruche
- de la pâte à fixer

★ Par groupe :
- 1 récipient transparent
- 1 bouteille de 1,5 litre
- 1 pince à linge
- 1 ballon de baudruche
- de la pâte à fixer
- 1 compas
- 1 ***protocole de fabrication de la fontaine à air*** ☁

★ Par élève :
- 1 feuille de dessin
- 1 crayon à papier
- des crayons de couleur

SÉANCE 5 RÉINVESTIR DES PROPRIÉTÉS DE L'AIR AVEC LA FONTAINE À AIR — CE1 • CE2

Phase 1 DÉCOUVERTE DE LA FONTAINE À AIR ET HYPOTHÈSES
Oral collectif • 10 min

- L'enseignant montre le dispositif et le fait décrire par ses élèves.
  Que va-t-il se passer lorsque je vais enlever la pince à linge ?
- Les élèves réfléchissent puis verbalisent leurs hypothèses.
- L'enseignant les note au tableau.

Phase 2 FABRICATION D'UNE FONTAINE À AIR
Groupes de 4 à 6 élèves • 20 min

- L'enseignant distribue à chaque groupe un ***protocole de fabrication de la fontaine à air*** ☁. Les élèves réalisent les différentes actions.
  Ils s'entraident pour fixer le ballon sur la bouteille tout en le pinçant. Dès que tout est en place, l'élève qui pinçait le ballon retire sa main. Tout le groupe observe.
- Prévoir de refaire l'expérience au moins une fois.

DIFFÉRENCIATION Selon la motricité fine des élèves, l'enseignant devra intervenir ou non pour fixer le ballon sur la bouteille déjà remplie d'eau.

+ IL N'Y A PLUS BESOIN DE LA PINCE À LINGE. TOUS LES ÉLÈVES DU GROUPE DOIVENT ÊTRE IMPLIQUÉS ET CONCENTRÉS POUR NE PAS RATER LE DÉBUT DE L'EXPÉRIENCE DE LEUR GROUPE.

Phase 3 ANALYSE DE L'EXPÉRIENCE, CONFIRMATION OU INFIRMATION DES HYPOTHÈSES
Oral collectif • 10 min

- Les élèves expliquent pourquoi l'eau sort de la bouteille, et valident les hypothèses correctes.
- À partir de ces explications, l'enseignant relance par le questionnement et amène à la conclusion suivante :
  - *L'air du ballon pousse l'eau de la bouteille.*
  - *L'air prend la place de l'eau qui sort par la paille.*

Phase 4 TRACE ÉCRITE
Travail individuel • 15 min

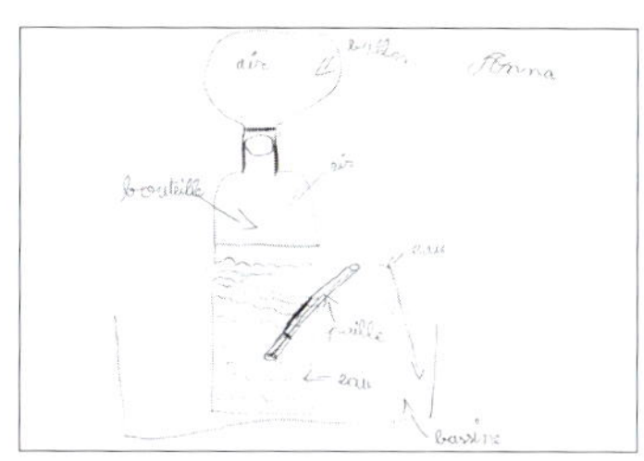

- Chaque élève dessine l'expérience, l'annote avec les mots : AIR et EAU, puis matérialise les trajets de l'eau et de l'air avec des flèches de deux couleurs.
- Il recopie la conclusion notée au tableau sous le dessin.

PAS D'ORGANISATION PARTICULIÈRE
25 minutes

Matériel

★ Par élève :
- 1 document ***De l'air en mouvement à l'air statique*** (évaluation page 156 et ☁)

SÉANCE 6 CONNAITRE QUELQUES PROPRIÉTÉS DE L'AIR — CE1 • CE2

Phase 1 ÉVALUATION
Travail individuel • 25 min

- Les élèves renseignent le document ***De l'air en mouvement à l'air statique*** **(évaluation page 156 et ☁).**

CLASSE ORGANISÉE EN ILOTS
90 minutes

Matériel

★ Pour l'enseignant :
- 1 poster A5 ***Parachute***
- 1 caméra

★ Par groupe :
- la fiche de construction 6 ***Le parachute***
- le matériel et les outils de la fiche de construction 6

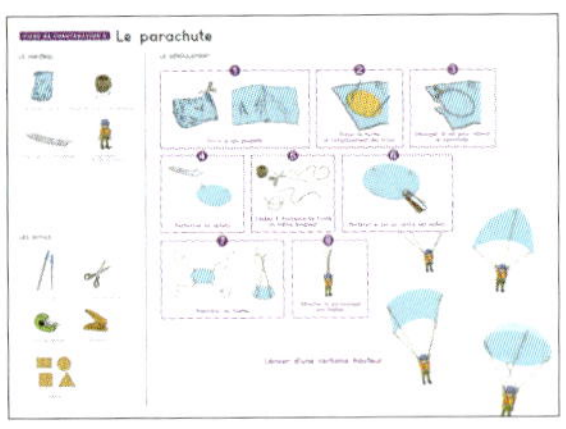

★ Par élève :
- 1 document ***Le parachute*** (document élève page 157 et)

VIDÉO **Trucs & astuces**
Fabriquer un parachute

PROLONGEMENT : ATTERRISSAGE EN DOUCEUR — CE1 • CE2

Phase 1 DÉCOUVERTE DU PARACHUTE
Oral collectif • 10 min

- L'enseignant montre le poster A5 ***Parachute***. Il demande : ***À quoi sert un parachute ?***
- Il fait décrire les différentes parties du parachute aux élèves et met en place le vocabulaire spécifique.
- L'enseignant demande aux élèves : ***Comment le parachute freine-t-il la chute du parachutiste ?***
- Les élèves réfléchissent puis verbalisent leurs hypothèses. L'enseignant les note au tableau.

Phase 2 TRACE ÉCRITE
Travail individuel • 5 min

- Chaque élève annote le dessin du document ***Le parachute*** **(document élève page 157 et).**

Phase 3 FABRICATION DU PARACHUTE
Groupes de 4 à 6 élèves • 30 min

+ RAPPEL : FABRIQUER L'OBJET EN AMONT POUR BIEN ANTICIPER LES DIFFICULTÉS DES ÉLÈVES.

- L'enseignant propose aux élèves de fabriquer un parachute descendant le plus lentement possible pour ralentir au mieux la chute d'un bonhomme Playmobil®.
- Les élèves découvrent la fiche de construction 6 ***Le parachute***, le matériel et les outils.
- Ils disposent de plusieurs gabarits pour déterminer la taille et la forme de leur voile. Chaque groupe peut choisir la taille et la forme qu'il pense être la plus efficace.
- Ils notent la description de leur expérience sur leur document élève.

Phase 4 OBSERVATION DE LA CHUTE DU BONHOMME
Oral collectif • 10 min

- Accompagné par un adulte, un élève de chaque groupe lance les parachutes depuis le premier étage de l'école. Les autres élèves et l'enseignant observent et analysent la chute des Playmobil®.
- L'enseignant peut filmer chaque parachute qui tombe.

Phase 5 ANALYSE DE L'EXPÉRIENCE
Oral collectif • 15 min

- Les différents groupes comparent les différentes séquences vidéo et se demandent quels sont les parachutes qui descendent le plus lentement.
- En comparant leurs différentes réalisations, les élèves concluent que les parachutes les plus efficaces sont ceux qui ont une voile assez grande et de forme plutôt arrondie.
- Ils notent les conclusions sur leur document *Le parachute*.

Phase 6 RETOUR SUR LES HYPOTHÈSES ET STRUCTURATION
Oral collectif • 10 min

- L'enseignant pose à nouveau la question : ***Comment un parachute freine-t-il la chute du parachutiste ?***
- Après ce tâtonnement expérimental et le travail réalisé lors des séquences précédentes, les élèves répondent que c'est l'air qui appuie sur la voile car il ne peut pas passer à travers elle. Le parachute est freiné par l'air et il descend lentement. Ils valident ou infirment leurs hypothèses.

Phase 7 TRACE ÉCRITE
Travail individuel • 10 min

- Chaque élève recopie les conclusions élaborées en commun sur son document *Le parachute*.
- *L'air immobile exerce une force sur la voile du parachute.*
- *Il descend lentement car il est freiné par l'air invisible présent partout autour de nous.*

PRÉNOM

DATE

MES EXPÉRIENCES SUR L'AIR

Dessine chaque expérience.

EXPÉRIENCE 1
Transvaser l'air d'un sac à l'autre

EXPÉRIENCE 2
Transvaser l'air
d'un gobelet à un autre

EXPÉRIENCE 3
Transvaser l'air de la bouteille
coupée vers le sac

Conclusions :

....

....

PRÉNOM DATE

États de la matière | CONNAITRE QUELQUES PROPRIÉTÉS DE L'AIR

DE L'AIR EN MOUVEMENT À L'AIR STATIQUE

Observe et **complète.**

La bouteille A est remplie d'eau.

On dit que la bouteille B est vide

mais qu'y a-t-il dans la bouteille B ?...................................

Dessine une expérience qui le prouve.

Bouteille remplie d'eau — Bouteille vide

A B

Entoure ce qui est vrai. Explique pourquoi.

Le sucre reste sec.

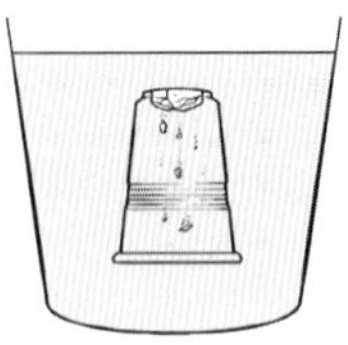

Le sucre est mouillé et il se dissout.

....

....

....

Entoure ce que l'on veut montrer en faisant cette expérience.

L'air se déplace.

Des bulles d'eau montent vers le gobelet.

Il y a de l'eau qui passe d'un gobelet à l'autre.

Réponds par vrai ou faux.

On peut déplacer de l'air. ☐ VRAI ☐ FAUX

L'air c'est le vent et il est seulement dehors. ☐ VRAI ☐ FAUX

Dans l'eau, on peut faire des bulles d'eau. ☐ VRAI ☐ FAUX

L'air est partout autour de nous. ☐ VRAI ☐ FAUX

L'air est invisible. ☐ VRAI ☐ FAUX

LE PARACHUTE

Place les mots suivants sur le dessin ci-dessous : voile - drisses - parachutiste.

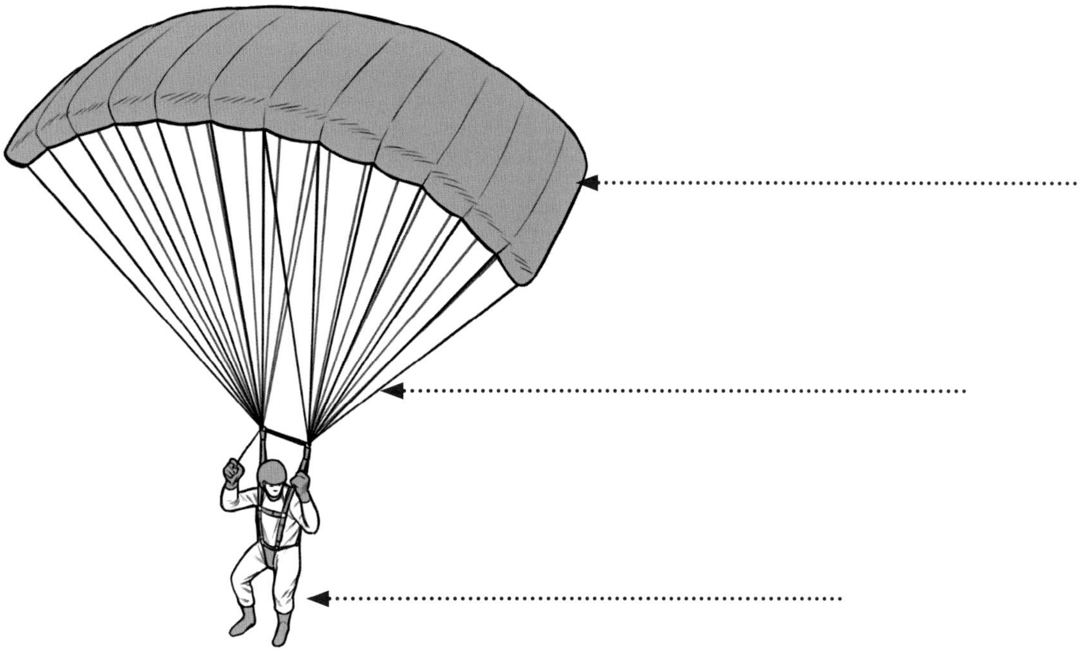

Description de l'expérience que mon groupe a effectuée :

....

....

Analyse et résultats de l'expérience :

....

....

Conclusions :

....

....

OUVRAGES AUTOUR **DE L'AIR**

CP CE1

L'ouragan

Pascale Bougeault
© L'école des loisirs • 2009 • 12,70 €

Un ouragan terrible s'approche de l'ile de Lucette. Il s'appelle Octave. Mais où est passée la chienne Cacahuète?

CP CE1

Jolie-Lune et le secret du vent

Mary-Hélène Sarno
© Flammarion • 2018 • 5,25 €

La belle histoire de Jolie-Lune qui cherche à apprivoiser le vent.

CP CE1 CE2

Wouh! l'air

Nuria et Empar Jiménez et Rosa M. Curto © Mediaspaul • 2010 • 10 €

Un livre pour comprendre pourquoi il est important de préserver l'air que l'on respire.

CP CE1 CE2

Une année avec le vent

Hanna Conola
© Rue du Monde • 2019 • 16 €

Un album léger et poétique où le vent change et donne à l'air et à la lumière une nouvelle qualité. L'enfant est incité à observer et verbaliser.

JEUX AUTOUR **DU SOUFFLE**

CP CE1

Foot-souffle

© HopToys GA942
À partir de 19,90 €

Un terrain de foot de 25 x 35 centimètres autour duquel s'affrontent deux souffleurs.

CP CE1

Turbino

© HopToys GA204
À partir de 21,90 €

Un jeu de société pour deux joueurs dans lequel il faut souffler pour gagner.

CP CE1

Jeu de souffle 4 en 1

© HopToys HOP275
À partir de 23,90 €

Un coffret de quatre jeux permettant d'exercer son souffle.

CP CE1

Flow-Ball

À partir de 4,90 €

Un jeu individuel pour apprendre à gérer son souffle.

OUVRAGE, SITES ET VIDÉOS **AUTOUR DE L'AIR**

CP CE1 CE2

Petitesexperiences.com

Sur ce site, on trouve une dizaine d'expériences sur l'air faciles à réaliser.

CP

1 jour, 1 question: D'où vient le vent?

Jacques Azam
© Milan Presse et France Télévisions • 2017
https://www.youtube.com/watch?v=QX7jTTbe9pQ

Une vidéo d'une minute trente qui explique d'où vient le vent.

CE2

C'est pas sorcier

Les sorciers ne manquent pas d'air
https://www.youtube.com/watch?v=iCGHa2Ze_tU

Fred et Jamy étudient la force de l'air et son action sur les objets en mouvement.

CHANGEMENTS D'ÉTAT DE LA MATIÈRE

Les notions abordées

- **Les différents états de l'eau et leurs caractéristiques**
- **Les changements d'états de l'eau**
- **Le cycle de l'eau dans la nature**

Notions pour l'enseignant

Les trois états de l'eau

- La matière EAU existe sous trois états : l'eau **LIQUIDE**, la glace qui correspond à l'état **SOLIDE**, la vapeur d'eau qui correspond à l'état **GAZEUX**.
- ATTENTION, l'eau sous forme gazeuse est invisible. Ce que l'on prend souvent pour de la vapeur d'eau, comme le nuage au-dessus d'une casserole d'eau bouillante, n'est pas de la vapeur d'eau mais une masse de microgouttelettes ; la vapeur d'eau échappée de l'eau en ébullition s'est à nouveau condensée au contact de l'air ambiant.
- On peut observer la présence de vapeur d'eau à l'intérieur des bulles d'eau bouillante.
- Les nuages, le brouillard et la brume sont des formes d'eau liquide en microgouttelettes présentes dans la nature.
- L'eau à l'état solide a comme particularité d'occuper un volume plus important qu'à l'état liquide : une bouteille d'un kilo d'eau liquide, soit un litre, va éclater en se solidifiant car un kilo de glace nécessite un volume supérieur à un litre. C'est pour cela qu'un glaçon flotte : sa masse volumique est inférieure à celle de l'eau liquide. Ceci est une exception aux caractéristiques de la matière, la masse d'une matière à l'état solide occupe en général un volume inférieur à celui de cette même masse à l'état liquide.
- Ils correspondent au passage d'un état à un autre. On peut les représenter et les nommer sur le schéma suivant :

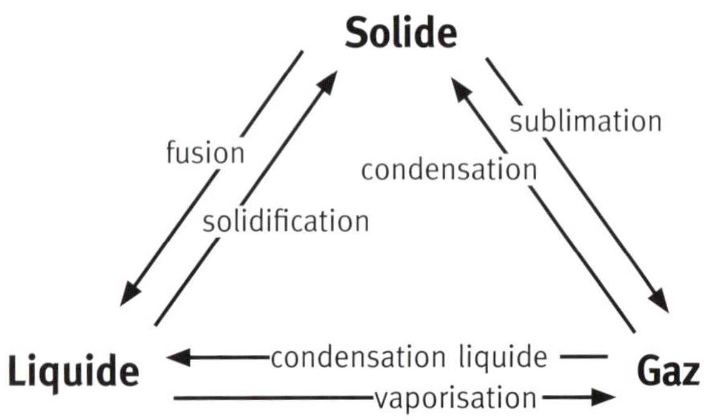

La **LIQUÉFACTION** se nomme également **CONDENSATION LIQUIDE**. Ce terme fait davantage partie du vocabulaire courant pour le cycle de l'eau. La **SUBLIMATION** et la **CONDENSATION SOLIDE** ne sont pas étudiées à l'école élémentaire.
Tous ces changements sont des phénomènes parfaitement réversibles, soumis aux conditions de température et de pression.

Évaporation et ébullition

- L'évaporation et l'ébullition sont des phénomènes qui désignent tous deux le passage de l'eau liquide à l'état gazeux.
- Au contact de l'air, les molécules d'eau d'une surface liquide se détachent relativement facilement des molécules voisines et s'échappent dans l'air. Ce processus lent, de surface et qui s'opère à n'importe quelle température s'appelle **ÉVAPORATION**. Il est amplifié si la température augmente (une flaque d'eau s'évapore plus rapidement à 30°C qu'à 10°C) mais également si l'air est en mouvement (le linge sèche plus vite lorsqu'il y a du vent).
- **L'ÉBULLITION** est au contraire un processus rapide et volumique. Les bulles naissent à l'intérieur du liquide et non à la surface. Ce phénomène tumultueux se produit lorsque de l'eau a atteint une température précise appelée température d'ébullition.
- Dans les conditions atmosphériques normales, l'eau pure est sous forme de glace pour une température inférieure à 0°C, liquide entre 0°C et 100°C, et sous forme de vapeur d'eau au-dessus de 100°C. Lorsque la pression varie, ces températures de changement sont modifiées. Ainsi l'eau bout à 68°C au sommet de l'Everest !
- À 0°C on observe un stade où l'eau peut être sous forme liquide ou/et solide. La fusion ou la solidification marquent un palier de température. Cette température n'augmentera ou ne diminuera que lorsque toute l'eau sera passée au même état. De même, lors de l'ébullition, la température se maintient à 100°C tant qu'il reste de l'eau liquide.
- L'eau salée reste liquide alors que la température est négative. Dans des proportions très précises, un mélange constitué d'eau et de sel peut être encore liquide à -21°C, c'est le principe du mélange réfrigérant.

Le cycle de l'eau

- Entre ciel et terre, l'eau est en circulation permanente depuis des milliards d'années. Elle se transforme en permanence, changeant d'état au cours de son cycle naturel dans l'atmosphère, à la surface et dans les sous-sols de notre planète.

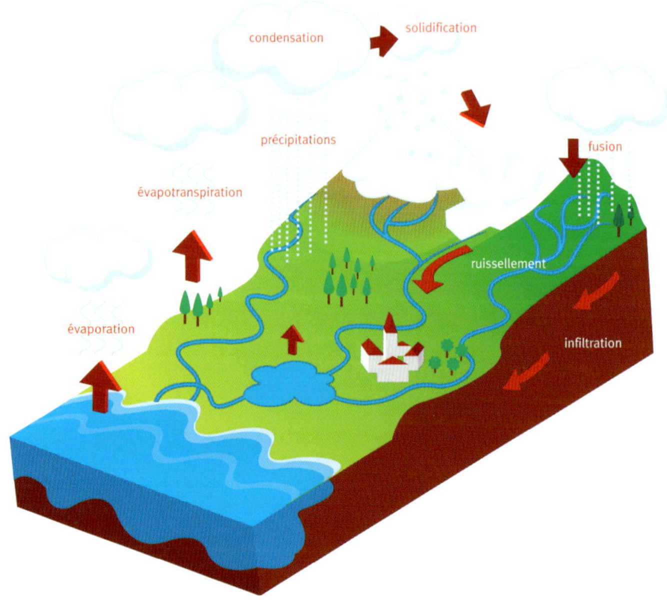

- Pour simplifier, on explique à l'école que le circuit de l'eau est fermé et permanent sur notre planète, mais le cycle de l'eau est en réalité plus complexe. Depuis ses quatre milliards d'années, la Terre a perdu un quart de son eau : H_2O, la molécule d'eau est trop lourde pour s'échapper dans l'espace, mais elle peut se décomposer par transformation chimique, et l'hydrogène libéré peut quant à lui se volatiliser dans l'espace.

& Trucs astuces

Expérience mettant en évidence la solidification

- Remplir une tasse ou un saladier de mélange réfrigérant. Placer de l'eau liquide dans un sachet ou dans un tube à essai. Le volume ne doit pas être trop important et en relation avec le volume de mélange réfrigérant.
- L'eau à solidifier doit être enveloppée de mélange réfrigérant. Utiliser une cuillère pour plaquer le mélange contre les parois du tube ou du sachet.

ATTENTION de ne pas polluer l'eau à solidifier avec du mélange réfrigérant.

Au bout de deux à trois minutes, on assiste à la transformation de l'eau en glace.

Le mélange réfrigérant

Au préalable, placer une bouteille d'eau au congélateur pendant 24 heures.

Attention de ne pas l'avoir remplie totalement car la glace occupe un volume plus important que l'eau liquide. La bouteille risque alors d'éclater.

Le jour de l'expérience

- Concasser la glace de la bouteille gelée à l'aide d'un marteau. Les morceaux de glace doivent avoir la taille de glace pilée. Les bouteilles en PET restent assez compactes, cela permet de vraiment réduire la glace en petits morceaux en évitant d'en avoir partout.
- Réaliser un mélange avec deux tiers de glace et un tiers de sel, mélanger et conserver au froid (réfrigérateur ou glacière).

Expérience de la pluie

- Au préalable, fabriquer des glaçons et les placer dans une glacière.
- Mettre deux récipients en verre transparent l'un sur l'autre. Le récipient du dessus bouche totalement l'orifice de celui du dessous.
- Remplir le récipient du dessous avec de l'eau bouillante. Le recouvrir avec le second récipient et y placer les glaçons. La vapeur d'eau se condense rapidement sur la paroi froide du récipient couvert de glaçons. Les minigouttelettes ainsi condensées se rassemblent pour former une grosse goutte, qui va tomber par gravité.

CE2

LE VOYAGE SANS FIN D'UNE GOUTTE D'EAU

Mettre en évidence les différents changements d'états de l'eau pour comprendre le cycle de l'eau dans la nature

Séance 1	Séance 2	Séance 3	Séance 4	Séance 5	Séance 6
Observer et commencer à classer différentes formes de l'eau dans la nature	Expliciter la réversibilité du passage de l'état liquide à l'état solide	Mettre en évidence l'évaporation et la condensation à l'aide d'expériences	Comprendre le cycle de l'eau et la conservation de la matière	Comprendre le cycle de l'eau dans la nature	Évaluation
50 min Classe organisée en ilots	55 min Classe organisée en ilots	55 min Demi-classe organisée en ilots	55 min Pas d'organisation particulière	55 min Classe organisée en ilots	30 min Pas d'organisation particulière

CLASSE ORGANISÉE EN ILOTS
50 minutes

Matériel

★ Pour l'enseignant :
- le kamishibaï inducteur

Goutte d'eau
Katalin Tasi et Krisztina Maros
© Callicéphale • 2016 • 32 €
- 1 vidéoprojecteur relié à 1 ordinateur
- photographies *Les formes de l'eau*

★ Par groupe :
- 18 cartes D *Les formes de l'eau*
- pâte à fixer
- 1 feuille A3

★ Par élève :
- son cahier d'exploration du monde

SÉANCE 1 OBSERVER ET COMMENCER À CLASSER DIFFÉRENTES FORMES DE L'EAU DANS LA NATURE — CE2

Phase 1 SITUATION INDUCTRICE
Oral collectif • 10 min

- Lire le kamishibaï *Goutte d'eau*. À l'issue de la lecture, les élèves verbalisent ce qu'ils ont retenu.
- L'enseignant expose l'enjeu de ce chapitre par une question : ***Une seule et même petite goutte peut-elle réellement effectuer tout ce voyage ?***

Phase 2 REPRÉSENTATIONS INITIALES
Oral collectif • 10 min

- L'enseignant projette les photographies *Les formes de l'eau*.
- Il pose la question suivante : ***Est-ce de l'eau ? Est-ce qu'une goutte d'eau pourrait se retrouver sous cette forme ?***
- L'ensemble de la classe donne son avis en argumentant.
- Les photos laissées sans réponse sont gardées pour la fin du chapitre.
- À l'issue de la projection, les élèves ont nommé les différentes formes de l'eau.
- Pour certaines (pluie, rivière, cascade, mer, glacier, neige, iceberg...), les élèves mentionnent parfois l'état liquide ou solide. Pour d'autres photos, ils ne savent pas ou se trompent

+ L'état gazeux est complexe et il y a beaucoup d'erreurs transmises par les adultes à ce sujet. Ne pas tenter d'apporter des réponses d'emblée : il sera mis en évidence dans les séances suivantes à l'aide d'expérimentations.

Phase 3 HYPOTHÈSES
Groupes de 5 à 8 élèves • 20 min

- L'enseignant distribue les cartes D *Les formes de l'eau*. Il demande à chaque groupe de les classer selon leur état : ÉTAT SOLIDE, ÉTAT LIQUIDE ou JE NE SAIS PAS.
- Les groupes d'élèves réalisent leur classement en fixant les cartes à l'aide de pâte à fixer. L'enseignant les incite à exposer dans un groupe JE NE SAIS PAS les photos qui leur posent problème.

- Chaque groupe expose son classement sans chercher à corriger quoi que ce soit. Ces classements correspondent à une hypothèse. L'enseignant précise qu'il sera certainement modifié au fur et à mesure des séances et qu'à la fin du chapitre les photos JE NE SAIS PAS auront trouvé leur colonne.

+ Si l'état gazeux n'a jamais été évoqué par les élèves, ne pas le mentionner à ce stade.

Phase 4 TRACE ÉCRITE
Travail individuel • 10 min

- Les élèves notent dans leur cahier d'exploration du monde une phrase sur les différentes formes de l'eau existant dans la nature.

Dans la nature, on trouve de l'eau dans la mer, la cascade, la rivière, la neige, la grêle, la glace des icebergs, le glacier...

CLASSE ORGANISÉE EN ILOTS
55 minutes

Matériel

★ Pour l'enseignant :
- mélange réfrigérant (*Trucs & astuces* page 161)

★ Pour la classe :
- idéalement 1 bol de neige, sinon de la glace pilée en poudre (*Trucs & astuces* page 161)
- 1 balance de cuisine

★ Par groupe :
- 1 tasse
- 1 seringue
- 1 tube à essai ou autre tube en verre (penser aux tubes de paillettes ou de perles)

★ Par élève :
- son cahier d'exploration du monde

SÉANCE 2 EXPLICITER LA RÉVERSIBILITÉ DU PASSAGE DE L'ÉTAT LIQUIDE À L'ÉTAT SOLIDE — CE2

Phase 1 SITUATION INDUCTRICE PRÉALABLE
Oral collectif • 5 min à prévoir juste avant la récréation

- Idéalement, les élèves vont dans la cour récupérer de la neige dans un bol.
- Si les conditions météorologiques ne s'y prêtent pas, l'enseignant peut présenter un bol de glace pilée en poudre qui ressemble à de la neige (***Trucs & astuces*** **page 161**).
- Un élève pèse l'ensemble bol + neige avec une balance.
- Le bol est laissé au chaud le temps de la récréation, de la pause méridienne, d'une séance d'EPS...
- ***Qu'allons-nous observer au retour de la récréation ?***

+ LES ÉLÈVES RÉPONDRONT SANS PROBLÈME QUE LA NEIGE SE TRANSFORME EN EAU LIQUIDE. EN PLUS DE CETTE TRANSFORMATION, LA PESÉE VA LEUR MONTRER QUE LE POIDS N'A PAS CHANGÉ. INDICE DE CONSERVATION DE LA MATIÈRE : LA NEIGE N'A PAS DISPARU, ELLE S'EST TRANSFORMÉE EN EAU.

Phase 2 OBSERVATION ET QUESTIONNEMENT
Oral collectif • 10 min

- De retour en classe, les élèves constatent sans surprise que la neige a fondu. Le volume occupé par l'eau est plus petit que celui occupé auparavant par la neige.
- ***D'où vient cette eau ?*** *Elle vient de la neige fondue. La neige s'est transformée en eau parce qu'il fait chaud.*
- ***Nous allons à nouveau peser ce bol rempli maintenant d'eau. À votre avis, est-il plus lourd, plus léger ou de même poids que lorsqu'il était rempli de neige ?***
- Chaque élève donne son avis, puis un élève vient procéder à la pesée : le bol rempli d'eau a le même poids qu'au départ.
- Après discussion, la classe en conclut que toute l'eau liquide était sous forme de neige, il n'y en a ni plus ni moins.
- L'enseignant nomme le phénomène : ***On appelle FUSION la transformation de l'eau de l'état solide à l'état liquide.***

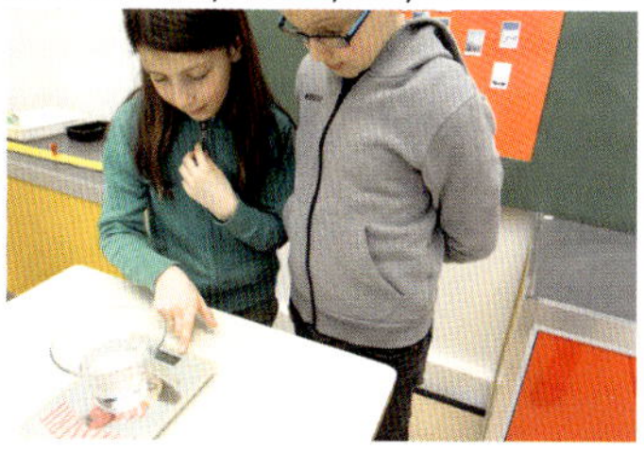

Phase 3 RÉVERSIBILITÉ DU CHANGEMENT D'ÉTAT SOLIDE LIQUIDE
Groupes de 5 à 7 élèves • 20 min

- ***En quoi peut se transformer cette eau ?***
- Les élèves mentionneront probablement la glace.
- L'enseignant reprend le procédé du mélange réfrigérant (**Trucs & astuces page 161**) et donne les consignes :
  - ***Remplissez la tasse du mélange réfrigérant.***
  - ***Récupérez 1 ml de l'eau du bol avec la seringue et remplissez le tube à essai.***
  - ***Placez le tube à essai au milieu du mélange réfrigérant. Le fond du tube doit être au fond de la tasse.***
  - ***Faites attention à ne pas mettre du mélange réfrigérant à l'intérieur du tube.***
  - ***Attendez deux à trois minutes et observez l'intérieur du tube.***

- Chaque groupe réalise l'expérience. L'enseignant circule de groupe en groupe.
- Les élèves observent cette fois le passage de l'état liquide à l'état solide.
- À l'issue de l'expérience, l'enseignant nomme cet autre phénomène : ***On appelle SOLIDIFICATION la transformation de l'eau liquide à l'état solide.***
- Ces nouveaux termes et leurs définitions sont écrits au tableau.
- *La fusion est la transformation de l'eau à l'état solide en eau liquide.*
- *La solidification est la transformation de l'eau liquide à l'état solide.*

Phase 4 **CONCLUSION**
Oral collectif et travail individuel • 20 min

- L'enseignant demande à ses élèves de faire un schéma pour chaque expérience en plaçant sous les flèches des schémas, les termes solidification et fusion.
- Chaque élève recopie également les définitions des termes fusion et solidification.

DIFFÉRENCIATION Faire verbaliser à certains élèves ce qui doit être représenté sur les schémas. Leur expliquer comment schématiser à l'aide d'un dessin avant la transformation, d'une flèche pour indiquer la transformation et d'un second dessin pour représenter ce qui est obtenu.
Écrire au tableau certains mots-clés : effet de la chaleur, effet du froid glacé, neige, eau fondue, glace, tube.

- À la fin de la séance, l'enseignant verse un peu de l'eau restante du bol dans un verre pour une hauteur de 1 centimètre ; ce verre est posé sur un radiateur et personne ne doit le toucher.

+ LAISSER L'EAU S'ÉVAPORER PRENDRA A PRIORI TROIS JOURS SUR UN RADIATEUR. L'OBSERVATION DU VERRE VIDE SERVIRA DE SITUATION INDUCTRICE À LA SÉANCE 3.

DEMI-CLASSE ORGANISÉE EN ILOTS
55 minutes

Matériel

★ Pour l'enseignant :
- 1 vidéoprojecteur relié à 1 ordinateur
- les vidéos ***Ébullition de l'eau d'une casserole***, ***Ébullition de l'eau d'une casserole avec annotations***, ***Évaporation totale de l'eau***

★ Pour la classe :
- 2 saladiers transparents de même taille
- 1 douzaine de glaçons
- 1 bouilloire d'eau bouillante

★ Par élève :
- 1 feuille
- 1 crayon à papier

VIDÉOS
Ébullition de l'eau d'une casserole
Ébullition de l'eau d'une casserole avec annotations
Évaporation totale de l'eau

SÉANCE 3 METTRE EN ÉVIDENCE L'ÉVAPORATION ET LA CONDENSATION À L'AIDE D'EXPÉRIENCES — CE2

Phase 1 **SITUATION INDUCTRICE**
Oral collectif • 5 min

- ***Le verre rempli d'eau est vide !***
- L'enseignant fait rappeler rapidement d'où provenait cette eau : *D'abord c'était de la neige, la neige a fondu, elle s'est transformée en eau, on a placé de cette eau sur le radiateur et maintenant l'eau a disparu.*
- ***Qu'est devenue l'eau du verre ?***
- Les élèves tentent de répondre en émettant des hypothèses.
- L'enseignant leur demande s'ils connaissent d'autres situations où l'eau semble disparaitre. Il les incite à faire appel à des situations déjà vécues : *les flaques d'eau de la cour, les cheveux mouillés qui sèchent au soleil ou encore plus vite avec un sèche-cheveux, le linge mouillé qui sèche au soleil, ou dans le sèche-linge, la casserole d'eau bouillante qui se vide si on la laisse trop longtemps à chauffer.*

Phase 2 **OBSERVATION D'UNE CASSEROLE D'EAU MISE À BOUILLIR**
Oral collectif • 10 min

- L'enseignant évoque la situation d'une casserole d'eau bouillante. Il demande à ses élèves de décrire ce qui se passe. Les élèves mentionneront peut-être la fumée ou la vapeur qui se dégage, le bruit des bulles, le bouillonnement…

+ CETTE SITUATION ÉVIDENTE POUR L'ADULTE N'A PEUT-ÊTRE JAMAIS ÉTÉ OBSERVÉE PAR UN ENFANT. AVEC LEUR TAILLE ILS NE VOIENT PAS CE QUI SE PASSE À L'INTÉRIEUR DE LA CASSEROLE ET C'EST UN DANGER DOMESTIQUE AUQUEL ILS NE DEVRAIENT PAS AVOIR ACCÈS.

- L'enseignant leur propose de voir des vidéos qui vont leur permettre d'observer ce qui se passe lorsqu'on chauffe de l'eau. Il projette d'abord la vidéo ***Ébullition de l'eau d'une casserole***.
- Les élèves visionnent le film en entier puis verbalisent dans l'ordre ce qu'ils ont observé :
  - *le thermomètre grimpe à toute vitesse,*
  - *à un moment on voit de petites bulles,*
  - *les bulles deviennent de plus en plus grosses,*
  - *il y a quelque chose qui monte de la casserole.*
- L'enseignant demande de préciser : ***Où sont apparues les premières bulles ? À quelle température apparaissent-elles ? À quelle température voit-on les grosses bulles ?***

Phase 3 **ANALYSE DU CHANGEMENT D'ÉTAT**
Oral collectif • 10 min

- Ces détails ont probablement échappé aux élèves. L'enseignant leur projette la vidéo ***Ébullition de l'eau d'une casserole avec annotations*** sur laquelle figurent des images arrêtées pour répondre à ces questions.
- Aux premières bulles, les élèves observent que ces bulles sont en bas de la casserole :
  - ***Qu'y a-t-il dans ces bulles ?*** *De l'air.*
  - ***Mais l'air n'a pas pu entrer dans l'eau ! Il y a bien un gaz dans la bulle, mais ce n'est pas de l'air !***
- Le film reprend et les bulles sont de plus en plus grosses et nombreuses. À 100°c (ou 101, 102°c selon la pureté de l'eau) le thermomètre stagne et *le nuage* monte.
  - ***D'où vient cette sorte de fumée ?*** *De l'eau, on dirait même qu'elle sort des bulles !*
- La vidéo ***Évaporation totale de l'eau*** montre une casserole moins remplie dont toute l'eau va s'évaporer : ***Où est passée l'eau ?***

▶ Après les explications des élèves, l'enseignant explicite clairement le phénomène :
L'eau liquide s'est transformée en gaz. Ce gaz s'appelle LA VAPEUR D'EAU. Il est invisible comme l'air, on peut le deviner dans les bulles. La fumée que vous apercevez au-dessus de la casserole n'est plus de la vapeur d'eau, c'est comme un petit NUAGE de gouttes minuscules qui montent.

+ Cette phase de condensation sera expliquée plus tard.

Phase 4 **DÉMONSTRATION DE LA VAPEUR D'EAU COMME ÉTANT UN GAZ**
Oral collectif • 5 min

▶ L'enseignant réalise une expérience devant la classe pour mettre en évidence la fabrication d'un gaz à l'ébullition. Il recouvre le plus hermétiquement possible une bouilloire remplie d'eau avec un sachet en plastique. Il fait chauffer la bouilloire : à l'ébullition, le sachet se gonfle.

▶ ***Pourquoi le sachet se gonfle-t-il dans l'expérience ?*** *Parce que l'eau s'est transformée en vapeur d'eau, c'est un gaz qui sort de la bouilloire et gonfle le sachet comme si on le gonflait d'air.*

Phase 5 **EXPÉRIENCE DE LA PLUIE**
Demi-classe en rotation (expérience encadrée puis autonomie) • 25 min

+ La demi-classe observe l'expérience. L'autre demi-classe représente les différentes expériences de cette séance à l'aide de schémas annotés.

▶ L'enseignant compare la vapeur d'eau qui se dégage pour se retrouver sous forme de fumée à un petit nuage.

▶ ***Qu'y a-t-il à l'intérieur d'un nuage et que devient un nuage ?***

▶ L'enseignant propose une nouvelle expérience pour répondre à cette question : il verse de l'eau bouillante dans un saladier transparent puis recouvre ce saladier par un autre saladier tapissé de glaçons.

▶ Les élèves observent la condensation de la vapeur d'eau sur la paroi glacée. Des gouttes se forment et retombent dans l'eau : *il pleut !*

▶ ***Que s'est-il passé ?***

▶ Les élèves réfléchissent et finissent par trouver que l'eau s'est d'abord transformée en vapeur d'eau qui est montée jusqu'au deuxième saladier glacé. Contre la paroi froide la vapeur d'eau s'est retransformée en goutte d'eau.

▶ L'enseignant permute les demi-classes. La demi-classe qui vient de vivre les expériences réalise ensuite les différents schémas sur une feuille. L'enseignant a écrit le titre des trois expériences à représenter au tableau :
- la casserole d'eau bouillante,
- la bouilloire recouverte d'un sachet,
- l'expérience de la pluie.

PAS D'ORGANISATION PARTICULIÈRE
55 minutes

Matériel

★ Par élève:
- son cahier d'exploration du monde
- les schémas réalisés lors de la séance 3
- 1 document *Dessin d'une casserole d'eau* (document élève page 172 et ☁)

SÉANCE 4 COMPRENDRE LE CYCLE DE L'EAU ET LA CONSERVATION DE LA MATIÈRE — CE2

Phase 1 CORRECTION DES DIFFÉRENTS SCHÉMAS ANNOTÉS DE LA SÉANCE 3
Oral collectif • 15 min

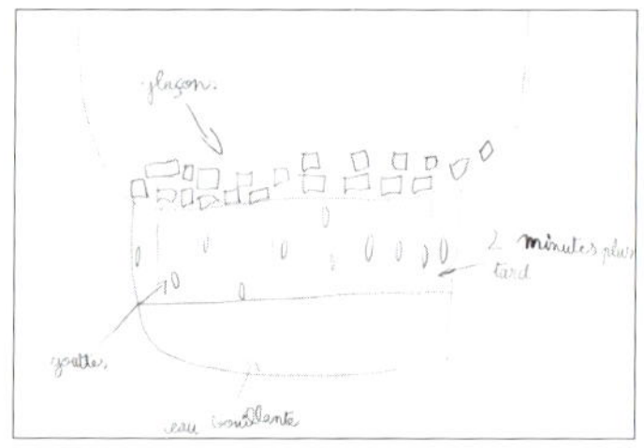

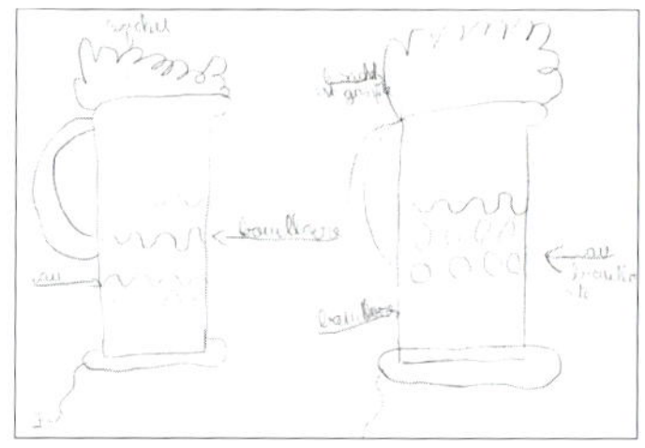

- Pour chaque expérience, un élève vient au tableau dessiner son schéma et placer ses annotations: le reste de la classe conteste, valide, complète. L'enseignant veille à ce que tout soit explicite: l'état de l'eau au départ, l'action de la chaleur, l'action du froid glacé de la paroi du bocal de pluie et les conséquences qui en découlent.
- Les élèves complètent leurs schémas ou le recommencent si nécessaire.

Phase 2 CONCLUSION DES EXPÉRIENCES
Oral collectif • 10 min

- ***Que nous ont permis de découvrir toutes ces expériences?***
- À l'oral, les élèves récapitulent:
  - *L'eau liquide ne disparait pas, elle se transforme en gaz invisible: la vapeur d'eau.*
  - *La vapeur d'eau s'échappe dans l'air, on ne la voit plus.*
  - *On peut la visualiser à l'intérieur des bulles d'eau bouillante et dans le sachet gonflé de la bouilloire.*
  - *La vapeur d'eau peut se retransformer en gouttes d'eau si elle est refroidie.*
- L'enseignant nomme ces changements d'état:
Lorsque l'eau se transforme en vapeur d'eau, on parle d'ÉVAPORATION.
Lorsque la vapeur d'eau se retransforme en eau liquide, on parle de CONDENSATION.

+ DANS LE CYCLE DE LA MATIÈRE, LES TERMES GÉNÉRAUX SCIENTIFIQUES SONT VAPORISATION ET LIQUÉFACTION. LES TERMES D'ÉVAPORATION ET CONDENSATION SONT PLUS SPÉCIFIQUES À L'EAU. NOUS LES PRÉFÉRONS CAR ILS AURONT PLUS DE SENS DANS LE LANGAGE COURANT, NOTAMMENT POUR ÉTABLIR LE CYCLE DE L'EAU DANS LA NATURE.

Phase 3 SCHÉMATISATION DU CYCLE COMPLET DE L'EAU
Binômes et oral collectif • 20 min

- L'enseignant écrit au tableau les trois états de l'eau: ÉTAT SOLIDE (glace), ÉTAT LIQUIDE (goutte d'eau), ÉTAT GAZEUX (vapeur d'eau).
- ***Quelles sont les transformations qui permettent à l'eau de changer d'état?***
- Les élèves se mettent en binôme pour répondre à la question sous forme de schéma puis l'ensemble de la classe élabore ce cycle au tableau. Les élèves font appel aux conclusions des différentes séquences pour mentionner l'évaporation, la condensation, la solidification et la fusion, et venir tracer des flèches pour les représenter sur le schéma.
- Ils recopient ensuite le cycle complet des changements d'états de l'eau dans leur cahier d'exploration du monde.
- Ils copient également:
L'eau ne disparait jamais, elle se transforme. La neige, la glace fondent et deviennent liquides, l'eau liquide s'évapore en vapeur d'eau sous l'action de la chaleur, la vapeur d'eau redevient une goutte d'eau si elle est refroidie.

+ SELON LES CAPACITÉS DE VOS ÉLÈVES, VOUS POUVEZ RAJOUTER QUE L'ÉVAPORATION SE FAIT SOUS L'EFFET DE LA CHALEUR MAIS ÉGALEMENT SOUS L'EFFET DU VENT.

Phase 4 REPÉRAGE DE LA VAPEUR D'EAU DANS UNE CASSEROLE D'EAU BOUILLANTE
Oral collectif / Travail individuel • 10 min

- L'enseignant projette la photo de la casserole d'eau bouillante et distribue à ses élèves le document *Dessin d'une casserole d'eau* **(document élève page 172 et ☁)**. Il leur demande de préciser où il y a de la vapeur d'eau.
- Réponse attendue: *dans les bulles de la casserole.* Autre réponse probable mais incorrecte: *dans la fumée au-dessus de la casserole.*
- Rappelez-vous: ***La vapeur d'eau est comme l'air, elle est toujours invisible. Cette fumée on la voit, ce n'est donc plus de la vapeur d'eau.***
- L'enseignant devra probablement transmettre un savoir à ce niveau: ***Ce que tout le monde prend pour de la vapeur d'eau est en réalité un nuage de minuscules gouttes d'eau qui monte. La vapeur d'eau s'évapore de la casserole, puis se refroidit en eau liquide comme dans l'expérience de la pluie. Mais ici les gouttes sont tellement petites qu'on les prend pour du gaz. C'est en fait un NUAGE.***
- Les élèves sont en mesure d'annoter leur document.

CLASSE ORGANISÉE EN ILOTS
55 minutes

Matériel

★ Pour l'enseignant :
- le poster A1 *Le cycle de l'eau*

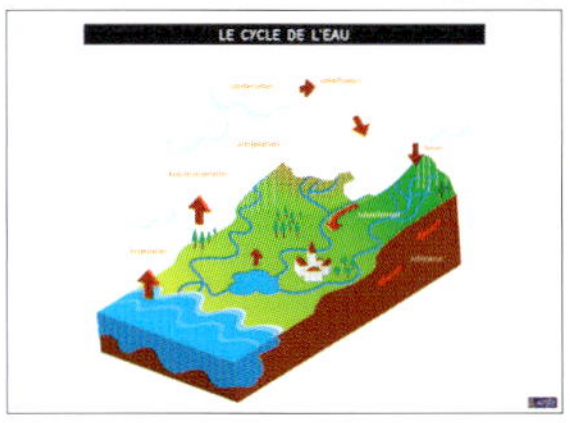

★ Par groupe :
- son classement de la séance 1 avec les cartes D *Les formes de l'eau*
- pâte à fixer

★ Par élève :
- 1 document *Le cycle de l'eau* (document élève page 172 et)

SÉANCE 5 COMPRENDRE LE CYCLE DE L'EAU DANS LA NATURE CE2

Phase 1 REPRISE DU CLASSEMENT INITIAL
Groupes de 5 à 7 élèves • 10 min

- L'enseignant invite ses élèves à reprendre le classement établi lors de la séance 1.
- Les élèves se remettent en groupe et modifient le classement. La colonne JE NE SAIS PAS est remplacée par ÉTAT GAZEUX. Toutes les photos peuvent maintenant être placées dans la bonne colonne.
- L'enseignant circule de groupe en groupe et intervient en les interrogeant : ***Vous avez mis le brouillard dans ÉTAT GAZEUX. Comment s'appelle l'eau à l'état gazeux ? Peut-on la voir ?***

Phase 2 CORRECTION DU CLASSEMENT
Oral collectif • 15 min

- Un groupe vient exposer son classement. Les autres groupes valident et contestent en argumentant. En cas de désaccord, l'ensemble de la classe réfléchit pour déterminer la place des photos qui posent problème. Le classement final est validé par la classe.
- La colonne ÉTAT SOLIDE est la plus facile à remplir : elle comporte l'iceberg, la neige, le flocon, le glacier, la grêle, le givre.
- La colonne ÉTAT GAZEUX ne compte qu'une étiquette : la vapeur d'eau.
- La colonne ÉTAT LIQUIDE comprend des photos simples comme la mer, la goutte de rosée et d'autres moins évidentes. Pour la comprendre définitivement, l'enseignant la fait traiter en trois parties : grande masse d'eau (rivière, mer, fleuve, cascade, ruisseau), goutte visible (pluie, rosée) et microgouttes (buée, nuage, brume, brouillard).
- L'enseignant photocopie les classements des élèves pour qu'ils en aient une trace écrite.

Phase 3 DÉCOUVERTE DU POSTER
Oral collectif • 15 min

- L'enseignant affiche le poster A1 *Le cycle de l'eau* . Les élèves lisent les formes de l'eau inscrites et mentionnent pour chacune l'état de l'eau correspondant en s'aidant du classement effectué.
- L'enseignant rappelle l'enjeu énoncé en séance 1 : ***Une seule et même goutte d'eau peut-elle faire ce voyage dans la nature ?***
- En répondant, les élèves nomment les passages d'une forme à l'autre et l'argumentent en citant le nom du changement d'état :
  - *La goutte d'eau de la mer se transforme en vapeur d'eau par évaporation.*
  - *La vapeur d'eau se transforme en nuage par condensation.*
  - *Les microgouttes du nuage se transforment en grêle ou en neige par solidification.*
- Les élèves constatent également que pour passer de la cascade au ruisseau, à la rivière puis à la mer, il suffit à la goutte d'eau de s'écouler.
- L'enseignant interroge tous les élèves pour que chacun puisse s'approprier le poster et fixer les connaissances récentes.

Phase 4 TRACE ÉCRITE INDIVIDUELLE
Travail individuel • 15 min

- L'enseignant distribue aux élèves le document *Le cycle de l'eau* **(document élève page 172 et).**
- ***Complétez ce cycle de l'eau avec les mots suivants placés au bon endroit : ÉVAPORATION, CONDENSATION, SOLIDIFICATION, FUSION.***

PAS D'ORGANISATION PARTICULIÈRE
30 minutes

Matériel

★ Pour l'enseignant :
- 1 vidéoprojecteur
- photographies *Les formes de l'eau*

★ Par élève :
- 1 document *Voyage d'une goutte d'eau* (évaluation page 173 et)

SÉANCE 6 NOMMER LES CHANGEMENTS D'ÉTATS DE L'EAU ET SAVOIR LES PLACER SUR LE CYCLE DE L'EAU CE2

Phase 1 ÉVALUATION
Travail individuel • 30 min

- Après lecture des consignes, l'enseignant projette une série de photos que les élèves classent dans un tableau puis ils complètent le reste du document *Voyage d'une goutte d'eau* **(évaluation page 173 et).**

+ SÉLECTIONNER AU PRÉALABLE LES HUIT PHOTOS DES FORMES DE L'EAU QUE VOUS SOUHAITEZ ÉVALUER.

PROLONGEMENT

- **Éducation au développement durable (EDD) et Éducation morale et citoyenne (EMC). L'eau dans notre vie :**
  - Étudier le cycle de l'eau domestique. Où va l'eau que nous utilisons ?
  - Économiser l'eau. Des gestes simples pour la planète.
- **Sciences. Étude de la biodiversité. L'eau milieu de vie :**
  - Découvrir un écosystème aquatique particulier : la faune et la flore de la mare.

PRÉNOM DATE

Changements d'état de la matière | REPÉRER DE LA VAPEUR D'EAU DANS UNE CASSEROLE D'EAU BOUILLANTE

DESSIN D'UNE CASSEROLE D'EAU

Complète ce dessin de la casserole d'eau qui bout.

PRÉNOM DATE

Changements d'état de la matière | PLACER LES CHANGEMENTS D'ÉTAT DE L'EAU SUR LE CYCLE DE L'EAU

LE CYCLE DE L'EAU

Complète ce cycle de l'eau avec les mots suivants placés au bon endroit :
ÉVAPORATION - CONDENSATION - SOLIDIFICATION - FUSION.

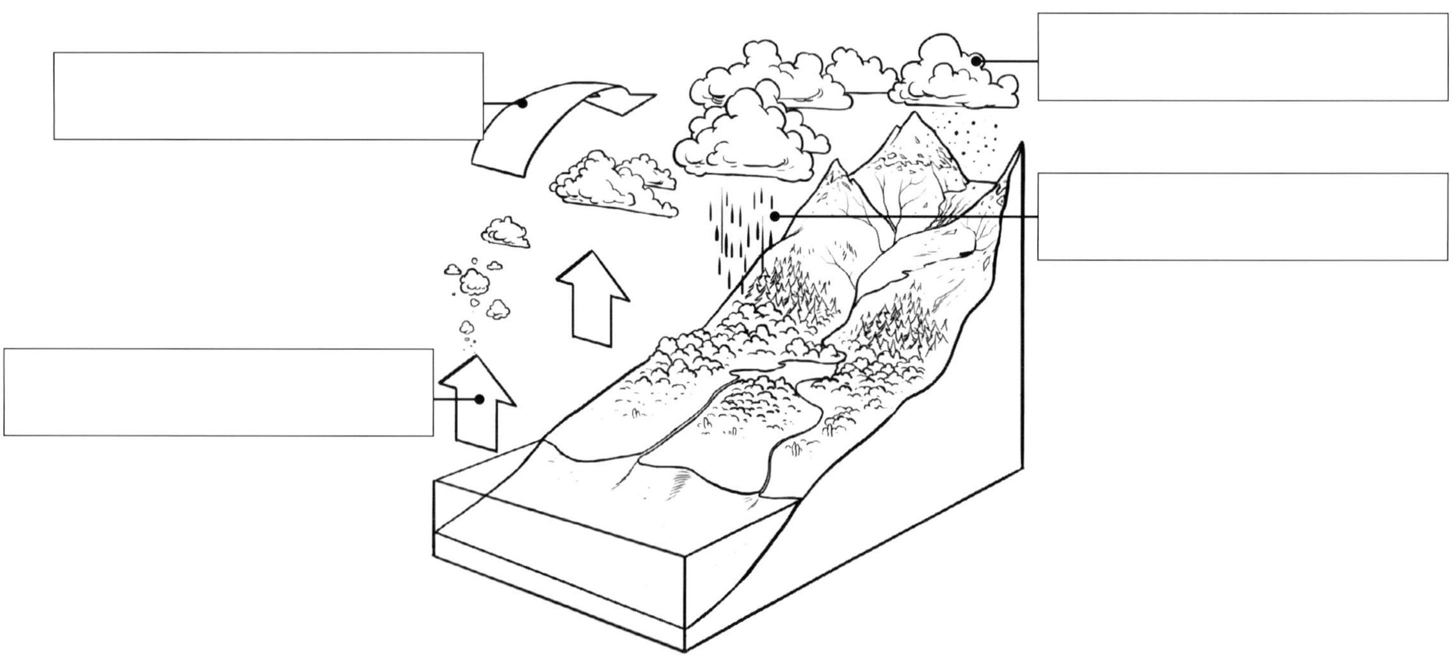

PRÉNOM DATE

Changements d'état de la matière

NOMMER LES CHANGEMENTS D'ÉTATS DE L'EAU ET SAVOIR LES PLACER SUR LE CYCLE DE L'EAU

VOYAGE D'UNE GOUTTE D'EAU

Classe les photos projetées dans une des trois colonnes en cochant la bonne case.

	Eau à l'état solide	Eau à l'état gazeux	Eau à l'état liquide
photo 1			
photo 2			
photo 3			
photo 4			
photo 5			
photo 6			
photo 7			
photo 8			

Complète les schémas des changements d'état de l'eau avec les mots suivants : ÉVAPORATION - FUSION - CONDENSATION - SOLIDIFICATION.

Eau liquide → .... → Eau solide

← .... ←

Eau liquide → .... → Eau à l'état gazeux (vapeur d'eau)

← .... ←

Complète ce dessin du cycle de l'eau en plaçant les mots suivants au bon endroit dans chaque case : ÉVAPORATION - CONDENSATION - SOLIDIFICATION - FUSION.
Ajoute au bout de chaque flèche : NUAGE - MER - PLUIE - RIVIÈRE - VAPEUR D'EAU - NEIGE.

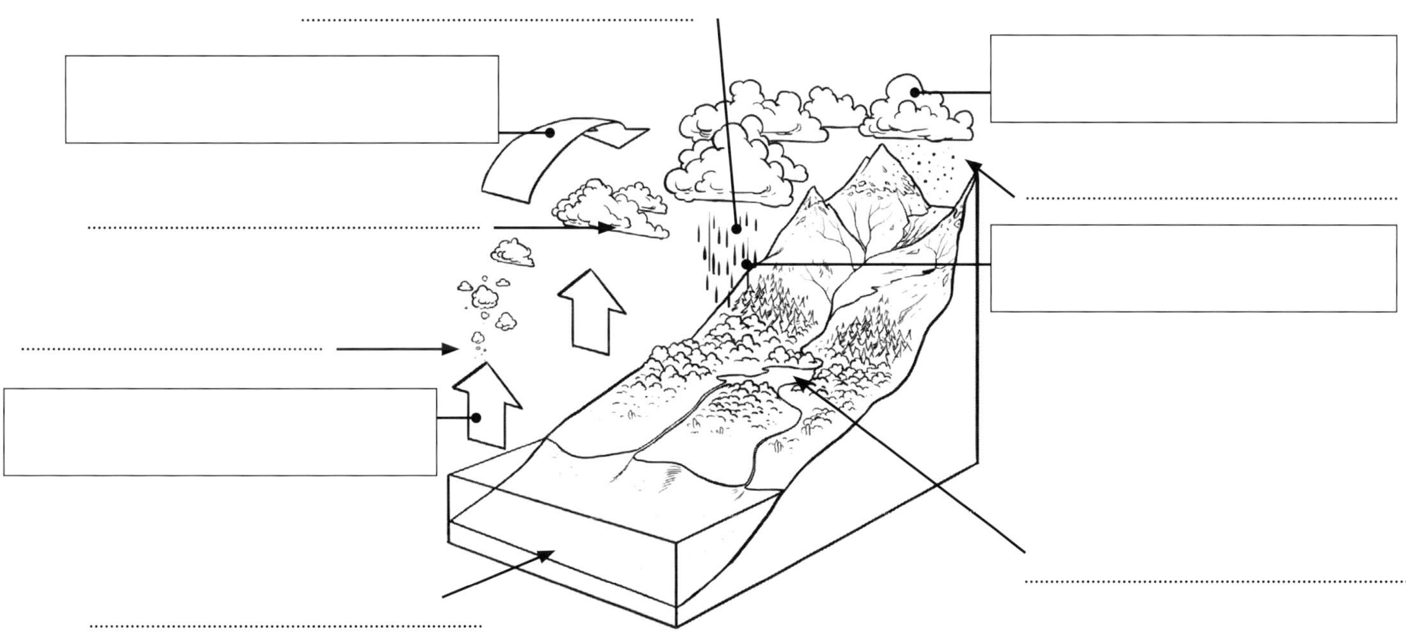

OUVRAGES AUTOUR **DE LA SOLIDIFICATION DE L'EAU**

CP CE1

Mes premières découvertes : L'eau
Pierre Marie Valat
© Gallimard Jeunesse • 2010 • 9 €
Un livre documentaire sur l'eau avec volets transparents.

CP CE1

Le loup et le renard
Léa Schneider et Thierry Chapeau
© ACCÈS Jeunesse • 2022 • 12 €
Goupil le renard propose à Ysengrin le loup de plonger sa queue dans l'eau glacée pour pêcher des poissons. La pêche sera-t-elle bonne ? Une version moderne du Roman de Renart pour parler des changements d'état de l'eau.

CE1

Petit-Glaçon, l'enfant esquimau
Geneviève Huriet et Pawel Pawlak
© Milan Jeunesse • 2008 • 5,50 €
Un roman qui se passe sur la banquise et qui traite de la différence.

CE1 CE2

Le petit lapin de Noël
Najda et Olga Lecaye
© L'école des loisirs • 1996 • 12,70 €
Un petit lapin tombe dans de l'eau glacée et se retrouve prisonnier d'un glaçon...

OUVRAGES ET VIDÉO AUTOUR **DU CYCLE DE L'EAU**

CP CE1 CE2

Mes p'tites questions sciences : L'eau
Cédric Faure
© Milan • 2017 • 8,90 €
Seize questions fondamentales sur les rôles de l'eau dans la nature.

CP CE1 CE2

Goutte d'eau
Katalin Tasi et Krisztina Maros
© Callicéphale • 2016 • 32 €
Dans ce kamishibaï, on suit de façon poétique le trajet d'une goutte d'eau à travers tous ses états.

CE1 CE2

Perlette goutte d'eau
Marie Colmont
© Flammarion • 1993 • 5,25 €
Perlette s'ennuie dans son nuage. Elle décide de se rendre sur terre et fait un long voyage.

CE1 CE2

À la découverte de l'eau !
Elisabeth de Lambilly et Rémi Saillard
© De La Martinière Jeunesse • 2013 • 10 €
Un documentaire centré sur les états de l'eau, le cycle de l'eau et son rôle pour l'homme.

CP CE1 CE2

Splash ! L'eau
Nuria et Empar Jiménez et Rosa M. Curto
© Mediaspaul • 2010 • 10 €
Un livre pour comprendre pourquoi il est important de préserver l'eau qui nous entoure.

CE1 CE2

D'où vient l'eau que je bois ?
Karine Harel et Didier Balicevic
© Tourbillon • 2020 • 12 €
Un ouvrage qui permet aux enfants de comprendre comment l'eau qu'ils boivent arrive jusqu'à leur robinet.

CE2

Je sais ce que je mange - L'eau
Sandrine Dumas Roy et Nicolas Gouny
© Ricochet • 2018 • 12,50 €
Un documentaire qui permet de suivre tout le trajet de l'eau, de la pluie au robinet, avec une dimension développement durable.

CE2

Paxi : Le cycle de l'eau
https://www.youtube.com/watch?v=Gq1Y3P8lacw
© European Space Agency, ESA • 2017
Une vidéo qui explique le cycle de l'eau dans la nature.

LES OBJETS DU QUOTIDIEN

Les notions abordées

- **L'objet technique**
- **La fonction des objets**
- **La diversité des métiers**

Notions pour l'enseignant

Ce chapitre interroge l'objet dans notre monde actuel. Pas tel ou tel type d'objet comme dans les chapitres suivants mais ce qu'est un objet, d'où il vient et quels sont les métiers qui y sont associés.

Qu'est-ce qu'un objet technique ?

- Il est classique d'opposer objet naturel à objet fabriqué par l'homme. Mais si l'objet est considéré comme une réponse à un problème technique, le galet ramassé sur la plage pour faire office de cale-porte ou de presse-papiers est-il naturel ou technique ?
- Pour **Jean-Louis Martinand** et **Yves Deforges**, un objet technique peut être regardé selon plusieurs points de vue.

• Du point de vue de sa **STRUCTURE** et des éléments qui le constituent.

Un vélo est constitué d'un cadre, de deux roues, d'une selle, d'un guidon... Les matériaux utilisés sont principalement l'acier, la fibre de carbone et le caoutchouc.

• Du point de vue des **FONCTIONS** qu'il remplit.

Un vélo sert à déplacer une personne, éventuellement deux sur des trajets habituellement courts.

• Du point de vue des **PRINCIPES PHYSIQUES** qu'il utilise.

Lors de son utilisation, le vélo utilise le principe de l'équilibre, de la transmission d'un mouvement de rotation grâce au système pignons-chaine...

• Du point de vue de sa **FABRICATION** (l'objet est un « produit »).

Un vélo est fabriqué dans une usine de fabrication mécanique avec des sous-traitants pour les pneus et les parties électriques. 90% des cadres de vélo sont fabriqués en Asie.

• Du point de vue de sa **COMMERCIALISATION** (l'objet est une marchandise).

La plupart des ventes de vélos de loisirs se font dans des grandes surfaces de loisirs.

• Du point de vue de son **UTILISATION** et de son **HISTOIRE**.

Le vélo connait un regain d'intérêt dû aux politiques de plusieurs villes en faveur de l'environnement. L'histoire du vélo commence par la draisienne en 1817, les pédales arrivent en 1861, la transmission par chaine en 1880...

Les métiers liés aux objets

- En cycle 2, il n'est pas question de commencer une quelconque orientation mais uniquement de faire prendre consciences aux élèves de la diversité des métiers et de leur imbrication. Un footballeur ne serait rien si l'ouvrier pakistanais n'avait pas fabriqué un ballon de bonne qualité. Regarder les objets du point de vue des métiers qui permettent son existence et sa mise à disposition est un point de vue qui permettra d'élargir les horizons des élèves.

Le lien avec l'espace et le temps

- Le travail sur les objets abordés dans la séquence *Le petit musée des objets* peut être abordé en lien avec la partie du programme intitulée « repérer et situer quelques évènements dans des temps longs ».

Ce qui peut poser problème

Les recherches autour des objets et des métiers associés ne sont pas simples, peu de documentaires existent du niveau des élèves. Les sites s'adressent le plus souvent à des adolescents pour l'orientation. L'idée n'est pas de faire des recherches très approfondies mais de se rendre compte que dans le cycle de vie d'un objet, plusieurs corps de métiers interviennent.

& Trucs astuces

Fiche métier : Bijoutier

En quoi cela consiste ?

Les bagues, colliers, bracelets en or, en argent, en platine et les riches parures de princesses et de stars sont tous le fruit d'un bijoutier. Son travail consiste à créer, à transformer ou encore à réparer des bijoux faits en métaux précieux. Et dès qu'il travaille avec des pierres précieuses, il devient alors bijoutier-joaillier.

Il peut travailler à son compte comme artisan et ouvrir une bijouterie pour vendre ses créations. Il peut également travailler pour le compte d'une enseigne et être chargé de la conception, de la réalisation ou de la vente de leurs bijoux. Le bijoutier travaille toujours avec les traditionnels limes, creusets, chatonnières et poinçons, sauf qu'il est aujourd'hui appuyé par des méthodes ultramodernes utilisant ordinateurs et lasers.

Quel diplôme faut-il ?

Les techniques de base du métier de bijoutier s'obtiennent en décrochant un des nombreux CAP orientés bijouterie : CAP art et techniques de la bijouterie-joaillerie, CAP orfèvre (option monteur ou planeur ou tourneur repousseur ou polisseur arriveur), CAP lapidaire, options diamant option pierres de couleur, etc.

Et si l'on souhaite se mettre à son compte, il faudra en plus obtenir le Brevet des Métiers d'Art du Bijou et du Joyau (BMA du Bijou et du Joyau). Cela sera déjà suffisant mais il est également ... jusqu'au Diplôme des Métiers d'Art du Bijou et du Joyau.

Explorateur

« Explorateur » défini et expliqué aux enfants par les enfants.

J'aime 0 Tweeter G+1 0

Un explorateur, ou une exploratrice, est une personne qui voyage à travers le monde pour découvrir une terre, une mer et parfois un lieu inconnu. Il fait de l'exploration.

Ainsi Christophe Colomb, Magellan, Livingstone, Vasco de Gama étaient par exemple des explorateurs.

À son retour, l'explorateur doit expliquer l'état de ses voyages et des territoires découverts.

Christophe Colomb

Voir aussi

Où trouver des ressources sur les métiers ?

- Le site *Wikimini* a répertorié une liste de métiers, classés selon de grands domaines. Certains de ces métiers font l'objet d'une fiche décrivant le métier.
- Sur le *site.tv*, certaines vidéos de la collection Mes p'tits docs illustrés montrent différents métiers en situation : À l'hôpital, Construire une maison, Les transports…
- Pour comprendre les objets techniques, des ressources en ligne sont disponibles sur :
  www.educatout.com
  https://kidiscience.cafe-sciences.org

Fabriquer des jeux de cartes

Pour fabriquer le jeu de cartes de la séquence un objet = des métiers, il existe des cartes à jouer vierges qui peuvent être imprimées si votre imprimante accepte les petits formats ou manuscrites.

Elles se trouvent soit chez Opitec, référence 453412, 2,69 € les 36 cartes, soit sur des sites spécialisés dans les jeux de société tels que www.toutpourlejeu.com.

L'utilisation de cartes bristol est aussi possible.

L'impression sur feuilles bristol est possible dans la plupart des imprimantes.

Une exposition réussie

▸ Des petits détails qui feront qu'une exposition est réussie :

- Instaurer un code couleur par sujet. Tous les affichages du sujet seront sur des papiers de couleur identique. Cela permet de cerner visuellement les différentes parties de l'exposition.
- Imposer une charte graphique. Si les affiches sont rédigées en informatique, imposer police et taille pour les titres, sous-titres et textes. Si les affiches sont rédigées de façon manuscrite, imposer que les titres et sous-titres soient écrits en majuscules d'imprimerie, le reste en cursive.
- Inciter les élèves à ne pas surcharger leurs panneaux.
- Si vous ne disposez pas de panneaux d'exposition, augmenter les surfaces d'exposition verticales en positionnant de grands cartons de récupération sur des tables.

Un guide à destination d'enseignants québécois souhaitant monter une exposition sur le patrimoine fourmille d'idées intéressantes :
www.gov.mb.ca/chc/hrb/pdf/heritage%20guide.fr.pdf

CP

UNE MAISON = DES MÉTIERS
Mener des investigations documentaires

Séance 1
Connaitre les métiers du bâtiment
60 min
Classe organisée en ilots

Séance 2
Faire une recherche documentaire pour associer un métier à ses outils
60 min
Classe organisée en ilots

Séance 3
Réinvestir ses connaissances dans la fabrication d'un minilivre / évaluation
60 min
Pas d'organisation particulière

CLASSE ORGANISÉE EN ILOTS
60 minutes

Matériel

★ Pour l'enseignant :
- l'album

Construire une maison
Byron Barton
© L'école des loisirs
• 1993 • 11,20 €
- les cartes ❹ ***Métiers du bâtiment - outils***
- 6 posters A5 ***Construction d'une maison***

★ Par groupe :
- les 12 cartes ***Métiers du bâtiment en N&B***

SÉANCE 1 CONNAITRE LES MÉTIERS DU BÂTIMENT — CP

Phase 1 CLASSEMENT DES MÉTIERS DU BÂTIMENT
Oral collectif puis groupes de 4 à 5 élèves • 30 min

- Les élèves listent les métiers du bâtiment qu'ils connaissent. À chaque artisan nommé, l'enseignant montre la carte ❹ ***Métiers du bâtiment*** correspondante. Si des métiers ont été cités et qu'ils ne font pas partie de ceux illustrés, il en écrit le nom sur une des cartes vierges.
- Il interroge la classe sur le rôle de chaque métier dans la construction et introduit le terme ARTISAN.
- Chaque groupe reçoit les cartes ***métiers du bâtiment en N&B***.
- ***Classez tous ces métiers du bâtiment.***
- L'enseignant vérifie que la consigne est comprise en faisant verbaliser que classer c'est mettre ensemble des métiers qui ont un point commun.
- Les classements possibles sont chronologiques, dedans/dehors, ou plus anecdotiques : a besoin d'une échelle ou non…

- Chaque groupe propose son classement à l'ensemble de la classe. Si le classement chronologique a été proposé par un ou des groupes, les faire passer en dernier.

Phase 2 HYPOTHÈSES SUR LA CHRONOLOGIE DES INTERVENTIONS
Oral collectif • 10 min

- L'enseignant affiche au tableau les posters A5 ***Construction d'une maison***.
- Ensemble, les élèves positionnent sous chaque poster les cartes des corps de métiers qui travaillent à cette étape de la construction. Si la classe n'arrive pas à se mettre d'accord sur certains métiers, ceux-ci sont mis de côté.
- À chaque métier passé en revue, l'enseignant fait verbaliser l'action exacte effectuée lors de la construction.

Phase 3 VÉRIFICATION PAR LA LECTURE
Oral collectif • 20 min

- Selon la période et le niveau des élèves, l'enseignant lit ou fait lire l'album *Construire une maison*. À chaque fois qu'un métier est nommé, la classe vérifie que le métier a bien été positionné.
- À la fin de l'album, toutes les cartes ont été positionnées sous les étapes de la construction.

+ Le mot entrepreneur n'est pas connu des élèves, il n'est pas non plus dans la liste des métiers retenus. Leur expliquer qu'il s'agit d'un terme qui désigne le directeur d'une entreprise. Plusieurs entreprises vont travailler en même temps. Dans les petites entreprises, l'entrepreneur et l'artisan sont une seule et même personne.

CLASSE ORGANISÉE EN ILOTS
50 minutes

Matériel

★ Pour l'enseignant :
- 6 posters A5 ***Construction d'une maison***
- les cartes 4 ***Métiers du bâtiment - outils***

★ Pour la classe :
- une sélection d'albums documentaires (voir page 186)

★ Par groupe :
- 12 cartes ***métiers du bâtiment en N&B***
- 12 cartes ***Outils en N&B***
- des post-it d'une couleur

SÉANCE 2 FAIRE UNE RECHERCHE DOCUMENTAIRE POUR ASSOCIER UN MÉTIER À SES OUTILS — CP

Phase 1 RAPPEL DE LA SÉANCE PRÉCÉDENTE
Oral collectif • 5 min

- Les élèves reconstituent la frise chronologique de la construction d'une maison et des métiers associés avec les posters A5 ***Construction d'une maison*** et les cartes 4 ***Métiers du bâtiment***.
- L'enseignant leur demande alors d'associer chaque corps de métier à la carte indiquant les noms de ses outils.
- Il leur indique les ressources documentaires à leur disposition.

Phase 2 RECHERCHES POUR ASSOCIER MÉTIERS ET NOMS DES OUTILS
Groupes de 4 à 5 élèves • 30 min

- Chaque groupe émet des hypothèses à l'aide de ses cartes puis vérifie ses hypothèses à l'aide des albums mis à leur disposition. Les groupes positionnent des post-it de couleur sur les pages dans lesquelles ils ont trouvé des réponses.

+ Chaque groupe a une couleur de post-it différente.

Phase 3 CORRECTION COLLECTIVE
Oral collectif • 15 min

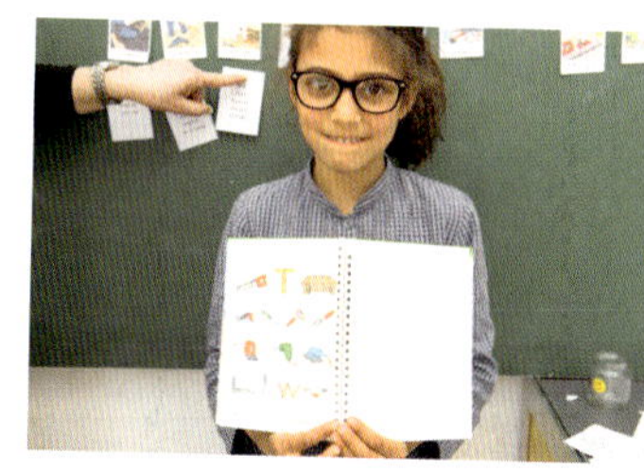

- Chaque groupe à tour de rôle présente une association et justifie son choix, soit en indiquant la fonction des outils et leur utilisation par l'artisan soit en montrant la page d'un des documentaires qu'il a marqué d'un post-it donnant la réponse.
- Si d'autres groupes ont trouvé des réponses dans d'autres albums, ils les montrent.
- L'enseignant complète la frise chronologique avec les boites à outils au fur et à mesure de la correction.

PAS D'ORGANISATION PARTICULIÈRE
60 minutes

Matériel

★ Pour l'enseignant :
- la frise chronologique constituée des 6 posters A5 ***Construction d'une maison*** et des cartes 4 ***Métiers du bâtiment -outils***
- 1 ***minilivre Une maison = des métiers*** terminé
- la fiche de construction 1 ***Le minilivre***

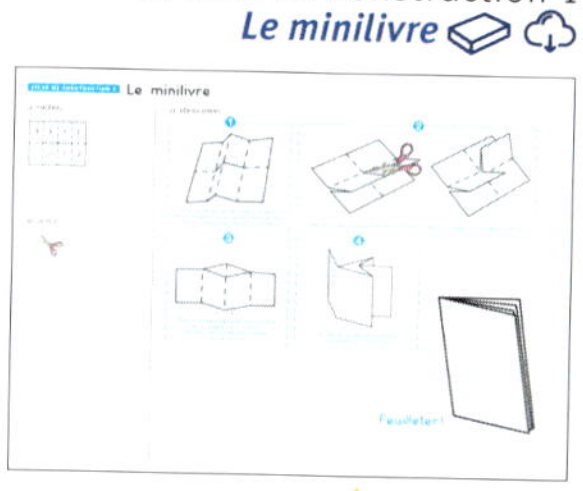

★ Par élève :
- 1 ***minilivre Une maison = des métiers*** photocopié en A3
- 1 planche de ***vignettes des métiers***
- 1 paire de ciseaux
- crayons de couleur

SÉANCE 3 RÉINVESTIR SES CONNAISSANCES PAR LA FABRICATION D'UN MINILIVRE — CP

Phase 1 FABRICATION DU MINILIVRE
Travail individuel • 15 min

- L'enseignant montre comment fabriquer un minilivre en faisant lire une à une les étapes de la fiche de construction 1 ***Le minilivre***.
- Les élèves fabriquent leur ***minilivre Une maison = des métiers***.
- ***Vous allez maintenant positionner sur chaque page les vignettes représentant les métiers qui interviennent lors de l'étape de construction illustrée sur cette page. Vous obtiendrez un minilivre tel que celui-ci.***
- L'enseignant questionne la classe sur les indices permettant de reconnaitre le métier illustré sur chaque vignette.
- Les élèves expliquent qu'on peut le reconnaitre en observant les outils que le personnage a en mains.

Phase 2 ASSOCIATION DES MÉTIERS À CHAQUE ÉTAPE DE CONSTRUCTION
Travail individuel • 45 min

+ Le minilivre peut servir d'évaluation.

- Chaque élève découpe les ***vignettes des métiers*** et les positionne sur le minilivre.
- Il écrit le nom du métier en dessous de chaque vignette et colorie son minilivre.

DIFFÉRENCIATION Il est possible d'utiliser les vignettes métiers avec l'indication du nom du métier. La frise chronologique n'est pas affichée au tableau mais les élèves peuvent venir la consulter sur une table en fond de classe.

PROLONGEMENT / TRANSVERSALITÉ

- Cette séquence peut être associée à des présentations de leur métier par les parents, grands-parents ou proches qui exerceraient dans le bâtiment.
- Une visite de chantier peut aussi être organisée avec l'utilisation de jumelles pour voir de loin les métiers à l'œuvre.
- Un niveau à bulle peut être fabriqué à l'issue de cette séquence à partir de la fiche de construction 7 ***Le niveau à bulle***.

OUVRAGES AUTOUR **DES MÉTIERS**

(CP)

Mes p'tits DOCS
Stéphanie Ledun © Milan • 7,90 €
Une collection décrivant les différents aspects d'un métier avec des textes déchiffrables par de jeunes lecteurs.

(CP)

Kididoc : Les métiers
Sylvie Baussier
© Nathan • 2015 • 12,95 €
Un documentaire animé avec des textes courts et simples déchiffrables par de jeunes lecteurs.

(CP) (CE1) (CE2)

Mes années pourquoi Les métiers
Émilie Gorostis
© Milan • 2019 • 12,50 €
Un documentaire pour découvrir la réalité concrète d'une centaine de métiers.

(CP) (CE1) (CE2)

Quand je serai grand… Mon petit livre des métiers
Juliette Einhorm et Sarah Andreacchio
© De la Martinière jeunesse • 2018 • 12 €
Un album mettant en situation plus de trente métiers.

(CP) (CE1) (CE2)

200 métiers autour de toi
Sophie Bordet et Nadine Mouchet
© Gallimard Jeunesse • 2016 • 14,95 €
À partir d'illustrations panoramiques de lieux, plus de 200 métiers sont listés avec leurs fonctions principales.

(CP) (CE1) (CE2)

Tatou & Patou Les Super Métiers
Aino Havukainen et Sami Toivonen
© Glénat • 2009 • 10 €
Traité sous forme de BD, le livre démarre par un tableau d'affichage de petites annonces dans une agence d'emploi.

OUVRAGES AUTOUR **DES OBJETS ET DE LEUR HISTOIRE**

(CP) (CE1) (CE2)

Dokéo Je comprends comment ça marche
Cécile Jugla © Nathan • 2014 • 14,90 €
À partir de questionnements sur les objets du quotidien, la fabrication ou le fonctionnement d'objets sont illustrées simplement avec des textes accessibles dès le CP.

(CE1) (CE2)

Tibois fait son musée
Ashild Kanstad Johnsen
© Rue du monde • 2010 • 15,50 €
Un petit personnage en forme de tronc d'arbre collectionne tout ce qu'il trouve dans ses balades en forêt. Il décide d'en faire une exposition.

(CE1) (CE2)

Mes p'tites questions : Les inventions
Pascale Hédelin © Milan • 2020 • 8,90 €
Les inventions de l'Homme en 16 questions.

LES MATÉRIAUX

Les notions abordées

- **Les caractéristiques des matériaux**
- **Le recyclage des matériaux**

Notions pour l'enseignant

Matières / matière première / matériau / matériel

Très souvent, ces quatre termes sont utilisés indifféremment alors qu'ils désignent des objets différents.

LA MATIÈRE compose les corps qui nous entourent.

LA MATIÈRE PREMIÈRE est une ressource trouvée à l'état brut dans la nature.

UN MATÉRIAU est issu de la transformation de la matière première ou de matières premières. Il est choisi en fonction de ses caractéristiques.

UN MATÉRIEL est le matériau utilisé pour la fabrication d'un objet technique.

Exemple :

Matière	Matière première	Matériau	Matériel
Silice	Sable	Verre	Une plaque de verre de 100 x 100 mm en 3 mm d'épaisseur
Cellulose	Bois	Papier	Une feuille A4 de papier cartonné

Classement des matériaux

Les matériaux sont classés selon la ou les matières qui le composent. Il existe quatre grandes catégories.

- **MATÉRIAUX MÉTALLIQUES** Ils sont composés de métaux ou d'alliages de métaux.
- **MATÉRIAUX ORGANIQUES** Ils sont composés de matières vivantes ou d'hydrocarbures.
- **MATÉRIAUX MINÉRAUX** Ce sont des roches, des céramiques ou des verres.

- **MATÉRIAUX COMPOSITES** Ce sont des assemblages de matériaux des trois catégories précédentes.

Matériaux métalliques	Matériaux organiques	Matériaux minéraux	Matériaux composites
Fer Aluminium Acier Cuivre Étain Bronze Fonte	Papier Coton Laine Cuir Matière plastique Caoutchouc	Porcelaine Pierre naturelle Plâtre Ciment Chaux	Béton armé Verre renforcé Kevlar

Caractéristiques des matériaux

LA MASSE VOLUMIQUE est la masse du matériau par unité de volume.
Exemple : l'aluminium a une masse volumique de 2,69 g/cm³.

LA DENSITÉ est le rapport entre la masse volumique du matériau et la masse volumique d'un corps de référence : l'eau pour les liquides et les solides, l'air pour les gaz.
Exemple : la densité de l'aluminium est de 2,69.

LA FLOTTABILITÉ dépend de la densité.
Si la densité d'un matériau est supérieure à 1, sa masse volumique est supérieure à celle de l'eau : le matériau coule dans l'eau. Si la densité est inférieure à 1, sa masse volumique est inférieure à celle de l'eau : le corps flotte dans l'eau. Si un corps a une densité égale à celle du liquide dans lequel il est plongé, il est en suspension dans ce liquide.

LES PROPRIÉTÉS ÉLECTRIQUES
Un matériau peut être conducteur ou isolant.

LES PROPRIÉTÉS MÉCANIQUES

- **Dureté** Capacité à résister à la pénétration d'un autre matériau. Le diamant est le matériau le plus dur. C'est pourquoi il sert à couper les autres matériaux.
- **Ductilité** Capacité à être étiré. L'or est très ductile, il peut être étiré jusqu'à obtenir des fils très fins.
- **Élasticité** Capacité à se déformer et à reprendre sa forme initiale. Le caoutchouc est élastique.
- **Fragilité** Un matériau fragile se casse plutôt que de se déformer. Le verre et la porcelaine sont fragiles.
- **Malléabilité** Capacité à être déformé sans se rompre. C'est parce qu'il est malléable que l'on peut aplatir l'aluminium jusqu'à en faire du papier d'aluminium.
- **Résilience** Capacité à absorber les chocs. Les casques de moto sont fabriqués dans des matériaux résilients.
- **Rigidité** Capacité à ne pas se déformer sous l'effet de contraintes diverses. Un tablier de pont doit être rigide pour résister au poids des véhicules qui y roulent.

LES PROPRIÉTÉS MAGNÉTIQUES
Capacité de certains matériaux à en attirer ou repousser d'autres.

LES PROPRIÉTÉS THERMIQUES
Capacité à transmettre ou non la chaleur.
Une casserole doit être dans un matériau conduisant bien la chaleur mais sa poignée doit au contraire ne pas conduire la chaleur.

LA RÉSISTANCE À LA CORROSION
Capacité à résister à l'action de certaines substances.
Les châssis des véhicules doivent résister à l'eau et au sel.

LES CAPACITÉS DE RECYCLAGE
Les matériaux peuvent se recycler s'il est possible de les réutiliser.

Ce qui peut poser problème

- Les problèmes sont essentiellement dus au vocabulaire. Un solide peut être dur et fragile, comme le verre par exemple. Le papier d'aluminium n'est pas du papier mais du métal.
- Les possibilités de déformer et d'utiliser les matériaux demandent des capacités motrices proportionnelles à leur malléabilité et à leur dureté. Il est beaucoup plus simple d'obtenir une forme voulue avec un matériau très malléable comme la pâte à modeler qu'avec du bois. Ce dernier ne peut être utilisé qu'avec des outils demandant une certaine force et un minimum de coordination, comme une scie par exemple.
- Il est donc judicieux de penser une progression dans l'introduction des matériaux utilisés comme éléments de fabrication du plus malléable au plus dur : pâte à modeler, pâte à sel, argile, papier, carton, bois, métal. Le tissu est un matériau difficile à découper et à percer en raison de sa souplesse.
- Lors de la séquence *La matériauthèque*, la conception de tests permettant de connaitre les caractéristiques des matériaux peut être difficile pour certains élèves. Les élèves peuvent avoir du mal à comprendre l'importance de la rigueur et de la répétitivité à l'identique de chacun des tests.

Trucs & astuces

Où trouver les matériaux ?

Où trouver de l'acier ?
En récupérant des boites de conserve, des canettes, des ustensiles de cuisine, des clefs, des pièces de monnaie... Attention certaines canettes sont en aluminium. Pour le vérifier, utiliser un aimant, l'aluminium n'étant pas attiré par les aimants.

Où trouver du bois ?
Parmi les jetons de jeux, les jeux de constructions, les cuillères en bois, en récupérant des cagettes pour légumes, des chutes de bois dans les grandes surfaces de bricolage, des boites de fromage, des bâtonnets de glace, également vendus pour les loisirs créatifs.

Où trouver du polystyrène extrudé ?
En récupérant les barquettes d'emballage alimentaire. Préférer celles des fruits plus faciles à nettoyer et dont les odeurs sont plus agréables. Il est aussi possible de les récupérer dans certaines cantines. Des assiettes et gobelets jetables dans ce matériau peuvent aussi être achetés. Ce matériau peut être acheté en plaque, marques les plus courantes : Dépron, Styrofoam, Polystyrol

⚠ Ne pas utiliser les cales existantes dans certains emballages d'objets, elles sont en polystyrène expansé constitué de billes agglomérées. Ces billes très volatiles peuvent être aspirées par les élèves et boucher leurs voies respiratoires. Ce matériau est interdit dans les écoles.

Où trouver de l'aluminium ?
En utilisant du papier d'aluminium, en récupérant des barquettes alimentaires, des canettes. Attention certaines sont en acier. Ces dernières sont reconnaissables au logo *aimant* qui indique que leur tri peut être fait à l'aide d'un aimant.

Où trouver du verre ?
En récupérant des pots de yaourt ou des petits pots pour bébé. En achetant des mosaïques au rayon loisirs et création.

Où trouver du plastique ?
En récupérant divers emballages. Pour les plastiques souples, penser aux intercalaires, pochettes ou chemises plastiques.

Où trouver du carton ?
Certains magasins les mettent à disposition de leurs clients.

VIDÉO **Trucs & astuces**
Fabriquer les formes pour faire du papier

Comment fabriquer les formes pour faire du papier ?

La forme est composée de deux éléments : le tamis et le cadre. Le plus simple est d'utiliser deux cadres en bois identiques. Pour celui qui deviendra le tamis, fixer à l'aide d'une agrafeuse un grillage plastique ou métallique ou un voilage nylon. Cette toile devra être tendue. Il est plus facile de faire cette opération à deux : l'un tend, l'autre agrafe. Celui qui deviendra le cadre, restera tel quel. La feuille aura la forme et la dimension de l'intérieur de ce cadre. Il est aussi possible de fabriquer ses formes à l'aide de tasseaux simples, d'équerres métalliques et d'une agrafeuse (voir vidéo dans les compléments numériques).

Reliure

Pour la reliure agrafée, il est aussi possible d'utiliser une agrafeuse long bras qui permettra de faire un cahier relié en son centre. Les agrafeuses long bras se trouvent dans toutes les papeteries ou les catalogues de fournitures de bureau.

Pour la reliure japonaise, si le perçage est effectué avec une perforatrice, le passage des fils pourra s'effectuer sans aiguilles. Il sera possible de rigidifier l'extrémité du fil soit en utilisant du vernis à ongles soit en l'entourant d'un bout d'adhésif.

Comment améliorer la pâte à papier ?

Le papier recyclé fabriqué dans la séance ressemble à du buvard. Pour écrire dessus, seuls les crayons ou les stylos à bille sont utilisables. Pour obtenir un papier sur lequel il est possible d'écrire avec n'importe quel outil, il faut encoller le papier.

Pour cela, deux méthodes simples :

- Une fois les feuilles faites et sèches, les encoller au pinceau à l'aide de colle vinylique blanche diluée (1 cuillère à café pour 750 ml d'eau), laisser sécher.
- Avant la fabrication des feuilles, ajouter de l'amidon ou de la colle vinylique dans la cuve de pâte à papier (une à deux cuillérées à café d'amidon ou de colle pour quatre litres d'eau).

Avec quel outil mixer la pâte à papier ?

Mixer et plongeur fonctionnent aussi bien. L'un comme l'autre vont s'encrasser à la longue avec l'encre des journaux. Si l'encre ne contient plus de plomb, il vaut quand même mieux éviter de le réutiliser pour mixer la soupe de bébé ! C'est pourquoi l'utilisation d'un outil dédié à cette utilisation est préférable.

Où se procurer des outils ?

Les outils doivent être adaptés à la taille et à la force des élèves.
Les scies idéales sont de petites scies à archet vendues sur des sites spécialisés comme Opitec ou Aduis.
Les marteaux se caractérisent par la masse de leur panne. Pour des élèves de cycle 2, choisir des marteaux dont la panne est de 100 ou 200 g.

⚠

Il est possible de demander des outils aux familles mais il faut vérifier qu'ils sont en bon état, en particulier que la panne est bien emmanchée.
Pour percer, une petite visseuse-dévisseuse avec un foret spécifique est largement suffisante et bien adaptée aux mains des enfants, en vente chez Ikéa ou Opitec (voir références page 280).

Phase 3 TESTS AVEC LES COUTEAUX À DENTS
Groupes de 4 à 6 élèves puis oral collectif • 15 min

- Pour utiliser cet outil, il faut au préalable protéger la table et fixer le matériau sur le plan de découpe.
- L'enseignant montre comment installer le plan de travail, en scotchant au double face ou en utilisant un serre-joint une protection de la table appelée plaque martyre. Cette plaque peut être soit une planche à découper de cuisine, soit une chute de bois. L'idéal est d'en installer deux par ilot.
- Chaque groupe installe ses plans de travail. L'enseignant indique que seuls les matériaux qui n'ont pu être découpés avec des ciseaux seront testés : le bois et le carton.
- Chacun fait le test sur des chutes.
- Le bilan collectif est effectué, les affiches renseignées. Seul le bois n'a pu être coupé.

Phase 4 SCIAGE
Groupes de 4 à 6 élèves puis oral collectif • 20 min

- L'enseignant fait une démonstration collective de l'opération de sciage : installation du bois à scier sur le plan de découpe, tenue de la scie, position du scieur et geste efficace pour scier.
- Chaque élève fait des essais sur des chutes de bois.
- Les élèves de l'ilot n'ayant pas de scie observent le scieur et corrigent éventuellement sa position et ses gestes.
- La dernière affiche est renseignée.

+ Si la classe ne possède pas suffisamment de scies pour que chaque ilot puisse travailler, un poste de sciage est installé en fond de salle. Cette phase est menée tout au long d'une journée avec le défilement de tous les élèves au poste de travail.

Phase 5 RÉALISATION DES FORMES DU MOBILE
Groupes de 4 à 6 élèves • 15 min

- Chaque groupe coupe les éléments du mobile puis les range dans sa boite.

DEMI-CLASSE ORGANISÉE EN ILOTS
45 minutes + 7 minutes par élève en fond de classe

Matériel

★ Pour l'enseignant :
- les 8 ***affiches des matériaux***
- le mobile
- 1 perceuse-visseuse équipée d'un foret
- 1 perforatrice
- 1 vrille
- 1 emporte-pièce avec une plaque martyre et un marteau
- 1 pince à barillet
- 1 aiguille de piquage
- 1 poinçon
- 1 sandwich de cartons
- de l'adhésif double face
- des chutes de matériaux
- la fiche de construction 8 ***Le mobile des matériaux***

SÉANCE 3 DÉCOUVRIR LES OUTILS DE PERÇAGE — CP

Phase 1 ÉNUMÉRATION DES OUTILS CONNUS SERVANT À PERCER
Oral collectif • 10 min

- Rappel du projet, des étapes déjà menées, des apprentissages et de l'étape de fabrication à mener.
- ***Quels outils servant à percer connaissez-vous ?*** *Une perceuse, l'outil pour faire des trous dans les feuilles, l'outil qui ressemble à la queue d'un cochon, les ciseaux.*
- Les désignations exactes des outils (perforatrice, vrille) sont inscrites au tableau en même temps qu'ils sont montrés à la classe.
- La paire de ciseaux est éliminée. Elle peut servir à découper un trou mais il faut d'abord soit faire un trou avec un autre outil pour engager les lames de ciseaux soit plier la feuille pour faire ce trou et donc abimer la feuille.
- Les outils non cités sont montrés et désignés : emporte-pièce, pince à barillet, aiguille de piquage, poinçon.

+ Si la modalité de la demi-classe n'est pas possible, la moitié de la classe n'assistant pas aux démonstrations peut s'occuper à l'aide de la fiche de construction 8 des étapes 1, 2 et 3, traçage et sciage du support, ainsi que de la découpe des ficelles des suspensions. La fiche de construction devra avoir été présentée à l'ensemble de la classe.
+ La pince à barillet ne sera pas testée car les mains des élèves de CP sont trop petites pour l'utiliser.

★ Par groupe :
- 1 perforatrice
- 1 vrille
- 1 aiguille de piquage
- 1 sandwich de cartons
- des chutes de matériaux

★ Pour les groupes en autonomie :
- 1 tasseau
- 1 scie
- 1 plaque martyre
- de l'adhésif double face
- 1 crayon
- 1 règle
- de la ficelle
- 1 fiche de construction 8 ***Le mobile des matériaux en N&B***

★ Par élève :
- 1 document ***Une opération : le traçage*** (document élève page 195 et)
- 1 document ***Une opération : la coupe***

Phase 2 DÉMONSTRATIONS ET ESSAIS DES PREMIERS OUTILS DE PERÇAGE
Demi-classe puis groupes de 4 à 6 élèves • 15 min

▶ L'enseignant fait la démonstration de l'utilisation de la perforatrice et des outils vrille, aiguille de piquage, poinçon. Les consignes de sécurité sont verbalisées. Pour le tissu, il faut positionner de l'adhésif à l'endroit que l'on veut trouer pour rigidifier le matériau et faciliter son perçage.

⚠ ***Attention, ce sont des outils. S'ils ne sont pas utilisés correctement, ils peuvent être dangereux. On ne s'en sert que pour percer, pas pour s'amuser. Ils doivent toujours être dirigés vers le matériau et pas vers les autres élèves.***

▶ Pour chacun des outils, pour s'assurer de la compréhension de la démonstration une seconde démonstration est faite par un élève.

▶ Chaque groupe va tester ces différents outils. Chaque élève doit tester tous les outils. Pour chaque matériau, un seul échantillon est utilisé sur lequel tous les outils sont testés.

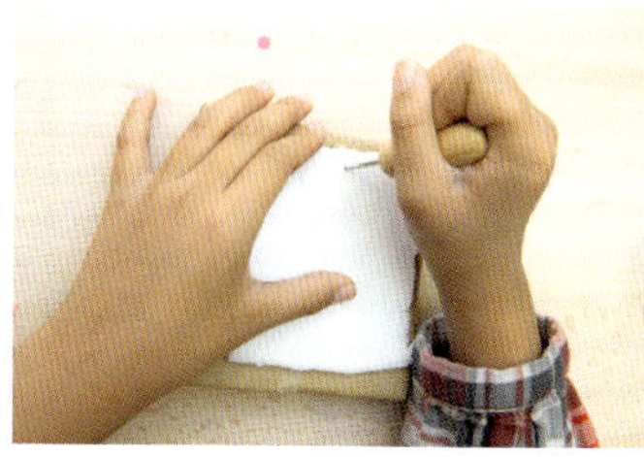

Phase 3 DÉMONSTRATIONS ET ESSAIS DE L'EMPORTE-PIÈCE
Demi-classe / Travail individuel • 10 min + 5 min par élève

▶ L'enseignant montre comment utiliser l'emporte-pièce puis un élève refait la démonstration devant la classe.

▶ Chaque élève passe au poste de travail pour essayer cet outil sur chacun de ses échantillons.

+ EN ATTENDANT LEUR TOUR, LES ÉLÈVES RENSEIGNENT LE DOCUMENT À L'AIDE DES AFFICHES INSTALLÉES AU TABLEAU.

Phase 4 DÉMONSTRATIONS ET ESSAIS DE LA PERCEUSE-VISSEUSE
Demi-classe • 2 min par élève

▶ Les élèves passent un par un pendant que les autres démarrent la phase suivante.

▶ L'enseignant montre comment utiliser la perceuse-visseuse en insistant sur les consignes de sécurité et sur le fait que le matériau à percer est à fixer sur le plan de travail. L'outil ne sera testé que sur le bois, seul matériau qui n'a pas encore pu être percé facilement. La vrille peut fonctionner mais c'est difficile.

▶ Chaque élève vient tester sur un échantillon.

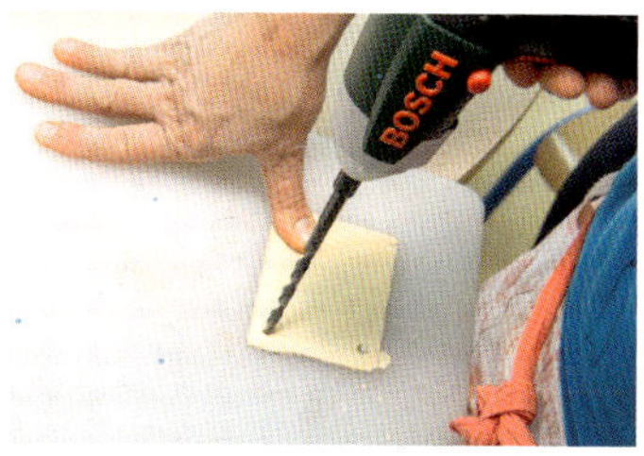

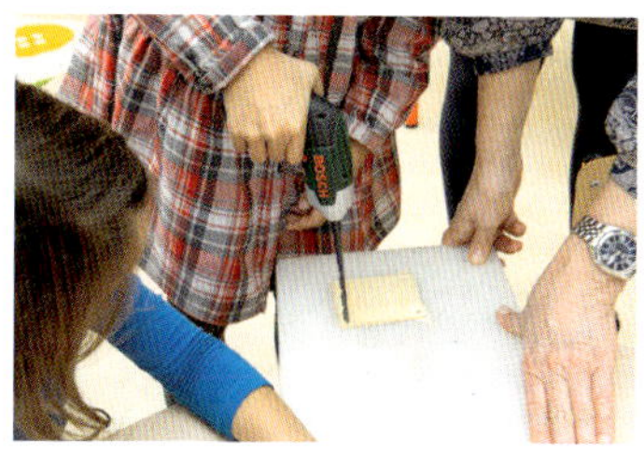

Phase 4bis DOCUMENT ÉLÈVE
Travail individuel • 10 min

▶ En attendant leur tour, les élèves renseignent les documents ***Une opération : le traçage*** **(document élève page 195 et**) et ***Une opération : la coupe*** à l'aide des ***affiches des matériaux*** installées au tableau.

DIFFÉRENCIATION Pour les élèves n'écrivant pas encore, utiliser les documents dans lesquels le nom des outils est inscrit sous l'illustration.

CLASSE ORGANISÉE EN ILOTS
50 minutes

Matériel

★ Pour l'enseignant :
- les 8 ***affiches des matériaux***

★ Pour la classe :
- 1 plan de travail perceuse
- 1 plan de travail EMPORTE-PIÈCE (emporte-pièce, plaque martyre et marteau)

★ Par groupe :
- 1 perforatrice

Si le support n'est pas encore réalisé :
- 1 tasseau
- 1 scie
- 1 plaque martyre
- de l'adhésif double face
- 1 crayon
- 1 règle
- de la ficelle
- 1 fiche de construction 8 ***Le mobile des matériaux***

★ Par élève :
- ses documents ***Une opération : le traçage / Une opération : la coupe / Une opération : le perçage*** (document élève page 195 et)

SÉANCE 4 ASSOCIER OUTILS DE PERÇAGE ET MATÉRIAUX — CP

Phase 1 STRUCTURATION DES CONNAISSANCES SUR LE PERÇAGE DES MATÉRIAUX
Oral collectif • 10 min

- Les résultats obtenus lors des séances de perçage en demi-classe sont comparés : perceuse, perforatrice, pince à barillet et emporte-pièce font des trous propres contrairement aux autres outils. Les ***affiches des matériaux*** sont complétées.
- Le choix des outils à utiliser pour chacune des suspensions du mobile est effectué.

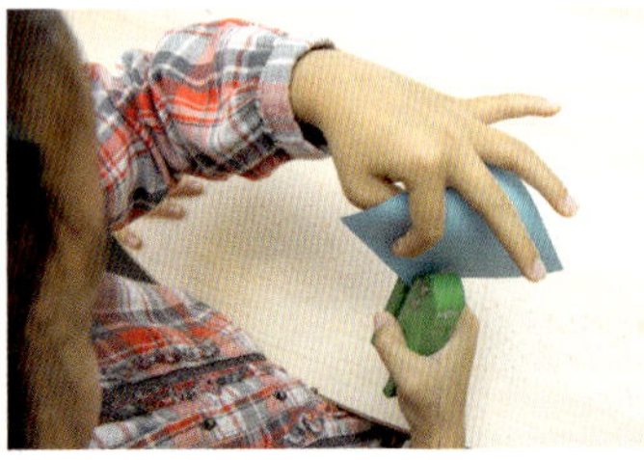

Phase 2 PERÇAGE DES ÉLÉMENTS DU MOBILE
Groupes de 4 à 6 élèves • 30 min

- Chaque groupe s'organise pour que chaque élève perce à l'aide de l'outil adapté une ou plusieurs formes.
- L'enseignant veille à ce que les élèves tiennent correctement les outils et que les règles de sécurité soient respectées.

⚠ Les postes de travail emporte-pièce et perceuse ne peuvent accueillir qu'un seul élève à la fois.

- Les groupes n'ayant pu réaliser leur support le font à la suite des opérations de perçage à l'aide de la fiche de construction 8 ***Le mobile des matériaux***.

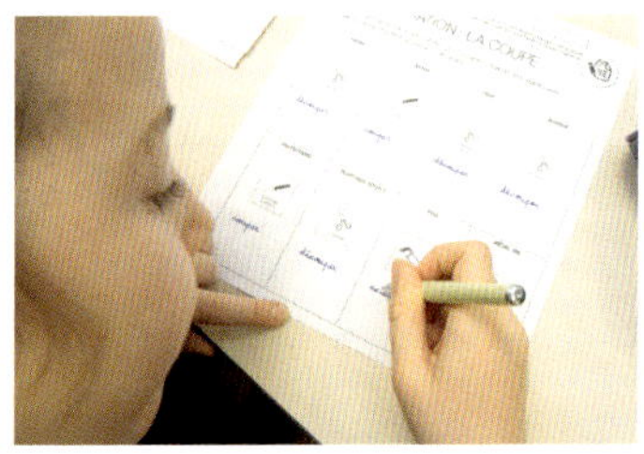

Phase 3 TRACE ÉCRITE INDIVIDUELLE
Travail individuel • 10 min

- Chaque élève termine de renseigner ses documents ***Une opération : le traçage / Une opération : la coupe / Une opération : le perçage*** **(document élève page 195 et).**

+ Cette phase est commencée par les élèves dès qu'ils ont terminé leur travail dans le groupe.

CLASSE ORGANISÉE EN ILOTS
30 minutes

Matériel

★ Pour la classe :
- des points de suspension prévus pour les mobiles
- la fiche de construction 8 ***Le mobile des matériaux***

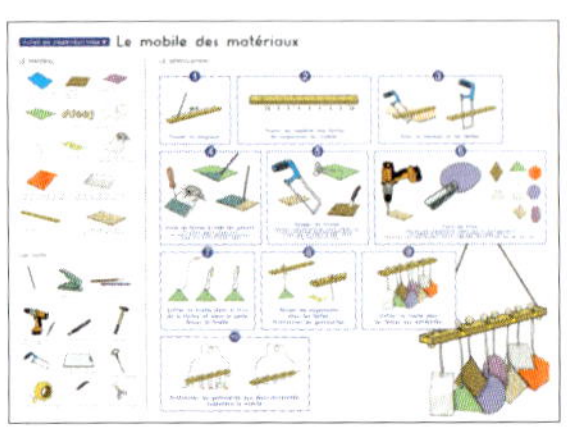

★ Par groupe :
- la boite de rangement du mobile
- 8 gommettes
- 10 perles
- de la ficelle

★ Par élève :
- les ***illustrations de la fiche de construction 8***
- 1 fiche de construction 8 ***Le mobile des matériaux*** incomplète

SÉANCE 5 RÉDIGER UNE FICHE DE CONSTRUCTION — CP

Phase 1 FINALISATION DU MOBILE
Groupes de 4 à 6 élèves • 15 min

+ Avant cette séance, l'enseignant a prévu la suspension de chacun des mobiles.

- Chaque groupe assemble son mobile et le fait suspendre par l'enseignant.

Phase 2 RÉDACTION DE LA FICHE DE CONSTRUCTION
Travail individuel • 15 min

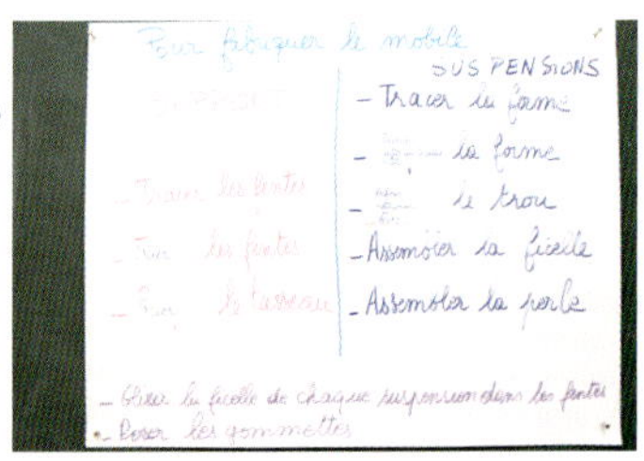

- Le premier travail d'anticipation de la fabrication fait lors du démontage du mobile est repris. Les termes génériques COUPER, FAIRE UN TROU sont remplacés par le vocabulaire technique associé aux outils utilisés.
- À l'aide des ***illustrations de la fiche de construction 8***, chaque élève recompose les parties manquantes de la fiche de construction.
- La fiche de construction 8 ***Le mobile des matériaux*** fait office de correction.

PROLONGEMENT / TRANSVERSALITÉ

- Éducation musicale :
Chaque matière et chaque objet produisent un son différent. Il est possible de monter un *orchestre d'objets*, de créer une pièce musicale, et d'aller jusqu'à la rédaction des partitions musicales de chaque instrument. Possibilité de donner des pistes d'écoute : Pierre Henry, *Variations pour une porte et un soupir...*
- Arts visuels : Réalisation d'un tableau du toucher.

PRÉNOM

DATE

Les matériaux | CONNAITRE LES OUTILS À UTILISER POUR LE TRAÇAGE EN FONCTION DU MATÉRIAU À TRANSFORMER

UNE OPÉRATION : LE TRAÇAGE

Colle sous chaque matériau l'illustration de l'outil à utiliser pour le traçage.
Écris son nom en dessous.

PAPIER	CARTON	TISSU	MOUSSE
POLYSTYRÈNE	**PLASTIQUE SOUPLE**	**BOIS**	**MÉTAL FIN**

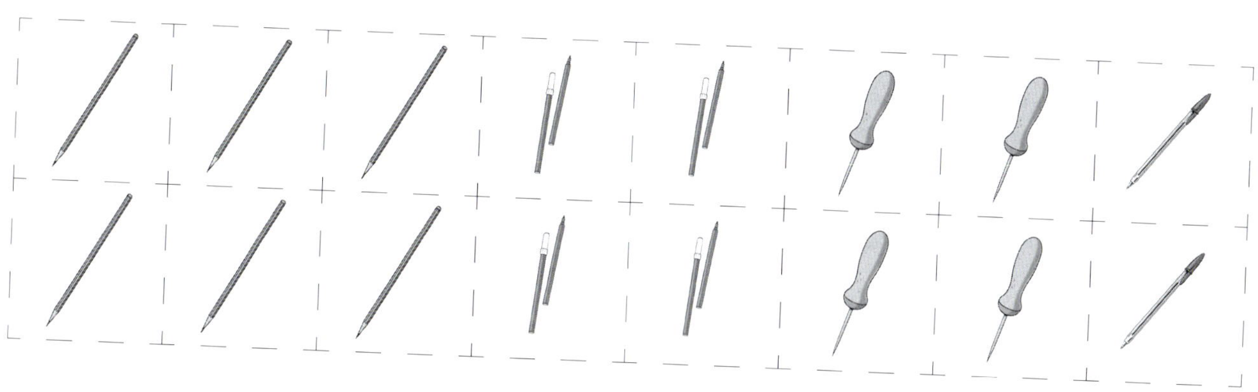

CLASSE

★ Pou
- 9 cartes *Matér*

- 4 carré
des matéria

- les 8 *Carte*

- le matériel d
élèves : aimant
pile, fils, pi
douille, lamp

Notre
(documen

PAS D

Les prop
(évaluat

CP CE1 CE2

LAISSER REVIVRE LES P'TITS PAPIERS

Fabriquer du papier recyclé

Séance 1
Savoir comment est recyclé le papier
35 min
Classe organisée en ilots

Séance 2
Fabriquer des feuilles de papier recyclé
65 min
Classe organisée en ilots

Séance 3
Connaitre les grandes étapes de l'histoire du papier
15 min ou 45 min si séance informatique
Pas d'organisation particulière

Séance 4
Fabriquer un carnet en papier recyclé
40 min
Pas d'organisation particulière

CLASSE ORGANISÉE EN ILOTS
35 minutes

Matériel

★ Pour l'enseignant :
- Pour les CP

Le grand voyage de Monsieur Papier
A. Delaunois, Bellebrute
© Les 400 Coups • 2013 • 9,50€

- Pour les CE1-CE2

Voyage au pays du recyclage
E. de Lambilly, R. Saillard
© De La Martinière Jeunesse • 2012 • 10€

- 1 feuille de papier journal
- 1 seau
- le poster A1 ***La fabrication du papier***
- la fiche de construction 9 ***Le papier recyclé***

★ Par groupe :
- au moins 4 feuilles de papier par élève du groupe
- 1 seau
- 1 accès à de l'eau
- 1 fiche de construction 9 ***Le papier recyclé***

SÉANCE 1 SAVOIR COMMENT EST RECYCLÉ LE PAPIER — CP • CE1 • CE2

Phase 1 **SITUATION DÉCLENCHANTE**
Oral collectif • 10 min

- Selon le niveau de sa classe, l'enseignant lit l'album *Le grand voyage de Monsieur Papier* ou *Voyage au pays du recyclage* !
- En interrogeant les élèves, il fait ressortir l'importance du recyclage pour l'environnement.
- Il propose de réaliser des petits carnets en papier recyclé.
- L'enseignant montre un petit carnet et affiche ou projette la fiche de construction 9 ***Le papier recyclé***.

+ L'enseignant devra avoir réalisé avant la séance au moins un petit carnet. D'autres idées d'utilisation de papier recyclé peuvent être trouvées dans le livre Dix ateliers pour fabriquer dix livres de Junko Nakamura et Odile Chambaut aux éditions Mémo.

Phase 2 **DÉCHIQUETAGE DU PAPIER**
Groupe de 4 à 6 élèves • 15 min

- Les élèves lisent la fiche de construction 9 ***Le papier recyclé***.
  Ils mettent en évidence le planning du projet prenant en compte les temps de macération et les temps de séchage des feuilles.
- En s'aidant du poster A1 ***La fabrication du papier***, l'enseignant montre comment déchirer le papier.
  Il explique que celui-ci a un sens qui a été créé lors de sa fabrication et que pour le déchirer facilement il faut le faire dans le sens du papier.
- Le problème du papier recyclé est sa couleur grise. En déchiquetant le papier journal, chaque groupe réfléchit et propose des solutions pour améliorer l'esthétique du papier obtenu.
- Chaque seau est rempli d'eau et laissé à macérer.

Phase 3 **RECUEIL DES PROPOSITIONS**
Oral collectif • 10 min

- Les diverses propositions sont listées au tableau et leur faisabilité est discutée.
- Après élimination des solutions irréalistes ou impossibles à mettre en œuvre, la classe choisit les solutions qu'elle souhaite. Il est possible de choisir autant de solutions différentes que de groupes.
- La liste du matériel nécessaire est rédigée au tableau.

+ Les solutions peuvent être de deux types.
• Avant la réalisation des feuilles avec des ajouts à la pâte : colorants, gouaches, ou éléments solides comme des fleurs, des paillettes ou des confettis.
• Après la réalisation des feuilles par une mise en couleur des feuilles à l'aide de techniques plastiques.
Les deux types de solution peuvent coexister.

LE | LES
CE1 CE2 LA | Mettr | quelc
Séance 1
Connaitre les caractéristiques de matériaux courants
70 min
Classe organisée en ilots
CLASSE
★ Pou
- 9 cartes *Matéri*
- échantillons papier de 80g, c coton, plastiqu polystyrène, alu
- 1 pot de yaourt en ve
La chaine du re

+ Pour q puissent êtr des test échantillons du point de d'où le ch 10 x 10 cm. Si choisissez l pots de cc éch des disques e où trouver indiq et
- 8 *ca*
- le *Mag*

CLASSE ORGANISÉE EN ILOTS
65 minutes

Matériel

★ Pour l'enseignant :
- la fiche de construction 9 ***Le papier recyclé***

★ Pour la classe :
- 1 mixer plongeur

★ Par groupe :
- le seau avec le papier en train de macérer
- 1 forme : 1 tamis et son cadre
- 1 éponge
- au moins 2 chiffons rectangulaires un peu plus grands que le tamis
- 2 bassines rectangulaires
- 2 planches pouvant aller dans une des 2 bassines
- les éléments à ajouter à la pâte selon la demande du groupe : gouache, colorant…

★ Par élève :
- le document ***Histoire du papier***
- le document ***Histoire du papier illustrée*** (document élève page 203 et)
- 1 paire de ciseaux
- 1 bâton de colle

VIDÉO **Trucs & astuces**
Fabriquer les formes pour faire du papier

SÉANCE 2 FABRIQUER DES FEUILLES DE PAPIER RECYCLÉ — CP • CE1 • CE2

Phase 1 RÉALISATION DE LA PÂTE À PAPIER
Groupes de 4 à 6 élèves • 20 min

▸ Après un rappel collectif des opérations à effectuer pour obtenir la pâte à papier à l'aide de la fiche de construction ***Le papier recyclé***, chaque groupe prépare son plan de travail pendant que l'enseignant passe de groupe en groupe pour le mixage de la pâte.

Phase 2 FABRICATION DES FEUILLES
Groupes de 4 à 6 élèves • 45 min

▸ Une fois que toutes les pâtes sont mixées, chaque groupe améliore sa pâte selon le choix effectué lors de la séance précédente.
▸ L'enseignant montre comment fabriquer une feuille et désigne un élève qui fait une seconde feuille.
▸ Chaque élève réalise au moins deux feuilles dans son groupe.
▸ L'opération de pressage est effectuée de préférence dans la cour. Un élève monte sur la planche recouvrant les feuilles. Deux élèves le maintiennent pour éviter qu'il glisse car les feuilles gorgées d'eau peuvent être glissantes.
▸ Si cette opération ne peut être effectuée dans la cour, il faut l'effectuer dans une bassine pour que l'eau s'y écoule.

+ L'ÉTENDAGE DES FEUILLES DOIT ÊTRE PRÉVU ASSEZ TÔT, LES CHIFFONS DISPOSÉS L'UN CONTRE L'AUTRE POUR ÉCONOMISER LA PLACE.

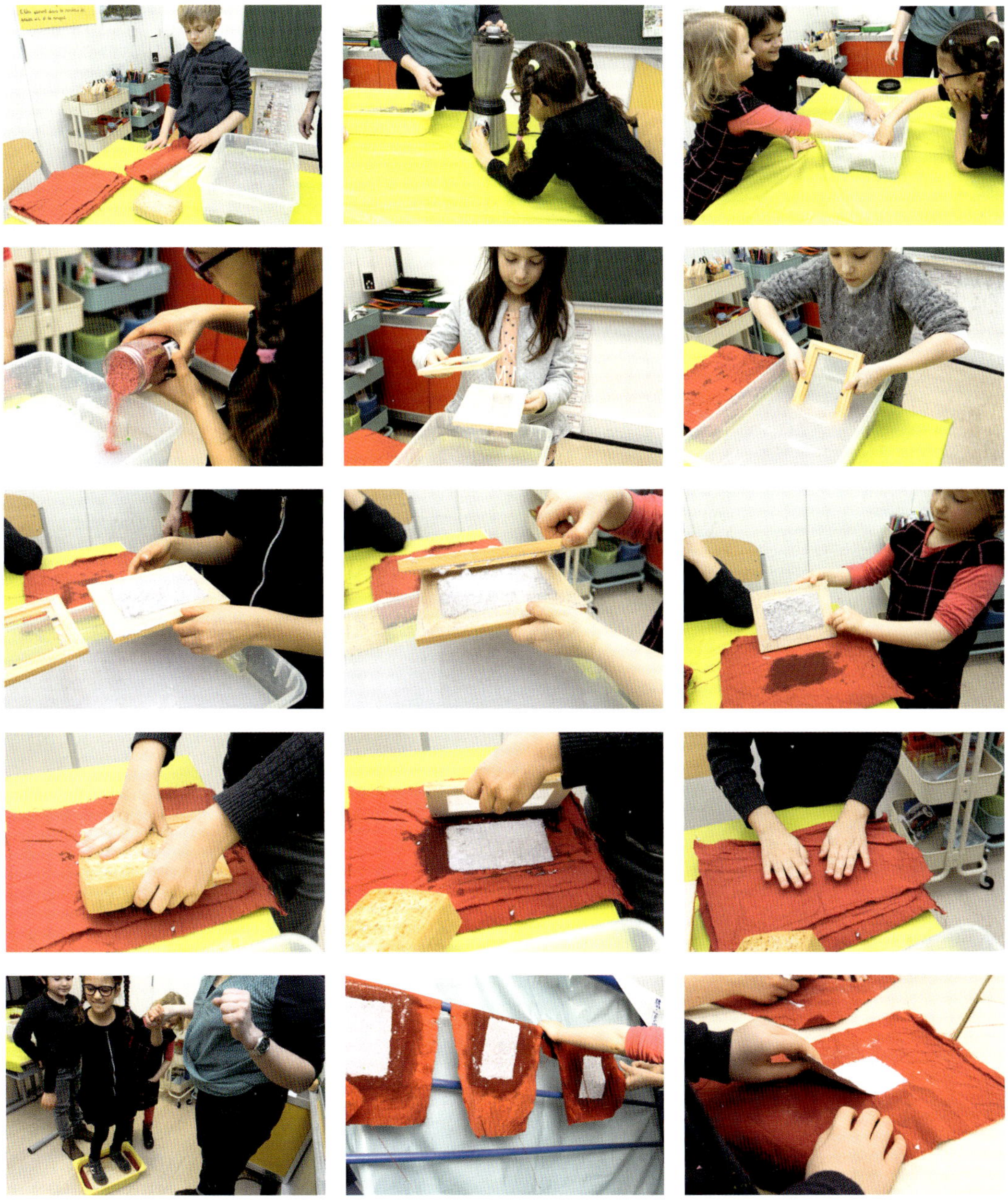

Phase 2bis HISTOIRE DU PAPIER
Travail individuel • 30 min

+ Cette phase est effectuée en autonomie, soit si le matériel nécessaire au travail de tous les groupes simultanément n'est pas possible, soit pour gérer les différences de rapidité des différents groupes.

- Après la lecture du document ***Histoire du papier***, chaque élève renseigne le document élève ***Histoire du papier illustrée*** **(document élève page 203 et**).

DIFFÉRENCIATION Pour les CP, donner uniquement le document avec les illustrations et les dates.

PAS D'ORGANISATION PARTICULIÈRE
15 minutes ou 45 minutes si séance informatique

Matériel

★ Pour l'enseignant :
- vignettes agrandies de ***L'Histoire du papier illustrée***

★ Par élève :
- le document ***Histoire du papier***
- le document ***Histoire du papier illustrée***
- 1 paire de ciseaux
- 1 bâton de colle

SÉANCE 3 CONNAITRE LES GRANDES ÉTAPES DE L'HISTOIRE DU PAPIER — CP • CE1 • CE2

Phase 1 CORRECTION DU DOCUMENT *HISTOIRE DU PAPIER ILLUSTRÉE*
Oral collectif • 15 min ou 45 min si séance informatique

- À l'aide des vignettes agrandies, la frise chronologique de l'histoire du papier est reconstituée au tableau.
- Chaque élève corrige son document ***Histoire du papier illustrée*** si nécessaire.
- L'enseignant pose des questions de compréhension permettant de faire le parallèle sur les supports d'écriture existant dans les différents pays à une même époque.
- Le futur des supports d'écriture et la quantité exponentielle des écrits peuvent être abordés. En salle informatique, il est possible de consulter le site l'aventure de l'écriture de la BNF, http://classes.bnf.fr/ecritures/index.htm.

PAS D'ORGANISATION PARTICULIÈRE
40 minutes

Matériel

★ Pour l'enseignant :
- Si reliure agrafée :
- la fiche de construction 10 ***La reliure agrafée***
- Si reliure japonaise :
- la fiche de construction 11 ***La reliure japonaise***

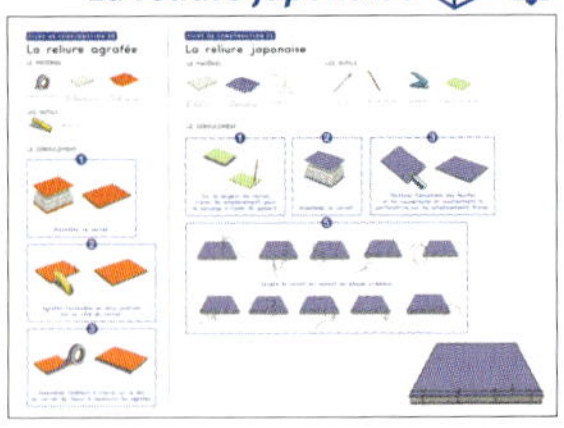

★ Par groupe :
- Si reliure agrafée :
- 1 agrafeuse
- 1 rouleau d'adhésif large de couleur
- Si reliure japonaise :
- 1 perforatrice

★ Par élève :
- ses feuilles
- 2 plats de feuilles cartonnées de dimensions légèrement supérieures aux feuilles
Si reliure japonaise :
- de la ficelle
- 1 gabarit de perçage

VIDÉO Trucs & astuces
Relier des petits carnets

SÉANCE 4 FABRIQUER UN CARNET EN PAPIER RECYCLÉ — CP • CE1 • CE2

Phase 1 RAPPEL DU PROJET
Oral collectif • 10 min

- L'enseignant interroge les élèves pour que la classe se remémore le projet et reverbalise les étapes déjà réalisées.
- Ils mettent en évidence le fait que chacun a les feuilles de son carnet et qu'il manque la couverture.
- L'enseignant interroge sur la fonction d'une couverture et sur les conséquences de cette fonction de protection sur les dimensions de la couverture (plus grandes que les feuilles) et son matériau (obligatoirement plus solide que les feuilles).
- Après l'énumération par les élèves des différentes techniques de reliure qu'ils ont déjà rencontrées, avec si possible exemple pris dans la bibliothèque de la classe, l'enseignant propose un choix de reliure. Les reliures les plus courantes sont : collée façon livre de poche, cousue façon livre broché, agrafée façon revue, à spirale façon répertoire, anneaux façon classeur et accordéon.

Phase 2 RELIURE DU CARNET
Travail individuel • 30 min

- L'enseignant montre comment réaliser la reliure choisie.
- La fiche de construction ***La reliure agrafée*** ou ***La reliure japonaise*** est affichée au tableau pour que les élèves puissent s'y référer.
- Les feuilles cartonnées pour les couvertures sont distribuées puis les reliures sont réalisées par les élèves.

PROLONGEMENT / TRANSVERSALITÉ

- Le carnet peut être utilisé pour un projet en Arts plastiques.

PRÉNOM

DATE

Les matériaux

CONNAITRE LES GRANDES DATES DE L'HISTOIRE DU PAPIER

HISTOIRE DU PAPIER ILLUSTRÉE

Découpe les différentes illustrations de l'histoire du papier et **colle-les** sur la frise chronologique.

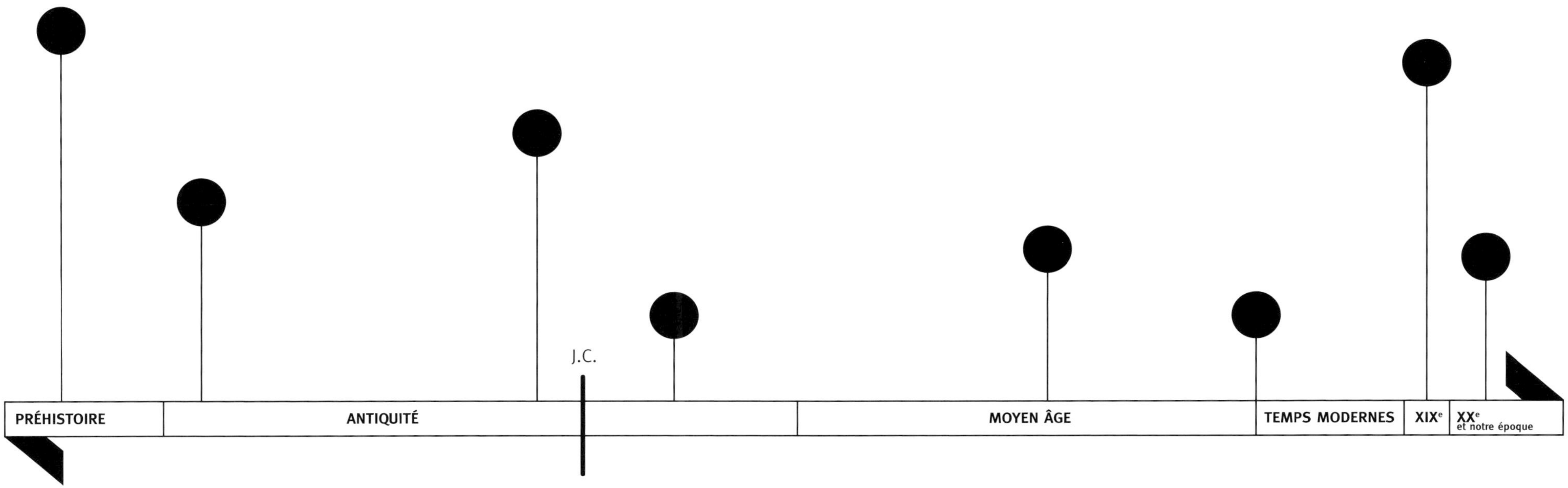

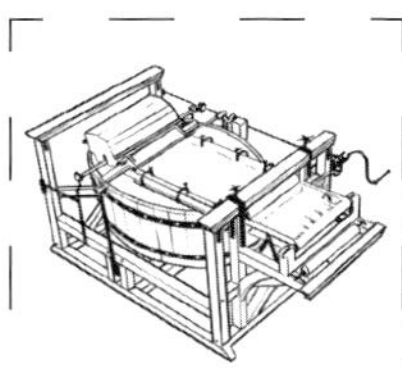

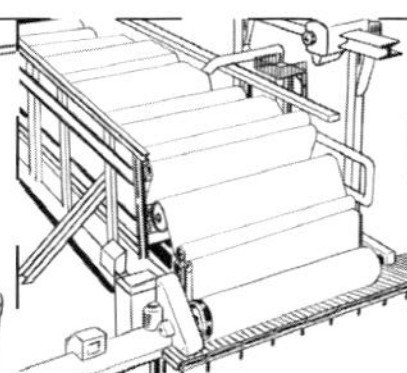

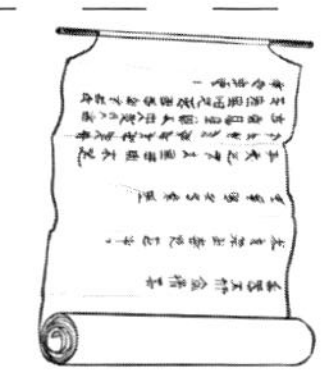

OUVRAGES AUTOUR **DU RECYCLAGE**

CP CE1 CE2

Gare au gaspi !
Geneviève Rousseau et Estelle Meens
© Mijade • 2016 • 12€
L'histoire amusante d'un petit garçon voulant que toute sa famille se mette au recyclage suite à un travail sur le recyclage à l'école.

CE1 CE2

Voyage au pays du recyclage !
Elisabeth de Lambilly et Rémi Saillard
© De la Martinière Jeunesse
2012 • 10€
Un livre qui retrace le trajet d'une poubelle.

CE1 CE2

Les déchets et le recyclage
Stephanie Turnbull
© Usborne • 2007 • 4,60€
Un petit livre qui explique aux enfants les différentes techniques utilisées pour se débarrasser des déchets.

CE2

Où vont les déchets de ma poubelle ?
Anne-Sophie Baumann
© Tourbillon • 2020 • 12€
Un documentaire qui retrace le trajet des déchets de la poubelle à leur recyclage.

OUVRAGES AUTOUR **DU PAPIER RECYCLÉ**

CP CE1

Le grand voyage de monsieur Papier
Angèle Delaunois et Bellebrute
© Les 400 coups • 2013 • 9,50€
De la poubelle des papiers aux objets en papier recyclé.

CP CE1 CE2

Sœurs de papier
Olivier Dupin et Lerm © Lelyrion • 2015 • 14€
Sur le bureau de l'artiste, deux feuilles de papier blanc vont connaitre des destins différents : vers la gloire ou vers le recyclage ? Mais heureusement, passant de main en main, les deux sœurs vont se retrouver et être décorées de grands et beaux dessins.

CP CE1 CE2

Nina et Nello Le papier journal
Laura Novello
© Sassi • 2012 • 8,90€
Deux enfants s'amusent à réutiliser le journal que leur père s'apprêter à jeter.

VIDÉOS **AUTOUR DES MATÉRIAUX**

CP CE1 CE2

À quoi ça sert de trier ses déchets ?
© Cuvier productions • 2010
www.youtube.com/watch?v=-_BqJfelAkM
Un dessin animé de deux minutes vingt pour comprendre pourquoi on trie les déchets.

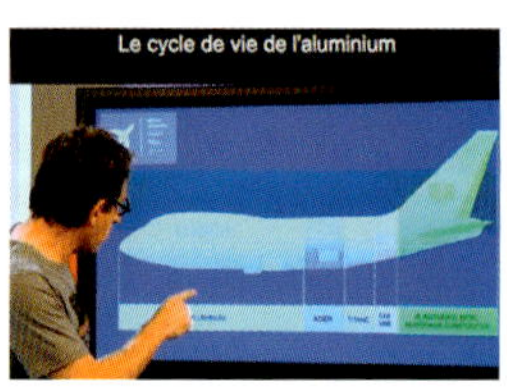

CP CE1 CE2

C'est pas sorcier
Le cycle de vie de l'aluminium
www.youtube.com/user/cestpassorcierftv/featured
Des extraits compilés de deux émissions qui montrent le recyclage de l'aluminium d'un avion. D'autres vidéos sur la chaine Youtube de l'émission : coton, verre, vêtements…
Les émissions sont en entier.

CP CE1 CE2

C'est pas sorcier
PAPIER : il n'a pas toujours la fibre écologique
Des images réelles de la fabrication et du recyclage du papier ainsi que les enjeux pour la planète.

CP CE1 CE2

Il était une fois… les découvreurs
Gutenberg
Petite histoire du papier
Un dessin animé amusant qui retrace les grandes étapes de l'invention du papier et de l'imprimerie.

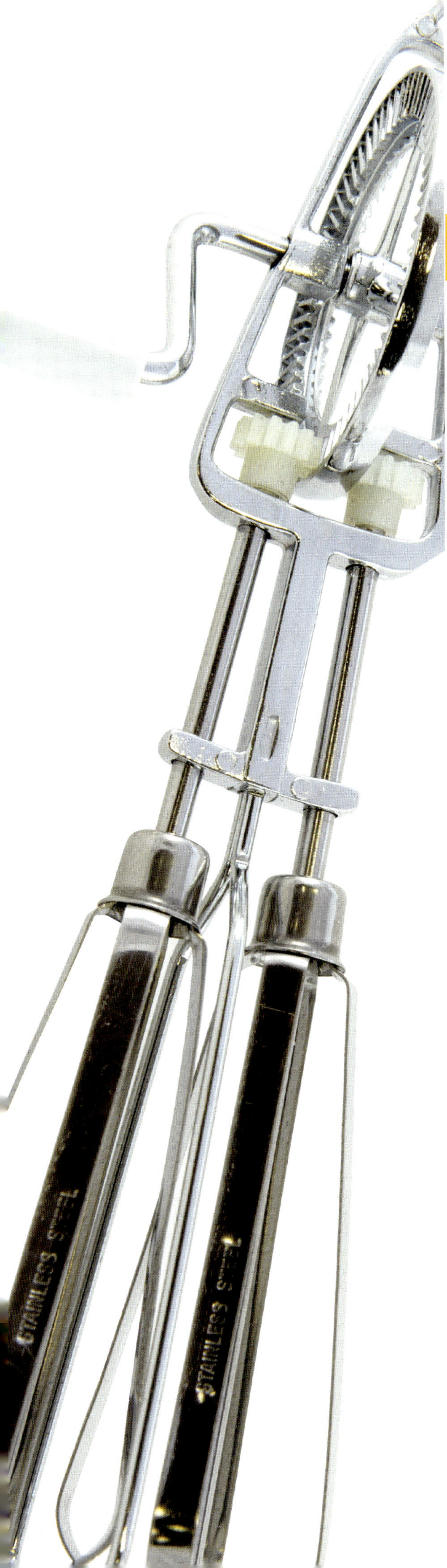

LES OBJETS MÉCANIQUES

Les notions abordées

- **Les différents mouvements : rotation et translation**
- **Les mécanismes permettant les transmissions et les transformations de mouvement**
- **Les principes des mécanismes de transmission**

Notions pour l'enseignant

Les caractéristiques des mouvements

▸ Un mouvement se caractérise par :

- **Sa nature :** translation, rotation, mouvement hélicoïdal.
- **Son sens**, **sa direction**, **sa vitesse**.

Les différents mécanismes

▸ Un mécanisme permet soit de transmettre le mouvement et on parle de **mécanisme de transmission**, soit de transformer sa nature et on parle alors de **mécanisme de transformation**.

▸ Qu'il soit de transmission ou de transformation, le mécanisme peut modifier **le sens, la direction ou la vitesse** du mouvement.

Les mécanismes de transmission les plus courants

Mécanismes de transmission	Le système poulies-courroie	Les engrenages	Les roues de friction	Le système pignons-chaine	La poulie
Schéma			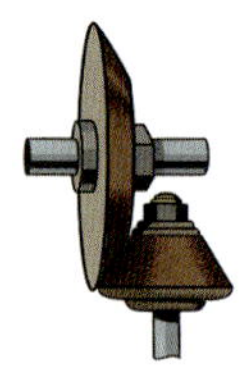	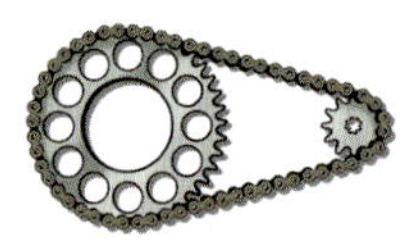	
Exemples d'objets utilisant ce mécanisme	Remonte-pente	Batteur mécanique, essoreuse à salade	Dynamo	Vélo	Puits

Les mécanismes de transformation les plus courants

Mécanismes de transformation	Le treuil	Le système bielle-manivelle	Le système pignon-crémaillère	Le système vis-écrou
Schéma		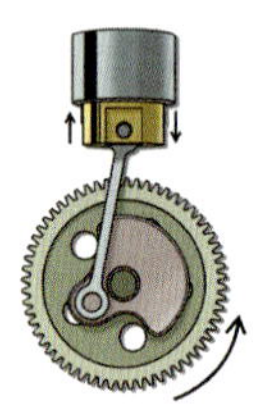		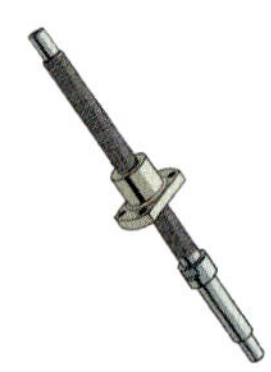
Exemples d'objets utilisant ce mécanisme	Puits	Moteur, vieille locomotive	Toupie BeyBlade	Étau

Les toupies

▸ Toutes les toupies fonctionnent selon le même principe de base :

- Le centre de gravité se trouve sur l'axe de rotation. Cela impose une masse équilibrée.
- Un moment d'inertie important. Les masses doivent donc être loin de l'axe, d'où la forme conique de la plupart des toupies.
- Un point de rotation le plus petit possible pour éviter les frottements.
- Un système permettant une mise en rotation facile, axe suffisamment long ou mécanisme permettant la mise en rotation et l'augmentation de la vitesse de rotation.

Classification des toupies

▸ Les toupies peuvent être classées selon les critères suivants :

- Matière : bois, plastique, métal, papier, terre, verre, carton…
- Fonctionnement : simple, réversible, musicale, gyroscopique, traçante, lumineuse…
- Selon son mode de lancement : simple avec ficelle, avec un système pignon-crémaillère, de roues dentées, de vis sans fin ou à ressort…

Rapport de transmission

- Les mécanismes de transmission permettent de transmettre mais aussi de modifier un mouvement de rotation.
- Pour les poulies, le principe est le même mais le nombre de dents est remplacé par le diamètre des poulies et le changement de sens de rotation est obtenu en croisant la courroie.

ENTRÉE
Roue menante
Ne : fréquence de rotation (tr ou min)
Ze : nombre de dents

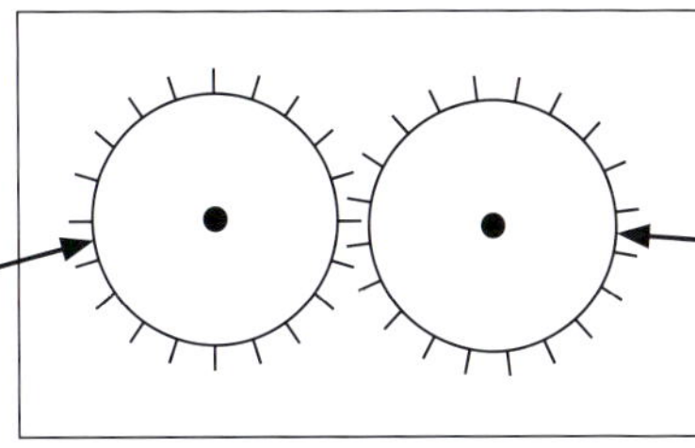

SORTIE
Roue menée
Ns : fréquence de rotation (tr ou min)
Zs : nombre de dents

Rapport de transmission

K = Ns/Ne = Ze/Zs

Sens de rotation inversé | **Sens de rotation conservé**

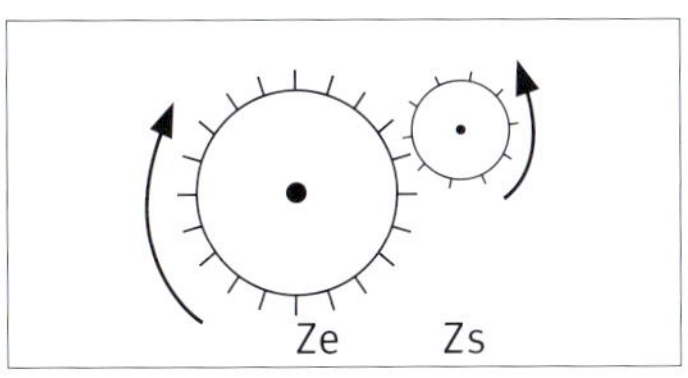

K > 1
Multiplication de la vitesse de sortie / vitesse d'entrée

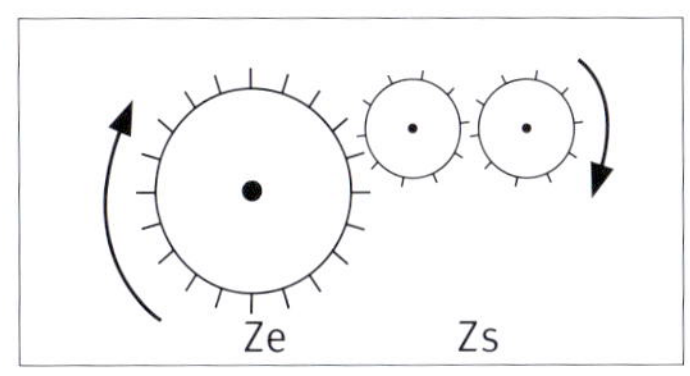

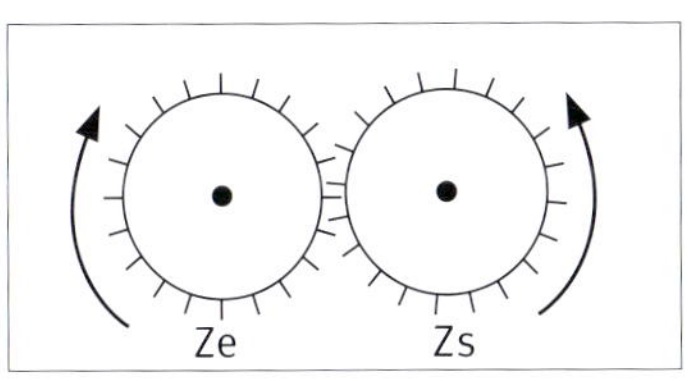

K = 1
Conservation de la vitesse de sortie / vitesse d'entrée

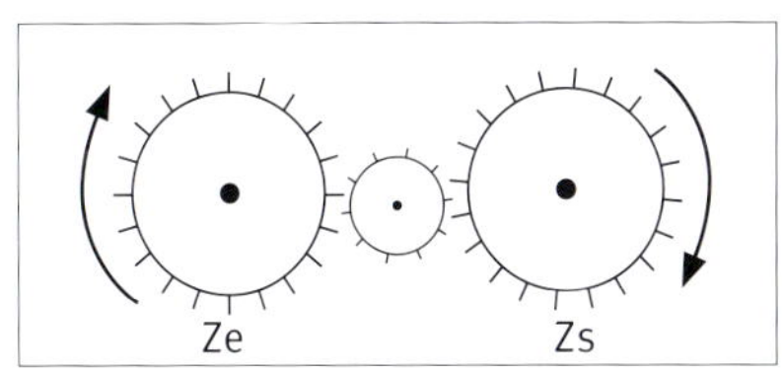

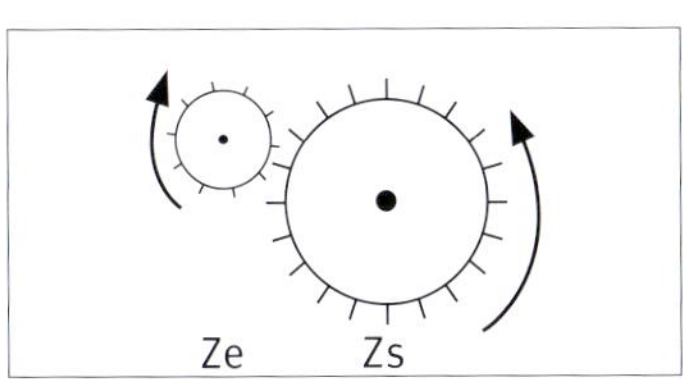

K < 1
Diminution de la vitesse de sortie / vitesse d'entrée

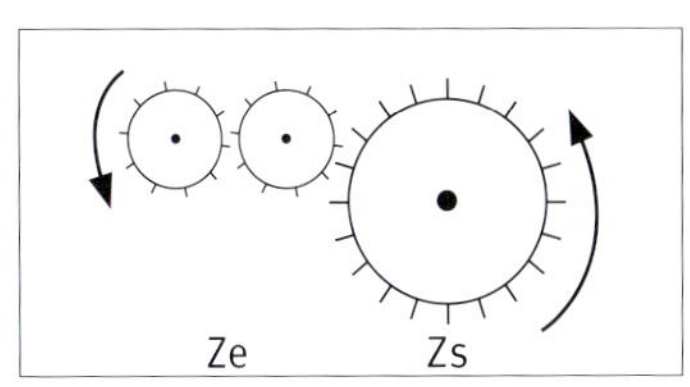

- Dans les systèmes poulies-courroie, le rapport de transmission dépend du diamètre des poulies K = Ns/Ne = Øe / Øs

Ce qui peut poser problème
Peu de difficultés dans ce chapitre si les élèves ont à disposition les objets réels permettant de manipuler.

Trucs & astuces

Où trouver les objets utilisés dans ces séances ?

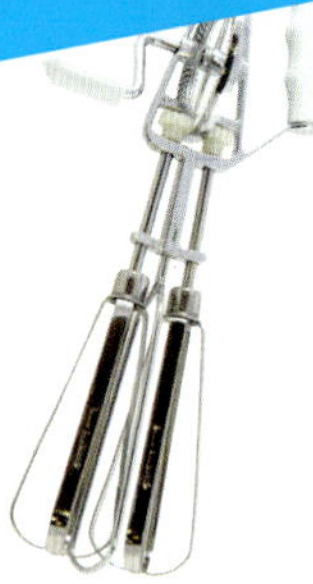

Il y a quatre grands rayons dans lesquels il est possible de puiser pour trouver des objets contenant des mécanismes simples :

- LA CUISINE les objets mécaniques retrouvent un regain d'intérêt, il est possible de les trouver dans les grandes surfaces.
- LE BRICOLAGE tous les outils proposés se trouvent dans les rayons bricolage ou dans les boites à outils des familles.
- LE RAYON BUREAUTIQUE pour les dérouleurs de colle et d'adhésif. Les bâtons de colle se trouvent dans les trousses des élèves.
- LES JOUETS ceux n'incluant pas d'électronique sont de plus en plus rares mais il y a quelques résistants.

Les machines à coudre sont des objets possédant tous les mécanismes simples. Il existe des machines jouets qui se démontent et qui permettent ainsi de voir tous les mécanismes.

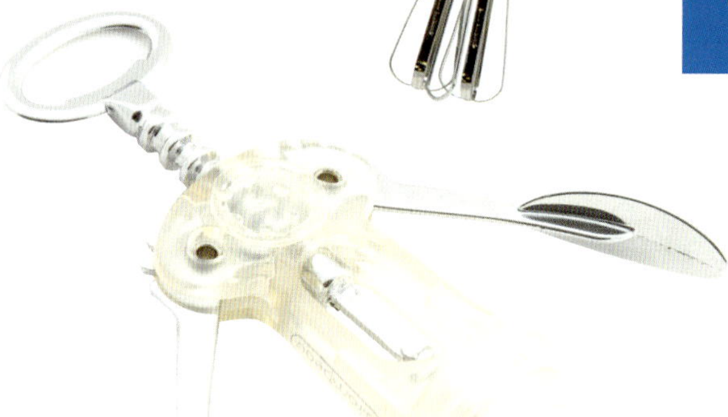

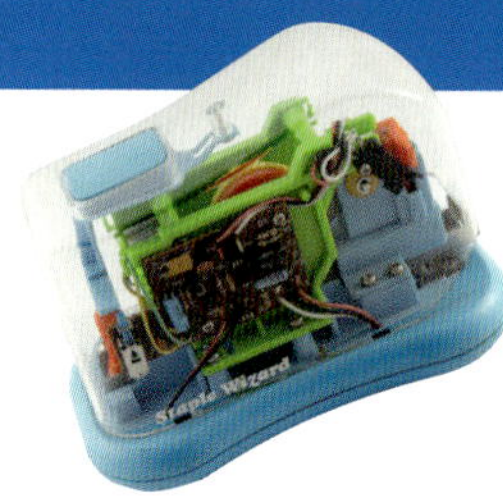

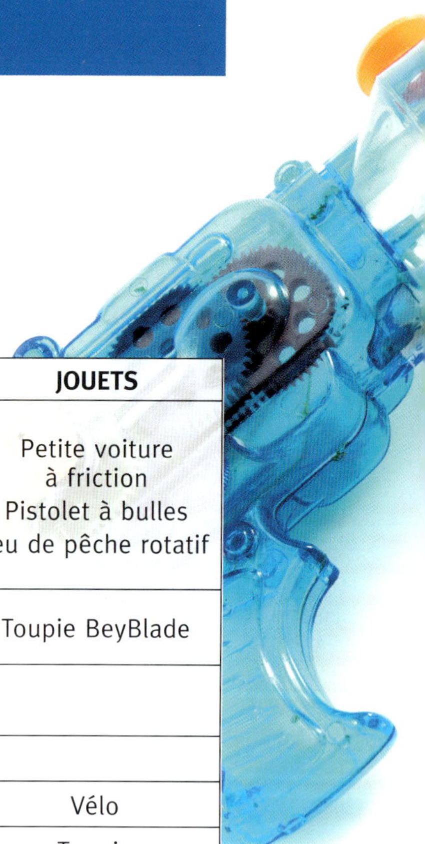

MÉCANISME	CUISINE	BRICOLAGE	BUREAUTIQUE	JOUETS
Engrenages	Essoreuse Batteur mécanique Mélangeur de vinaigrette	Chignole	Dérouleur de colle Dérouleur d'adhésif Agrafeuse électrique	Petite voiture à friction Pistolet à bulles Jeu de pêche rotatif
Pignon-crémaillère	Cuillère à glace Tire-bouchons			Toupie BeyBlade
Vis sans fin crémaillère	Tire-bouchons	Clé à molette		
Treuil	Essoreuse			
Pignons chaines				Vélo
Vis sans fin	Fouet		Bâton de colle	Toupie
Vis écrou		Étau Serre-joint Boulon		

Où trouver des toupies ?

Les toupies font partie des jouets classiques. On les trouve dans les grandes surfaces de jouets mais aussi dans les magasins plus traditionnels. Au rayon des jouets pour anniversaire, il y a des lots de toupies simples à très bas prix.

Les toupies revenant régulièrement à la mode, il est très facile d'en obtenir des familles.

Qu'utiliser comme axe pour fabriquer les toupies ?

Pour fabriquer des toupies simples, piques à brochettes ou cure-dents font l'affaire. Pour fabriquer la toupie et son lanceur, les piques à brochettes sont souvent trop fins pour que la roue dentée y soit emmanchée en force. Il faut alors se fournir en baguettes cylindriques, appelées tourillons, du diamètre de l'axe de la roue dentée. Chez Opitec, les roues dentées existent avec deux diamètres d'axes : 3 ou 4 mm. Préférer le diamètre 4 mm à assortir avec des tourillons de 4 mm.

L'emmanchement peut être un peu difficile. Il est possible d'utiliser un maillet en positionnant l'ensemble entre deux tables pour que l'axe puisse ressortir de la roue dentée.

Pour rendre l'axe pointu, il suffit de le tailler à l'aide d'un taille-crayon.

VIDÉO **Trucs & astuces**
Choisir quels axes utiliser pour fabriquer des toupies

Comment faire des poulies avec du matériel de recyclage ?

Les bobines de fils de couture peuvent servir de poulies. Avec des bouchons. Opitec vend des poulies en bois et en plastiques.

Comment percer les bouchons ?

Le perçage ne pose pas de problème de force : le plastique est facile à perforer mais il faut éviter que l'outil de perçage soit dirigé vers une main ou le visage d'un enfant, que ce soit un clou, une vrille, une perceuse ou un poinçon. C'est pourquoi il faut que le bouchon soit fixé sur un plan de travail. Pour cela, positionner un gros pâton de pâte à modeler sur une plaque martyre fixée à la table avec un adhésif double face puis enfoncer le bouchon dans ce pâton.

Fixer le bouchon avant le perçage sur le plan de travail, une planche à découper ou une chute de bois protégeant la table. La fixation se fait soit avec du ruban adhésif double face soit en enfonçant le bouchon dans un pâton de pâte à modeler.

CE1 CE2 TRANSMETTRE OU TRANSFORMER ?

Découvrir la fonction des mécanismes et savoir les nommer

Séance 1
Observer, reconnaitre et nommer des objets du quotidien
70 min
Classe organisée en ilots

Séance 2
Découvrir la fonction des mécanismes
70 min
Classe organisée en ilots

Séance 3
S'entrainer à observer les objets sous l'angle du mouvement. Évaluation.
45 min
Classe organisée en binômes

CLASSE ORGANISÉE EN ILOTS
70 minutes

Matériel

★ Pour l'enseignant :
- 1 affiche

★ Par groupe :
- 1 essoreuse à salade à roue dentée
- 1 clé à molette
- 1 serre-joint
- 2 planchettes
- 1 boulon (l'idéal est un boulon assemblant 2 planchettes)
- 1 feuille de papier
- 1 crayon

+ Les objets peuvent être demandés aux familles avant la séance.

SÉANCE 1 OBSERVER, RECONNAITRE ET NOMMER DES OBJETS DU QUOTIDIEN — CE1 • CE2

Phase 1 OBSERVATION ET DÉSIGNATION DE CHAQUE OBJET
Groupes de 4 à 6 élèves • 20 min

- Chaque groupe observe et manipule les objets. Les élèves se mettent d'accord pour répondre pour chaque objet aux questions : ***Reconnaissez-vous ces objets ? Dans quelles conditions les avez-vous vus ? À quoi servent-ils ?***
- Si des objets sont inconnus de tous, l'enseignant les nomme et indique leur fonction.

Phase 2 RECHERCHE SUR LES MODALITÉS D'UTILISATION DES OBJETS
Groupes de 4 à 6 élèves • 20 min

- ***Décrivez le mouvement des mains d'une personne qui utilise un des objets et le mouvement des différentes parties de l'objet quand il est utilisé.***
- Chaque élève travaille individuellement puis le groupe se concerte pour arriver à une réponse collective.
- Les objets, les planchettes et le boulon sont à la disposition des élèves pour qu'ils puissent les manipuler en situation réelle. La salade n'est pas nécessaire !
- Chaque groupe désigne un rapporteur.

+ Selon le niveau et/ou la période de l'année, les réponses pour chacun des objets sont écrites sur une feuille de brouillon ou mémorisées pour l'oral.

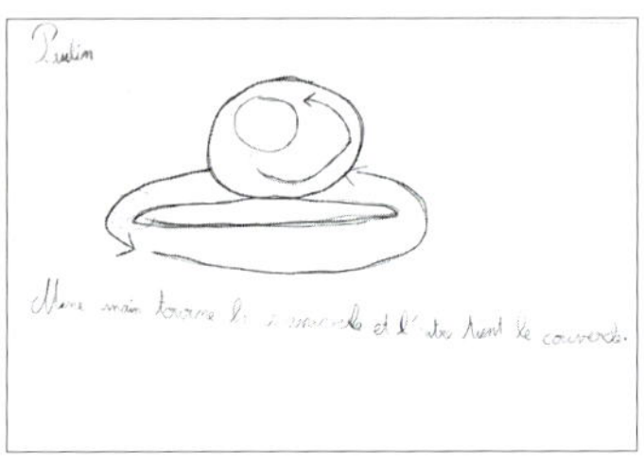

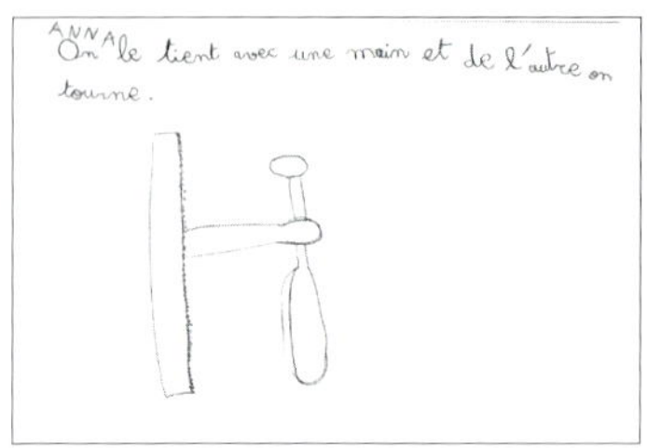

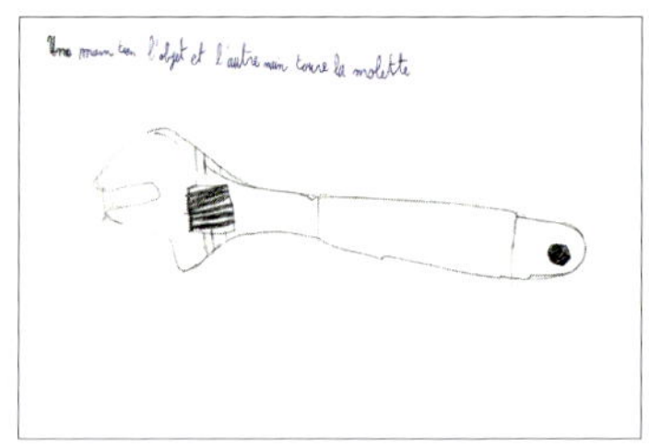

Phase 3 SYNTHÈSE COLLECTIVE
Oral collectif • 20 min

- Les rapporteurs proposent leurs réponses. La correction collective est rédigée sur une affiche par l'enseignant.
- L'enseignant amène le vocabulaire techniquement juste.

	Mouvements des mains	Mouvements des parties de l'objet
Essoreuse à salade	Une main tient le panier, l'autre tourne la manivelle. La main a un mouvement de rotation.	La manivelle et le panier ont un mouvement de rotation.
Clé à molette	Une main tient le manche de la clé, l'autre main tourne la molette qui est une vis sans fin. La main a un mouvement de rotation.	La mâchoire de la clé coulisse grâce à la crémaillère qui est entrainée par la vis sans fin. La mâchoire a un mouvement de translation. La molette a un mouvement de rotation.
Serre-joint	Cet outil sert à serrer deux objets ensemble. Une fois le serre-joint positionné, la main tourne le manche qui fait tourner une vis dans un écrou. La main a un mouvement de rotation.	La rondelle en bout de la vis, tourne et monte en même temps. La rondelle et le manche ont un mouvement hélicoïdal.

Phase 4 CONCLUSION
Oral collectif • 10 min

- On observe que lors de l'utilisation de ces trois objets les mains ont un mouvement de rotation mais que les pièces des objets ont des mouvements qui peuvent être différents.
- L'enseignant introduit la notion de mouvements d'entrée et de sortie, ainsi que celle de mécanisme, en tant qu'ensemble de pièces en mouvement les unes par rapport aux autres pour assurer une fonction.
- La modélisation des trois objets est réalisée sur l'affiche.

CLASSE ORGANISÉE EN ILOTS
70 minutes

Matériel

★ Pour l'enseignant :
- 1 document agrandi ***Des mécanismes dans les objets*** (document élève page 213 et ☁)

★ Pour la classe :
- 1 essoreuse à salade à roue dentée
- 1 essoreuse à ficelle
- 1 clé à molette
- 1 serre-joint
- 1 batteur mécanique
- 1 cuillère à glace à crémaillère
- 1 tirebouchon type Charles de Gaulle
- 1 tube de colle à vis
- 1 toupie à lanceur type Bey Blade
- 1 boulon

★ Par groupe :
- 1 des objets précédents
- 1 document ***Des mécanismes dans les objets*** (document élève page 213 et ☁)

★ Par élève :
- 1 document ***Des mécanismes dans les objets*** (document élève page 213 et ☁)
- 1 crayon
- 1 bâton de colle

+ LES OBJETS PEUVENT ÊTRE DEMANDÉS AUX FAMILLES AVANT LA SÉANCE.

SÉANCE 2 DÉCOUVRIR LA FONCTION DES MÉCANISMES — CE1 • CE2

Phase 1 OBSERVATION ET DÉSIGNATION DE CHAQUE OBJET
Oral collectif • 10 min

- Les élèves manipulent les nouveaux objets et cherchent à répondre aux mêmes questions que lors de la séance précédente.
- ***Reconnaissez-vous ces objets ? Dans quelles conditions les avez-vous vus ? À quoi servent-ils ?***
- L'enseignant présente si nécessaire les nouveaux objets ajoutés aux trois précédemment étudiés.

Phase 2 RECHERCHE SUR LES MODALITÉS D'UTILISATION DES OBJETS
Groupes de 4 à 6 élèves • 15 min

- ***Décrivez le mouvement des mains d'une personne qui utilise un des objets et le mouvement des différentes parties de l'objet quand il est utilisé. Faites le schéma des mouvements d'entrée et de sortie des mécanismes.***
- Chaque élève réfléchit individuellement puis le groupe se concerte pour arriver à une réponse collective sur le document ***Des mécanismes dans les objets*** **(document élève page 213 et ☁).**
- Chaque groupe désigne un rapporteur.

Phase 3 SYNTHÈSE COLLECTIVE ET CONCLUSION
Oral collectif • 30 min

- Les rapporteurs proposent leurs réponses. La correction collective est rédigée par l'enseignant sur le document agrandi.
- L'enseignant peut être amené à démonter l'objet pour montrer le mécanisme en jeu, notamment dans les essoreuses.
- Dans certains objets, les mouvements d'entrée et de sortie sont de même nature : le mécanisme a transmis le mouvement. Dans d'autres objets, les mouvements d'entrée et de sortie sont de natures différentes : le mécanisme a transformé le mouvement.
- L'enseignant introduit le nom des mécanismes en jeu dans chacun des objets et l'inscrit sous chaque objet dans le document agrandi.

Phase 4 TRACE ÉCRITE INDIVIDUELLE
Travail individuel • 15 min

- En s'aidant de l'affichage si nécessaire, chaque élève renseigne individuellement le document ***Des mécanismes dans les objets*** **(document élève page 213 et ☁).**

DIFFÉRENCIATION Pour des élèves lents ou ayant des difficultés à écrire, le document peut être en partie rempli par l'enseignant avant d'être photocopié. Seuls les champs *entrée* et *sortie* sont à remplir.

CP CE1 CE2

ENCORE PLUS VITE !
Comprendre et utiliser des mécanismes de transmission de mouvement

Séance 1
Observer et fabriquer des toupies
40 min
Classe organisée en ilots

Séance 2
Émettre des hypothèses pour que la toupie tourne longtemps
65 min
Classe organisée en ilots

Séance 3
Rédiger et suivre une fiche de construction
55 min
Pas d'organisation particulière

Séance 4 CE1/CE2
Découvrir les engrenages dans les objets de la vie courante
55 min
Classe organisée en ilots

Séance 5 CE1/CE2
Étudier les engrenages avec du matériel modulaire
65 min
Classe organisée en ilots

Séance 6 CE1/CE2
Concevoir un lanceur de toupie avec le matériel modulaire. Évaluation formative
55 min
Classe organisée en ilots

Séance 7 CE1/CE2
Fabriquer un lanceur en suivant une fiche de construction
50 min
Classe organisée en ilots

CLASSE ORGANISÉE EN ILOTS
40 minutes

Matériel

★ Pour la classe :
- des bouchons en plastique de différentes tailles : bouteille d'eau, de lait ou de jus de fruit, pâte à tartiner
- des bocks de bière
- des petites assiettes en carton
- des grandes assiettes en carton
- des cure-dents
- des piques à brochettes
- de feuilles de papier brouillon

+ Les groupes choisissant leur matériel, impossible de quantifier exactement : chaque matériel doit être en assez grande quantité, au moins 30, pour que chaque groupe puisse choisir le même matériel.

★ Par groupe :
- 2 ou 3 toupies simples
- 1 aiguille de piquage
- 1 sandwich de cartons

★ Par élève :
- 1 document *Une toupie* (document élève page 220 et ☁)

SÉANCE 1 OBSERVER ET FABRIQUER DES TOUPIES — CP • CE1 • CE2

Phase 1 OBSERVATION DE TOUPIES ET DESSIN LÉGENDÉ
Groupes de 3 à 4 élèves • 10 min

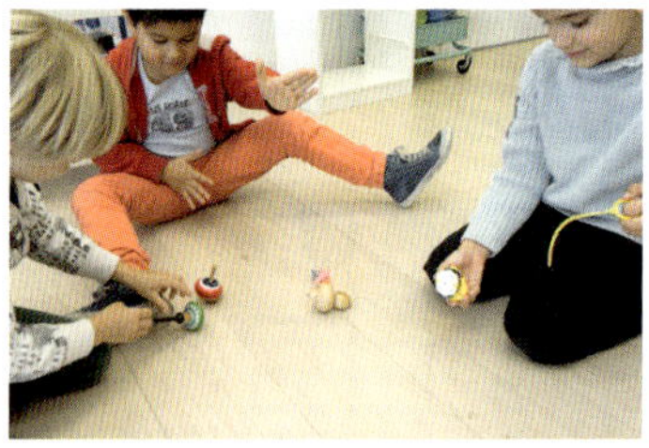

+ Les toupies peuvent être demandées aux élèves avant la séance en leur précisant qu'elles leur seront rendues à l'issue de la séquence.

▶ Chaque groupe dispose de quelques toupies simples. Après avoir joué avec, les élèves les décrivent. Le vocabulaire exact est amené. Les toupies ont toutes un AXE, une POINTE et une forme CONIQUE.

▶ **Chaque élève légende le dessin de la toupie sur le document *Une toupie* (document élève page 220 et ☁).**

Phase 2 HYPOTHÈSES SUR LES CONDITIONS PERMETTANT À UNE TOUPIE DE TOURNER LONGTEMPS
Oral collectif • 10 min

▶ Questionnement collectif sur les conditions permettant à une toupie de tourner le plus longtemps possible.

▶ Une distinction est faite entre les conditions extérieures à la toupie (qualité du sol, habileté du lanceur) et les conditions internes à la toupie (longueur de l'axe, forme de la toupie, taille de la toupie…)

▶ Les paramètres sont écrits au tableau.

▶ Le matériel d'expérimentation est présenté.
- Pour l'axe : cure-dents, piques à brochette.
- Pour le corps : bock de bière, petites et grandes assiettes en carton, bouchons en plastique de différentes tailles.

⚠ Anticipation de la fabrication et consignes de sécurité : montrer comment utiliser l'aiguille de piquage qui ne doit jamais être dirigée vers un élève mais toujours sur le sandwich de cartons.

Phase 3 PREMIÈRES FABRICATIONS
Groupes de 3 à 4 élèves • 10 min

▶ Chaque groupe décide du matériel avec lequel il veut fabriquer une toupie, la fabrique et la teste.

+ Indiquer aux élèves que plusieurs toupies seront réalisées et qu'ils pourront les fabriquer au cours de la séquence.

Phase 4 PREMIERS CONSTATS ET RÉSOLUTION DU PROBLÈME DU CENTRE
Oral collectif • 10 min

▶ Chaque groupe présente sa toupie, indique les difficultés rencontrées : généralement la recherche du centre.

▶ L'opération de repérage du centre des disques est résolue collectivement, soit avec la solution du gabarit papier plié en quatre, soit par l'observation du point d'injection central des bouchons en plastique.

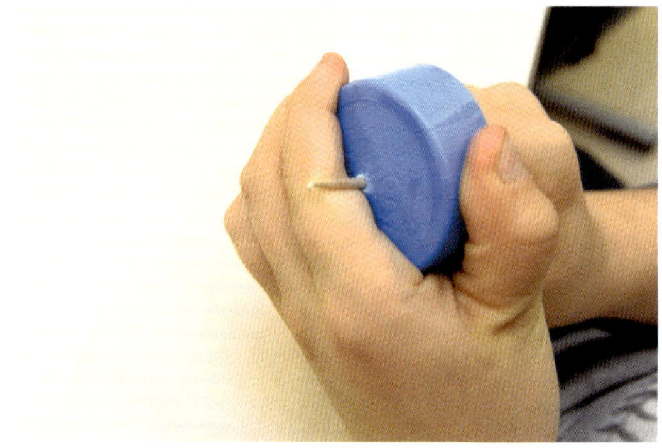

CLASSE ORGANISÉE EN ILOTS
65 minutes

Matériel

★ Pour la classe :
- des bouchons plastiques de différentes tailles, bouchons de bouteille de lait ou jus de fruit, de pâte à tartiner
- des bocks de bière
- des petites assiettes en carton
- des grandes assiettes en carton
- des cure-dents
- des piques à brochettes
- de feuilles de papier brouillon
- 1 chronomètre

+ LES GROUPES CHOISISSANT LEUR MATÉRIEL, IMPOSSIBLE DE QUANTIFIER EXACTEMENT, CHAQUE MATÉRIEL DOIT ÊTRE EN ASSEZ GRANDE QUANTITÉ, AU MOINS 30, POUR QUE CHAQUE GROUPE PUISSE CHOISIR LE MÊME MATÉRIEL.

★ Par groupe :
- 2 ou 3 toupies simples
- 1 aiguille de piquage
- 1 sandwich de cartons

★ Par élève :
- son document ***Une toupie*** (document élève page 220 et ☁)

SÉANCE 2 ÉMETTRE DES HYPOTHÈSES POUR QUE LA TOUPIE TOURNE LONGTEMPS — CP • CE1 • CE2

Phase 1 RAPPEL
Oral collectif • 5 min

▶ Rappel de l'avancement du projet, des erreurs à éviter et des solutions énoncées en séance précédente.

Phase 2 SECONDES FABRICATIONS
Groupes de 4 à 6 élèves • 10 min

▶ Chaque groupe réalise une seconde toupie et la teste.

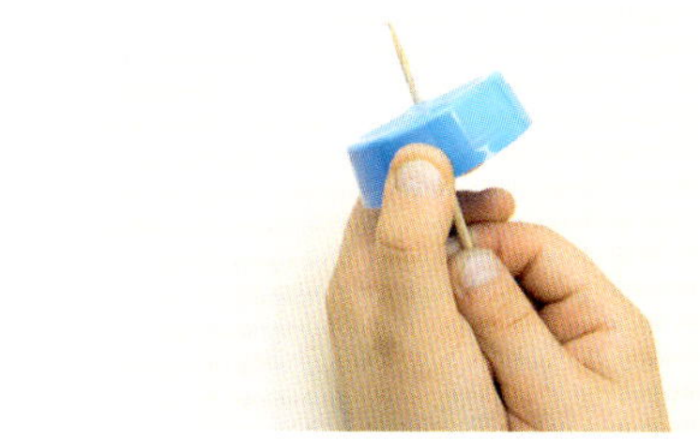

Phase 3 BILAN ET MISE EN ÉVIDENCE DE LA NÉCESSITÉ DE NE CHANGER QU'UN PARAMÈTRE À LA FOIS
Oral collectif • 20 min

▶ Chaque groupe présente sa toupie. Les causes empêchant certaines toupies de tourner sont mises en évidence : axe mal centré, corps non perpendiculaire à l'axe.

▶ Les élèves constatent qu'ils ont besoin d'un outil de mesure du temps de rotation pour pouvoir savoir quelle est celle qui tourne le plus longtemps, en regard de la difficulté de toutes les lancer exactement en même temps.

▶ Une fois le test refait avec un chronomètre, les toupies sont classées selon leur durée de rotation.

▶ Les élèves constatent qu'ils sont dans l'impossibilité de conclure sur les paramètres permettant d'allonger la durée de rotation puisque toutes les toupies ont des tailles, des longueurs d'axes et des positions du corps sur l'axe différentes.

▶ Un protocole expérimental est mis au point pour permettre de conclure si la longueur de l'axe, la taille du corps et la position du corps sur l'axe ont de l'importance.

▶ Chaque groupe choisit le paramètre qu'il a envie de tester. L'enseignant fait verbaliser que pour chaque test il va falloir fabriquer trois toupies identiques, excepté le paramètre étudié. Chacun des paramètres doit être étudié par au moins un des groupes.

+ LE NOMBRE DE TROIS TOUPIES MINIMUM EST IMPOSÉ PAR L'ENSEIGNANT POUR UNE VÉRITABLE COMPARAISON.

Phase 4 DERNIÈRES FABRICATIONS ET EXPÉRIMENTATIONS
Groupes de 3 à 4 élèves • 15 min

▶ Chaque groupe réalise les trois toupies permettant son expérimentation et fait le test.

▶ Chaque groupe rédige le résultat de son expérimentation au brouillon.

Phase 5 BILAN ET STRUCTURATION
Oral collectif • 15 min

▶ Chaque groupe présente ses résultats. Les critères pour la fabrication d'une toupie idéale sont écrits au tableau.

Pour qu'une toupie tourne le plus longtemps possible, son axe ne doit pas être trop long mais suffisant pour une bonne préhension. Le disque moyen est le plus efficace et il doit être placé assez bas sur l'axe.

▶ La trace écrite rédigée collectivement est copiée sur le document ***Une toupie*** **(document élève page 220 et ☁).**

+ D'AUTRES IDÉES D'AMÉLIORATION PEUVENT ÊTRE PROPOSÉES, COMME LA SUPERPOSITION DE PLUSIEURS CORPS POUR APPROCHER LA FORME CONIQUE DES TOUPIES DU COMMERCE OU L'ALOURDISSEMENT DE LA BASE AVEC DES PERLES. PROPOSER AUX ÉLÈVES DE LES EXPÉRIMENTER EN AUTONOMIE OU HORS DE LA CLASSE.

PAS D'ORGANISATION PARTICULIÈRE
55 minutes

Matériel

★ Pour l'enseignant :
- *vignettes de la fiche de construction 12* agrandies
- 1 toupie fabriquée
- *étiquettes de la fiche de construction 12* (CP)

★ Pour 2 élèves :
- 1 aiguille de piquage
- 1 sandwich de carton
- 1 gabarit de disque

★ Par élève :
- 1 pique à brochette
- 1 bouchon en plastique type bouteille de lait
- 1 feuille de papier cartonné
- des feutres
- 1 compas (CE1, CE2)
- *vignettes de la fiche de construction 12*
- son cahier d'exploration du monde

VIDÉO **Trucs & astuces**
Fabriquer une toupie simple

SÉANCE 3 RÉDIGER ET SUIVRE UNE FICHE DE CONSTRUCTION — CP • CE1 • CE2

Phase 1 RÉDACTION DE LA FICHE DE CONSTRUCTION
Travail individuel • 15 min

▶ L'enseignant affiche au tableau les ***vignettes de la fiche de construction 12*** agrandies.
▶ Découverte collective des vignettes, en particulier de la vignette qui ne correspond à rien de ce qui a été fait lors de l'expérimentation : le disque et la décoration du disque. La toupie est montrée.
▶ Pour les CP, remise dans l'ordre des vignettes, lecture des ***étiquettes de la fiche de construction 12*** et association des étiquettes avec les vignettes. Rien ne doit être collé avant la correction.
▶ Pour les CE1 et CE2, remise dans l'ordre des différentes ***vignettes de la fiche de construction 12*** et rédaction des opérations associées au brouillon.

Phase 2 CORRECTION COLLECTIVE
Oral collectif • 20 min

▶ À l'aide des vignettes agrandies, les élèves reconstituent la fiche de construction.
▶ Pour les CE1-CE2, les textes des opérations sont rédigés en partant d'une proposition d'élève améliorée par les uns et les autres.
▶ Chacun colle ou recopie sur son cahier d'exploration du monde.

Phase 3 FABRICATION EN SUIVANT LA FICHE DE CONSTRUCTION DE LA CLASSE
Travail individuel • 10 min

▶ Chacun se fabrique une toupie.

+ POUR LES CE2 ET CERTAINS CE1, LE TRAÇAGE DU DISQUE PEUT SE FAIRE AU COMPAS.

Phase 4 JEU AVEC LES TOUPIES FABRIQUÉES
Travail individuel • 10 min

▶ Chacun joue avec sa toupie et constate le résultat de ses décorations.

+ UN TRAVAIL SUR LE MÉLANGE DES COULEURS PEUT ÊTRE ALORS COMMENCÉ, TOUT COMME UN TRAVAIL AUTOUR DES ILLUSIONS OPTIQUES.

CLASSE ORGANISÉE EN ILOTS
55 minutes

Matériel

★ Chaque groupe a un des objets suivants :
- 1 essoreuse
- 1 batteur mécanique
- 1 dérouleur de ruban correcteur ou de colle

★ Plus difficile à trouver :
- 1 chignole
- 1 mini-baratte
- 1 mélangeur à vinaigrette à engrenage
- 1 jouet avec engrenages ou les cartes-images D *Objets à engrenages*

★ Par élève :
- 1 document ***Les engrenages*** (document élève page 221 et)
- son cahier d'exploration du monde

SÉANCE 4 DÉCOUVRIR LES ENGRENAGES DANS LES OBJETS DE LA VIE COURANTE — CE1 • CE2

Phase 1 SITUATION DÉCLENCHANTE
Oral collectif • 5 min

▶ ***Nous avons trouvé les paramètres qui permettent à notre toupie de tourner longtemps mais il y en a un que nous n'avons pas étudié : la vitesse de lancement. Plus la toupie est lancée à une grande vitesse, plus elle tournera longtemps. Comment faire tourner notre toupie plus vite au lancement ? Connaissez-vous des objets dans lesquels un système augmente la vitesse de rotation ?***
▶ Généralement les élèves ont peu d'idées. Certains pensent à leurs toupies avec lanceurs, d'autres à l'essoreuse à salade, peu au vélo ou au batteur mécanique.

+ LE TERME VITESSE N'EST PAS SCIENTIFIQUEMENT EXACT. IL FAUDRAIT PARLER DE FRÉQUENCE DE ROTATION, MAIS LA DIFFÉRENCE ENTRE LES DEUX NOTIONS EST TROP DIFFICILE POUR DES ÉLÈVES DE CYCLE 2.

Phase 2 ÉTUDE D'OBJETS DE LA VIE COURANTE
Groupes de 3 à 4 élèves • 20 min

▶ L'enseignant présente l'activité : chaque groupe dispose d'un objet ou d'une carte-image D ***Objets à engrenages***. Il va devoir l'étudier pour expliquer son fonctionnement à l'ensemble de la classe.
▶ Chaque groupe devra dessiner le mécanisme de l'objet et non l'objet, légender les différentes parties et expliquer son fonctionnement.

+ L'ENSEIGNANT CIRCULE POUR DONNER LE VOCABULAIRE MANQUANT À CHAQUE GROUPE : ROUE DENTÉE, PIGNON, FOUET, AXE, COURONNE DENTÉE, MANIVELLE, TREUIL.

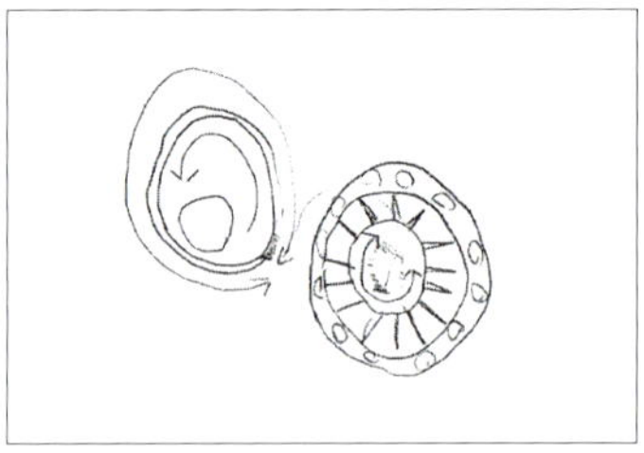

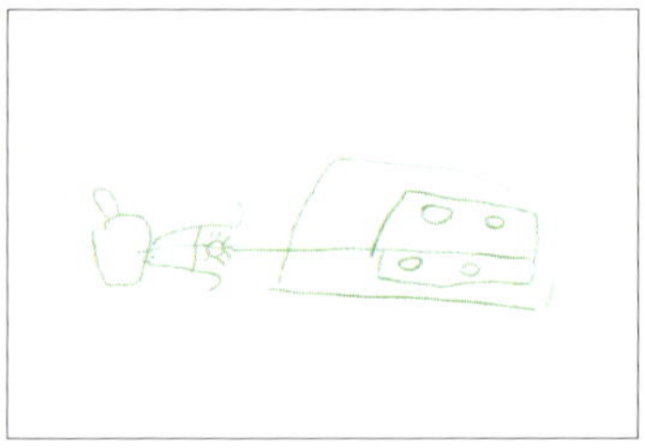

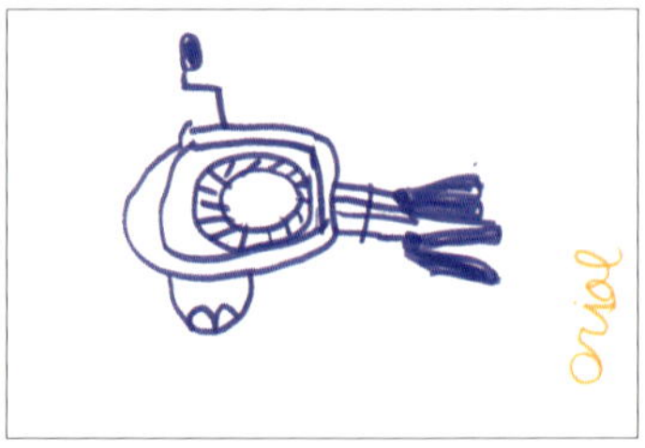

Phase 3 BILAN COLLECTIF, STRUCTURATION ÉCRITE
Oral collectif puis travail individuel • 30 min

- Chaque groupe rend compte de son travail. La classe constate que tous ces objets comprennent des roues dentées. Le mot engrenage est introduit. Dans tous ces objets, le mécanisme engrenage est utilisé pour qu'une partie de l'objet tourne plus vite que la manivelle.
- La difficulté de dessiner des roues dentées est verbalisée, les astuces des uns et des autres sont identifiées, les choix de l'angle de vue sont comparés.
- La symbolisation utilisée pour représenter les roues dentées de face est dessinée au tableau.
- Une trace écrite est rédigée collectivement puis recopiée sur le document ***Les engrenages*** **(document élève page 221 et** ☁**)** La vignette représentant un engrenage dessiné puis schématisé est collée à côté de la définition. Le document est collé dans le cahier d'exploration du monde.
  - *De nombreux objets possèdent un mécanisme d'engrenage qui permet de faire tourner plus vite une partie de l'objet.*
  - *Un engrenage est un mécanisme qui transmet un mouvement de rotation.*

CLASSE ORGANISÉE EN ILOTS
65 minutes

Matériel

★ Pour l'enseignant :
- 1 boite de matériel modulaire
- 1 affiche
- ***vignettes engrenages*** ☁

★ Pour la classe :
- 1 boite supplémentaire de matériel modulaire

★ Par groupe :
- 1 boite spécifique *Étude des engrenages* Lego®, *Premiers pas* en technologie Duplo®, Celda® ou Fisher® Technique
- 1 fiche d'inventaire

★ Par élève :
- son document ***Les engrenages*** (document élève page 221 et ☁)

SÉANCE 5 ÉTUDIER LES ENGRENAGES AVEC DU MATÉRIEL MODULAIRE — CE1 • CE2

Phase 1 DÉCOUVERTE LIBRE DU MATÉRIEL
Groupes de 3 à 4 élèves • 10 min

- Chaque groupe découvre le matériel dont il va disposer. Il inventorie les différentes pièces, complète sa boite si nécessaire avec la boite supplémentaire de la classe. Il teste les différents assemblages possibles.

+ Selon le matériel utilisé, il existe des inventaires fournis avec les boites. S'ils ont disparu, il est intéressant de les refaire en utilisant un appareil photo pour se faciliter la tâche. Exemple fourni dans les compléments numériques.

Phase 2 PREMIER DÉFI : MONTAGE DE BASE ET SENS DE ROTATION
Groupes de 3 à 4 élèves • 20 min

- Chaque groupe construit le montage de base soit avec la fiche de construction fournie soit en suivant la démonstration de l'enseignant.
- Introduire le vocabulaire : roue menante, roue menée.
- Faire observer le sens de rotation des deux roues et introduire les termes sens horaire et sens antihoraire.
- Premier défi : ***Comment faire pour que la roue menante et la dernière roue menée d'un engrenage tournent dans le même sens ?***
- Recherche des groupes et bilan collectif oral.
- La généralisation au nombre pair et impair de roues est faite avec une mise en œuvre sur les montages.
- Une trace écrite rédigée par l'enseignant est construite collectivement sur une affiche, illustrée des ***vignettes engrenages*** ☁ qui serviront au document élève.
  - *Dans un engrenage qui comporte deux roues ou un nombre pair de roues qui s'engrènent, la roue menante et la dernière roue menée tournent en sens inverse.*
  - *Dans un engrenage qui comporte trois roues ou un nombre impair de roues qui s'engrènent, la roue menante et la roue menée tournent dans le même sens.*

Phase 3 SECOND DÉFI : CHANGEMENT DE LA FRÉQUENCE DE ROTATION
Groupes de 3 à 4 élèves • 20 min

- Retour au montage de base, comptage du nombre de tours faits par la roue menée pour un tour de manivelle, constat de la conservation du nombre de tours.
- Rappel de la séance précédente et du fait que les engrenages dans ces objets servent à faire en sorte qu'un des éléments tourne plus vite.
- Second défi : ***Trouvez un montage pour que la roue menée tourne plus vite que la roue menante.***
- Dès que le groupe a trouvé, l'enseignant l'incite à compter le nombre de tours fait par la roue menée pour un tour de roue menante.
- Quand tous les groupes ont relevé le défi, la trace écrite rédigée collectivement est écrite par l'enseignant.
  - *Dans un engrenage quand la roue menante a plus de dents que la roue menée, la roue menée fait un plus grand nombre de tours que la roue menante.*
- ***Comment faire si l'on veut au contraire ralentir le nombre de tours ?***
- Le caractère réversible d'un engrenage est mis en évidence.

Phase 4 BILAN ET TRACE ÉCRITE
Travail individuel • 15 min

- Chaque élève reconstitue la trace écrite collective sur le document ***Les engrenages*** **(document élève page 221 et** ☁**).**

DIFFÉRENCIATION Le document est proposé vierge dans les compléments numériques et les textes peuvent ainsi être rédigés avec les mots des élèves.

+ L'IDÉAL EST D'UTILISER LE TEXTE RÉDIGÉ PAR LES ÉLÈVES, DONC RENSEIGNER LE DOCUMENT.DOC DES COMPLÉMENTS NUMÉRIQUES, SI CETTE SOLUTION EST CHOISIE, CETTE PHASE DOIT ÊTRE DIFFÉRÉE POUR LAISSER LE TEMPS À L'ENSEIGNANT DE FAIRE LE DOCUMENT ET DE LE PHOTOCOPIER.

CLASSE ORGANISÉE EN ILOTS
55 minutes

Matériel

★ Pour l'enseignant:
- 1 toupie réalisée en séance 3

★ Pour la classe:
- 1 toupie à crémaillère, type Bey Blade
- 1 toupie à ressort
- 1 toupie à treuil
- 1 toupie à vis

★ Par groupe:
- 1 boite de matériel modulaire
- 1 toupie d'expérimentation, son axe doit pouvoir recevoir une roue dentée du matériel modulaire

★ Par élève:
- son cahier d'exploration du monde
- 1 crayon

SÉANCE 6 CONCEVOIR UN LANCEUR DE TOUPIE AVEC LE MATÉRIEL MODULAIRE — CE1 • CE2

Phase 1 RETOUR AUX TOUPIES
Oral collectif • 5 min

- Rappel du problème à résoudre: **faire en sorte que la toupie ait une plus grande vitesse au lancement.**
- Les idées des élèves sont recueillies. Normalement, le recours à un engrenage devrait être immédiat. Si ce n'est pas le cas, revenir aux objets étudiés précédemment.
- Faire verbaliser le fait qu'il va falloir ajouter une roue dentée sur l'axe de la toupie.

Phase 2 ÉVALUATION FORMATIVE: TROUVER UNE IDÉE DE SOLUTION
Travail individuel • 15 min

- Les deux questions suivantes et la consigne sont écrites au tableau. Chaque élève y répond dans son cahier d'exploration du monde:
  - **Quelles roues dentées va-t-on utiliser pour la toupie et son lanceur?**
  - **Schématisez l'engrenage utilisé.**
  - **Dans quel sens tournera la toupie si la roue menante est tournée dans le sens horaire?**

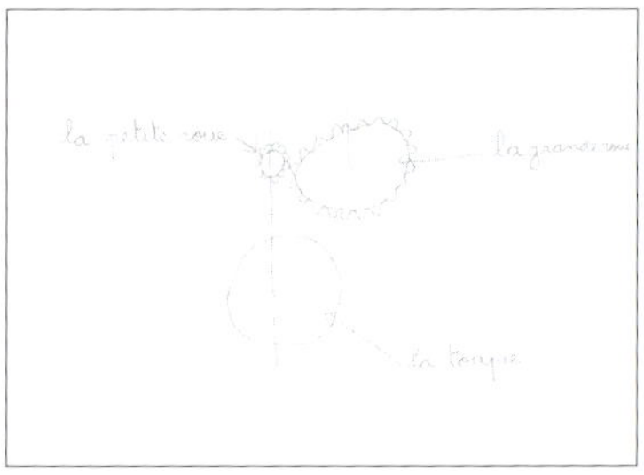

DIFFÉRENCIATION Un montage de base en matériel modulaire, avec des roues à disposition, peut être en fond de classe et manipulable par les élèves en ayant besoin. Pour aider à la schématisation, des gabarits de disques peuvent être mis à leur disposition.

+ EN CIRCULANT, L'ENSEIGNANT REPÈRE LES ÉLÈVES PROPOSANT DES SOLUTIONS IDENTIQUES POUR FORMER LES GROUPES.

Phase 3 RÉALISATION DU LANCEUR EN MATÉRIEL MODULAIRE
Groupes de 3 à 4 élèves • 20 min

- Les élèves proposant des solutions identiques sont regroupés et construisent le lanceur. Ils ont à leur disposition une boite de matériel utilisé pour la séance 5 ainsi qu'une toupie dont l'axe permet l'assemblage d'une roue dentée du matériel.

+ LES ROUES DENTÉES SONT ASSEZ SOUVENT FACILEMENT CHOISIES, UNE PETITE EST ASSEMBLÉE À LA TOUPIE ET UNE GRANDE EST SÉLECTIONNÉE POUR LE LANCEUR. LES PROBLÈMES PLUS COMPLEXES À RÉSOUDRE SONT:
  - LA CONNEXION DE LA TOUPIE AU LANCEUR DE FAÇON À POUVOIR ÊTRE ENGRENÉ PAR LA GRANDE ROUE MAIS AUSSI RETIRÉ UNE FOIS LE LANCEMENT EFFECTUÉ.
  - LA TENUE DU LANCEUR PAR LE JOUEUR.
  - LA MISE EN PLACE D'UNE MANIVELLE ERGONOMIQUEMENT MANIPULABLE.

  PEU D'ÉLÈVES PENSENT À MULTIPLIER LE RAPPORT DE TRANSMISSION EN SUPERPOSANT PETITE ET GRANDE ROUE SUR LE MÊME AXE.

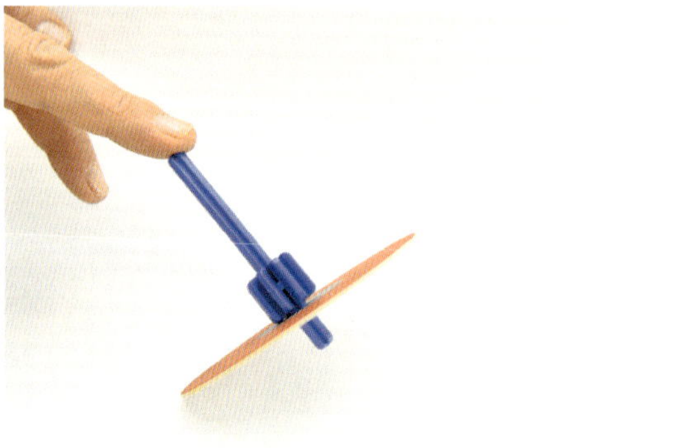

Phase 4 BILAN ET DÉCOUVERTE D'AUTRES SOLUTIONS TECHNIQUES
Oral collectif • 15 min

- Les groupes présentent leur fabrication et font la démonstration de leur lanceur.
- Les différentes solutions sont comparées les unes aux autres. Les astuces des uns et des autres sont repérées et mises en évidence.
- Les solutions sont aussi comparées aux solutions existant dans le commerce. Chaque groupe reçoit un modèle de toupie et de lanceur et explique leur fonctionnement à l'ensemble de la classe. Il existe des lanceurs à treuil, à crémaillère, à ressort et à vis.
- L'enseignant annonce que la séance suivante sera consacrée à la réalisation d'un lanceur individuel pour que tous puissent repartir avec leur toupie et son lanceur.

CLASSE ORGANISÉE EN ILOTS
50 minutes

Matériel

★ Pour l'enseignant :
- 1 lanceur
- 1 ensemble *lanceur toupie* agrandi (matériel page 222 et)
- 1 fiche de construction 13 *Le lanceur de toupie*

★ Pour la classe :
- le matériel pour tous les groupes et les élèves est installé dans des bacs en fond de classe

★ Par groupe :
- 1 poste de sciage : 1 scie à archet, 1 plaque martyre ou planche à découper
- 1 rouleau d'adhésif double face
- 1 tasseau de 2 x 1 x 50 cm
- 2 pailles
- 1 tourillon de 4 mm de diamètre
- 1 toupie simple

★ Par élève :
- 1 toupie simple
- 1 bande support en papier cartonnée de 2 x 20 cm
- 1 petite roue dentée
- 1 grande roue dentée
- 1 fiche de construction 13 *Le lanceur de toupie*
- 1 règle
- 1 plioir
- 1 paire de ciseaux

VIDÉO **Trucs & astuces**
Fabriquer une toupie simple
Fabriquer un lanceur de toupie

SÉANCE 7 FABRIQUER UN LANCEUR DE TOUPIE EN SUIVANT UNE FICHE DE CONSTRUCTION — CE1 • CE2

Phase 1 DÉCOUVERTE DU LANCEUR
Oral collectif • 10 min

- L'enseignant présente le lanceur. Le rôle de chacun des éléments est explicité en faisant référence à ce qui a été trouvé lors de la séance précédente avec le matériel modulaire.
- L'ensemble *lanceur toupie* est affiché et la désignation de chacun des éléments est inscrite au tableau.
- La liste des éléments nécessaires à la fabrication, la nomenclature, est complétée.

Phase 2 FABRICATION EN SUIVANT LA FICHE DE CONSTRUCTION
Groupes de 3 à 4 élèves • 30 min

- La démonstration du pliage du support et de l'utilisation du plioir est faite à l'ensemble de la classe.
- Une démonstration de l'opération de sciage est faite à la moitié de la classe, pendant que l'autre moitié s'approvisionne de l'ensemble du matériel nécessaire à la fabrication dans les bacs installés en fond de classe.
- Les deux moitiés de classe s'échangent une fois la première démonstration faite.
- Le groupe s'organise pour le roulement au poste de sciage. En attendant de pouvoir scier, les élèves coupent, plient la bande support en papier cartonné et préparent les morceaux de paille de deux centimètres.

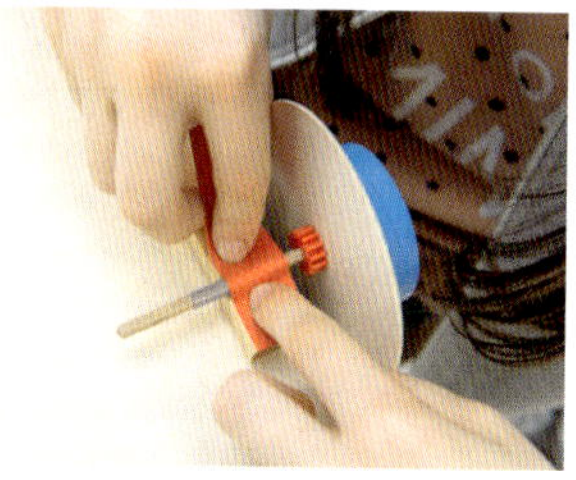

DIFFÉRENCIATION Si les élèves ont pensé aux roues montées sur le même axe, il est possible d'adapter la fabrication en utilisant des roues doubles.

Phase 3 RANGEMENT PUIS JEU
Groupes de 3 à 4 élèves • 10 min

- Les fabrications terminées, le matériel est rangé, l'adhésif double-face maintenant la plaque martyre retiré.
- La classe rangée, les lanceurs sont testés.
- Un concours de toupies peut être organisé.

PROLONGEMENT / TRANSVERSALITÉ

- Une exposition de toupies récoltées auprès des élèves peut permettre un classement en fonction des matières, des toupies des autres pays, des types de toupies simples et des différents mécanismes mis en œuvre dans les lanceurs.
- La décoration des disques peut amener une séquence sur le mélange des couleurs en Arts plastiques ou les illusions d'optiques.
- En histoire des arts il y a plusieurs tableaux représentant des enfants jouant avec des toupies. Deux posters A3 sont disponibles dans le coffret : *Détail du tableau Jeux d'enfants* de Pieter Bureghel l'ancien et *L'enfant au toton* de Chardin.

Phase 3 SCHÉMATISATION DE LA MACHINE À FESSÉE
Travail individuel puis oral collectif • 15 min

- Chaque élève représente la machine à fessée réalisée.
- Faire verbaliser la difficulté de dessiner la machine en perspective. Si des élèves ont représenté la machine de profil en symbolisant les poulies par des cercles, leur demander de venir dessiner la machine au tableau. Si aucun élève n'en a eu l'idée, donner la solution et dessiner le système au tableau.
- Chaque élève dessine la machine schématisée sous sa première tentative.
- L'enseignant introduit le vocabulaire : roue menante, roue menée, courroie, sens de rotation horaire et antihoraire.
- Faire verbaliser l'utilité du système : transmettre un mouvement de rotation.

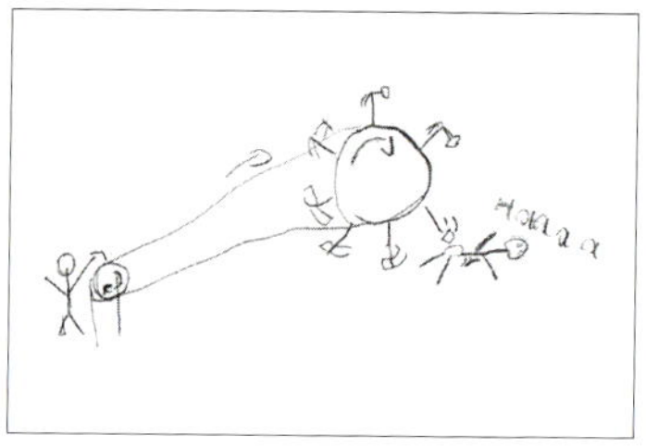

+ Les machines sont rangées construites pour ne pas avoir à les reconstruire pour la prochaine séance. Prévoir un espace de rangement.

CLASSE ORGANISÉE EN ILOTS
60 minutes

Matériel
★ Pour l'enseignant :
- l'affiche des questionnements rédigée lors de l'étape précédente

★ Par groupe :
- sa machine à fessées
- une boite de matériel modulaire avec des poulies de différents diamètres
- 1 *tableau d'expérimentation*

★ Par élève :
- 1 document *Système poulies-courroie* (document élève page 226 et)

SÉANCE 2 EXPÉRIMENTER POUR COMPRENDRE LE SYSTÈME POULIES-COURROIE — CE1 • CE2

Phase 1 QUESTIONNEMENTS ET MISE AU POINT DES EXPÉRIENCES À MENER
Oral collectif • 10 min

- Les élèves rappellent la séance précédente et se remémorent les questionnements issus de l'observation à l'aide de l'affiche.
- L'enseignant les interroge sur les expériences à mener pour répondre aux questions : observation des sens de rotation puis essai de la machine en l'état puis en changeant le diamètre des poulies.
- Le tableau des expériences à mener est affiché au tableau.
- Les machines sont redistribuées.

Phase 2 EXPÉRIMENTATIONS
Groupes de 3 à 4 élèves • 20 min

- Chaque groupe expérimente les différentes configurations et remplit le ***tableau d'expérimentation***.

DIFFÉRENCIATION Pour les élèves en avance, poser le défi suivant : trouver comment faire pour que la poulie menée tourne dans le sens opposé à celui de la poulie menante.

Phase 3 ANALYSE DES RÉSULTATS ET BILAN
Oral collectif • 15 min

- Les résultats sont analysés collectivement, chaque groupe étant interrogé sur une des expérimentations, les autres groupes complétant les informations données. Si les résultats sont contradictoires, vérification collective avec l'une des maquettes pour savoir qui a raison.
- L'augmentation, la diminution ou la conservation du nombre de tours de roues doivent être constatées. La notion d'effort plus ou moins important pour entrainer le système aussi.
- La réponse à la configuration de la machine à fessées est verbalisée :
  - *Un système poulies-courroie transmet un mouvement de rotation.*
    La machine à fessées a une petite poulie menante et une grande poulie menée pour que les gnomes aient moins d'efforts à fournir pour entrainer la roue à gants.

Phase 4 TRACE ÉCRITE INDIVIDUELLE
Travail individuel • 15 min

- Chaque élève remplit le document ***Système poulies-courroie*** **(document élève page 226 et** **).**

CLASSE ORGANISÉE EN ILOTS
50 minutes

Matériel
★ Pour l'enseignant
- le poster A5 *Remonte-pentes*

★ Pour 2 élèves :
- 1 carte 8 *Objets avec poulies*
- 1 feuille

SÉANCE 3 DÉCOUVRIR D'AUTRES OBJETS DANS LESQUELS IL Y A DES POULIES — CE1 • CE2

Phase 1 CONSIGNES
Oral collectif • 10 min

- Chaque binôme reçoit une carte 8 ***Objets avec poulies***. Le binôme décrit par écrit le système, indique le sens de rotation de la poulie menée par rapport à celui de la roue menante, s'il y a augmentation, conservation ou diminution du nombre de tours de roues et les conséquences sur l'effort à fournir pour utiliser ce système. Dans son texte, il ne doit pas y avoir d'indice permettant de reconnaitre l'objet. Une fois ces textes rédigés, en groupe, il faudra retrouver la photo qui correspond au texte.
- Un exemple est réalisé en collectif avec le ***remonte-pentes*** : dans cet objet, les deux poulies ont le même diamètre. Elles tournent dans le même sens. Il y a conservation du nombre de tours. Le moteur qui entraine la roue menante doit être suffisamment puissant car la charge à entrainer est assez lourde.

Phase 2 RÉDACTION DESCRIPTIVE
Binômes • 15 min

- Chaque binôme observe la photo puis rédige sa description. Leurs noms sont écrits au dos de la feuille.
- L'enseignant ramasse photos et textes.

Phase 3 JEU D'ASSOCIATION
Groupes de 6 à 8 élèves • 15 min

- L'enseignant distribue les textes et les photos aux groupes. Dans chaque groupe, les textes ont été rédigés par des binômes extérieurs au groupe.
- En groupe, les textes sont lus et les photos correspondantes y sont associées.

Phase 4 CORRECTION
Oral collectif • 10 min

- Les associations de chaque groupe sont vérifiées en demandant aux auteurs des textes si la photo associée est la bonne.
- Les différences entre les descriptions sont notées et justifiées par les différents auteurs.
- Une trace écrite collective est rédigée :
  - *Dans la machine à coudre le pied entraine une grande poulie menante, qui entraine une petite poulie menée. Le système sert à augmenter le nombre de tours. Les deux poulies tournent dans le même sens.*
  - *Dans ce système de corde à linge, les deux poulies sont identiques. Il y a conservation du nombre de tours. L'effort à fournir dépend de la quantité de linge suspendue. Les deux poulies tournent dans le même sens.*
  - *Dans un alternateur, la poulie menante est sur le moteur, elle est grande, la poulie menée est en bout de l'alternateur, elle est petite. Le système sert à augmenter le nombre de tours de roues. Les deux poulies tournent dans le même sens.*
  - *Dans cet atelier, le moteur entraine une petite poulie qui entraine une grande poulie. Le nombre de tours est diminué. La courroie est croisée, les deux poulies tournent en sens inverse.*

+ EN OBSERVANT LES BINÔMES ET À L'AIDE DE LEUR ÉCRIT, IL EST POSSIBLE D'ÉVALUER SI LE PRINCIPE DU SYSTÈME POULIES-COURROIE EST COMPRIS.

PROLONGEMENT / TRANSVERSALITÉ

- Des maquettes en matériel modulaire des objets représentés sur les photos peuvent être construites.
- Un travail en Arts plastiques à partir des machines de Tinguely ou du marcheur d'Antoine de Birot ou du manège Petit Pierre peut permettre un réinvestissement du travail sur les poulies.

PRÉNOM DATE

SYSTÈME POULIES-COURROIE

Quelle est la fonction d'un système poulies-courroie?

....

....

Colle les schémas sur la bonne ligne et **complète** les phrases avec les mots conservation - augmentation - diminution.

Schémas	Sens de rotation	Effets
	Les deux poulies tournent dans le même sens.	La poulie menée fait plus de tours que la poulie menante. La poulie menée est facile à tourner. Il y a .... du nombre de tours.
	Les deux poulies tournent dans le même sens.	La poulie menée fait moins de tours que la poulie me-nante. La poulie menée est difficile à tourner. Il y a .... du nombre de tours.
	Les deux poulies tournent dans le même sens.	Les deux poulies font le même nombre de tours. La poulie menante n'est pas difficile à tourner. Il y a .... du nombre de tours.
	Les poulies tournent en sens inverse.	La poulie menante fait moins de tours que la poulie menée. La poulie menante est difficile à tourner. Il y a .... du nombre de tours.

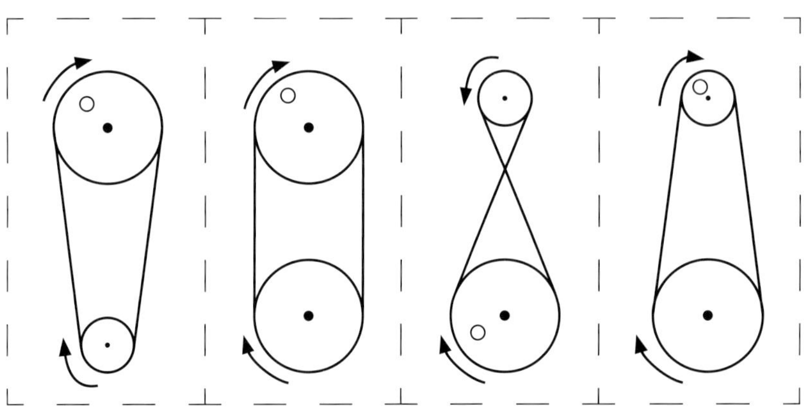

CP CE1 CE2

DES HAUTS ET DES BAS

Trouver une solution technique

Séance 1	Séance 2	Séances 3 et 4	Séance 5	Séance 6	Séance 7
Découvrir le défi	Imaginer la machine	Construire la machine	Préparer la présentation de la machine	S'entrainer à la préparation orale	Présenter les machines
55 min Classe organisée en ilots	40 min Pas d'organisation particulière	2 x 55 min Classe organisée en ilots	50 min Classe organisée en ilots	40 min Classe organisée en ilots	15 min par groupe Pas d'organisation particulière

CLASSE ORGANISÉE EN ILOTS
55 minutes

Matériel

★ Pour l'enseignant:
- 1 enveloppe avec la lettre du défi
- 1 boite de Camembert

★ Pour la classe:
- 1 balance

★ Par groupe:
- 1 boite de camembert
- des objets
- 1 feuille blanche

SÉANCE 1 DÉCOUVRIR LE DÉFI — CP • CE1 • CE2

Phase 1 LECTURE DU DÉFI
Oral collectif • 20 min

▶ L'enseignant montre la lettre contenant le défi puis la lit.

Concevoir et construire un dispositif capable de faire monter sur une table une boite de Camembert remplie d'au moins deux objets puis de la faire redescendre.
La table mesurera plus que 60 centimètres.
La boite remplie pèsera entre 50 et 60 grammes.
La boite posée sur le sol doit revenir à son point de départ.
Personne ne la touche pendant son déplacement.
Le dispositif comporte au moins un élément en rotation.

▶ Explications des mots incompris si nécessaire et rédaction collective des problèmes à résoudre:
- Rotation: action de tourner. Les aiguilles d'une montre, les roues d'une voiture sont en rotation.
- Remplir une boite avec des objets et mesurer son poids. Entre 50 et 60 grammes, les valeurs intermédiaires sont listées.
- Trouver une table de plus de 60 centimètres.
- Fixer la boite à la machine.
- Construire une machine qui fasse monter et descendre la boite.

Phase 2 ANTICIPATION DU MATÉRIEL NÉCESSAIRE
Groupes de 4 à 6 élèves puis oral collectif • 15 min

▶ L'enseignant explique qu'avant de s'occuper de la machine, il faut construire la boite et trouver la table.

▶ Chaque groupe liste le matériel nécessaire: boite de camembert, petits objets tenant dans la boite, balance, mètre, table.

▶ L'enseignant demande si des élèves savent utiliser la balance. Si oui, il les interroge sur la méthode à utiliser pour vérifier que la boite remplie pèse entre 50 et 60 grammes puis montre comment faire.

Phase 3 CONSTRUCTION DE LA BOITE
Groupes de 4 à 6 élèves • 15 min

▶ Chaque groupe remplit la boite avec des objets de la classe et va vérifier sur la balance placée à un endroit central qu'elle remplit la contrainte de masse.

Phase 4 RECHERCHE DE LA TABLE
Groupes de 4 à 6 élèves puis oral collectif • 5 min

+ L'ENSEIGNANT VEILLE À CE QU'IL N'Y AIT PAS D'OUTIL MESURANT PLUS DE 30 CENTIMÈTRES À LA DISPOSITION DES ÉLÈVES.

▶ Chaque groupe recherche une table répondant à la contrainte de hauteur.

DIFFÉRENCIATION Pour les élèves de CP, cette étape peut être plus longue. Au préalable, un trait de 60 centimètres peut être tracé au tableau et permettre la réalisation d'un gabarit en papier ou en ficelle pour chaque groupe.

PAS D'ORGANISATION PARTICULIÈRE
40 minutes

Matériel
★ Pour l'enseignant :
- 1 enveloppe avec la lettre du défi

★ Pour la classe :
- les cartes 9 *Engins du quotidien*
- de la ficelle (au moins 1,5 m)
- de l'adhésif

★ Par groupe :
- sa boite

★ Par élève
- 1 feuille blanche

SÉANCE 2 IMAGINER LA MACHINE — CP • CE1 • CE2

Phase 1 TRAJECTOIRE
Oral collectif • 10 min

- Un élève relit le défi. La classe se remémore les actions de la séance précédente.
- Les trajectoires sont visualisées à l'aide de ficelles.

Phase 2 DESSIN DU PROJET
Travail individuel • 15 min

- Chaque élève dessine et légende les solutions techniques qu'il envisage pour fixer la boite à son engin et la faire monter et descendre.
- Pour les élèves sans idée, inciter la réflexion autour d'objets connus répondant à l'une ou l'autre des actions.
- Si les élèves bloquent, utiliser les cartes 9 *Engins du quotidien*.

+ L'ENSEIGNANT CIRCULE ET REPÈRE LES SOLUTIONS IDENTIQUES AINSI QUE LES DESSINS LES PLUS EXPLICITES.

Phase 3 CONSTITUTION DES ÉQUIPES
Oral collectif • 15 min

- L'enseignant affiche au tableau les dessins qu'il a repérés. Les solutions sont explicitées par les élèves qui peuvent être interrogés par leurs pairs.
- Les équipes d'élèves ayant imaginé des solutions proches sont constituées.

+ LA COLLECTE DE MATÉRIEL DIVERS ET VARIÉ COMMENCE : BOITES, ROULEAUX, CROCHETS...

CLASSE ORGANISÉE EN ILOTS
2 x 55 minutes

Matériel
★ Pour la classe :
- 1 pistolet à colle
- 1 perceuse visseuse-dévisseuse
- adhésif
- colle
- ficelle
- objets de récupération : boites, rouleaux de papier toilettes, emballages, tasseaux, bouchons...

SÉANCES 3 ET 4 CONSTRUIRE LA MACHINE — CP • CE1 • CE2

Phase 1 RECHERCHE PUIS CONSTRUCTION DE LA MACHINE
Groupes de 3 à 4 élèves • 2 x 55 min

- Chaque groupe se met d'accord sur les solutions à adopter.
- Le groupe s'organise pour apporter les matériaux manquants à la réalisation de la machine.
- Des tests sont réalisés pour valider ou non les solutions choisies. Si les solutions ne fonctionnent pas, d'autres sont recherchées puis essayées.
- À la fin de chaque séance de recherche, les élèves notent les étapes franchies lors de la séance, réfléchissent et notent le travail qu'il leur reste à effectuer.

L'enseignant prend des photos des différentes étapes de chaque groupe pour faciliter la restitution lors de la présentation du défi.

CLASSE ORGANISÉE EN ILOTS
50 minutes

Matériel
★ Par groupe :
- les photos prises par l'enseignant
- les notes prises pendant les phases de recherche et de construction
- des affiches
- la machine

SÉANCE 5 PRÉPARER LA PRÉSENTATION DE LA MACHINE — CP • CE1 • CE2

Phase 1 ATTENDUS DE LA PRÉSENTATION
Classe entière • 5 min

- L'enseignant indique au tableau les attendus de la présentation. Avant de relever le défi, chaque groupe devra expliquer comment il en est arrivé à cette fabrication, les difficultés qu'il a rencontrées et comment il les a surmontées.
- Les groupes peuvent s'aider des photos prises par l'enseignant et des notes qu'ils ont prises tout au long des séances de recherches et de construction.
- La présentation peut être soutenue par des affiches.

Phase 2 PRÉPARATION DE LA PRÉSENTATION
Groupes de 3 à 4 élèves • 45 min

- Les groupes rédigent les textes et les affiches de présentation. Ils s'aident de leurs notes et des photos prises par l'enseignant.

+ L'enseignant peut distribuer des rôles à l'intérieur des équipes si cela ne se fait pas automatiquement. Avec les CE1 et les CE2, le texte de ce qui va être dit peut être rédigé et tapé sur ordinateur.

CLASSE ORGANISÉE EN ILOTS
40 minutes

Matériel
★ Par groupe :
- les affiches de la semaine précédente
- la machine
- le texte rédigé

SÉANCE 6 S'ENTRAINER À L'ORAL — CP • CE1 • CE2

Phase 1 FIN DE LA PRÉSENTATION
Groupes de 3 à 4 élèves • 20 min

- Les groupes terminent les affichages et les textes de leur présentation.
- Les groupes s'organisent pour la présentation elle-même.

Phase 3 ENTRAINEMENT À LA PRÉSENTATION
Groupes de 3 à 4 élèves • 20 min

- Les groupes font une présentation blanche entre eux.

PAS D'ORGANISATION PARTICULIÈRE
15 minutes par groupe

Matériel
★ Par groupe :
- les affiches de présentation
- la machine
- le texte rédigé

SÉANCE 7 PRÉSENTER LES MACHINES — CP • CE1 • CE2

+ À prévoir sur une semaine. Chaque jour, un groupe présente sa solution à l'ensemble de la classe.

Phase 1 PRÉSENTATION DU DÉFI
Groupes de 3 à 4 élèves • 15 min par groupe

- Chaque groupe fait sa présentation et montre comment il a relevé le défi. Un jury vérifie que les contraintes sont bien respectées : masse de la boite, hauteur de la table, rotation… Les autres élèves peuvent interroger le groupe.

+ Si le défi est réalisé par plusieurs classes, seule une machine pourra être présentée à l'ensemble des classes lors de la restitution finale. Cette présentation dans la classe permet de choisir la machine de la classe, par exemple par un vote à l'issue de toutes les présentations.

OUVRAGES AUTOUR **DES OBJETS MÉCANIQUES**

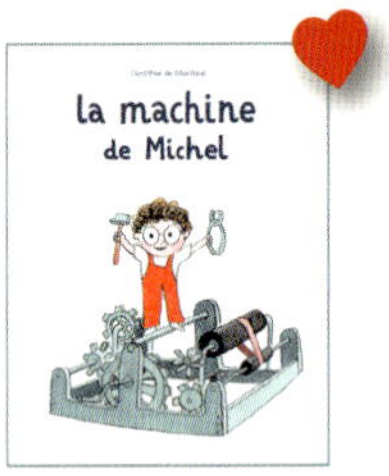

CP CE1 CE2

La machine de Michel

Dorothée de Monfreid
© L'école des loisirs • 2013 • 12,70 €

Invité à la fête d'anniversaire d'Alice, Michel lui fabrique une machine extraordinaire.

CP CE1 CE2

Taupeville

Torben Kuhlmann
© NordSud • 2015 • 14 €

Dans une prairie, des taupes construisent une ville de plus en plus grande. La mécanique est présente dans les illustrations avec des systèmes pour creuser, monter, transporter…

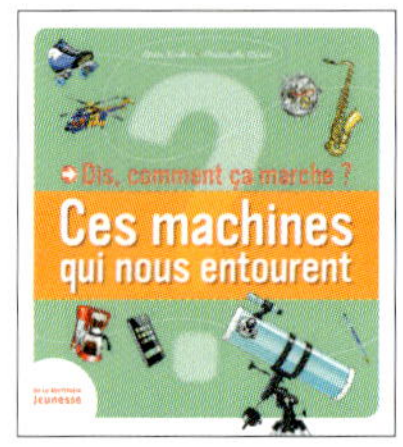

CE1 CE2

Dis, comment ça marche? Ces machines qui nous entourent

Alain Korkos et Christophe Clerici
© De la Martinière jeunesse • 2011 • 15,10 €

Des textes explicatifs et des légendes détaillées pour comprendre le fonctionnement des machines qui nous entourent.

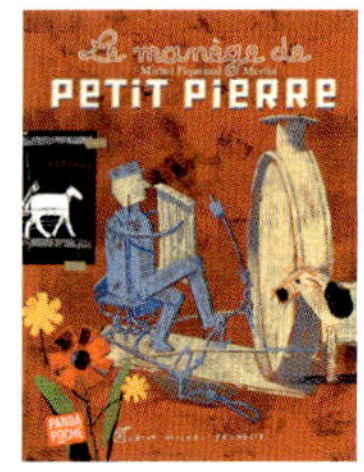

CE1 CE2

Le manège de Petit Pierre

Michel Piquemal et Merlin © Albin Michel Jeunesse • 2021 • 5,50 €

L'histoire vraie de Petit Pierre, garçon vacher né bancal et difforme qui a créé tout un manège mobile à l'aide d'objets de récupération.

JEUX **MÉCANIQUES**

CP CE1 CE2

Téléphérique avec station d'accueil

© Playmobil 9830 • À partir de 44,99 €

Un kit de jeu avec un système de poulies permettant le déplacement d'un téléphérique.

CP CE1 CE2

Lego® Premières machines

© Lego Éducation 9689 • À partir de 55 €

Permet d'étudier et de comprendre le fonctionnement de machines de la vie quotidienne à l'aide de modèles dont les fiches de construction sont fournies : engrenages, roues et axes, leviers et poulies.

CP CE1 CE2

Georello tech 266 pièces

© Quercetti 2389 • À partir de 40 €

Permet la construction de machines 3D mêlant les mécanismes de base : roues dentées, chaines, poulies, bielle, manivelle.

SITES ET APPLICATIONS **AUTOUR DES OBJETS MÉCANIQUES**

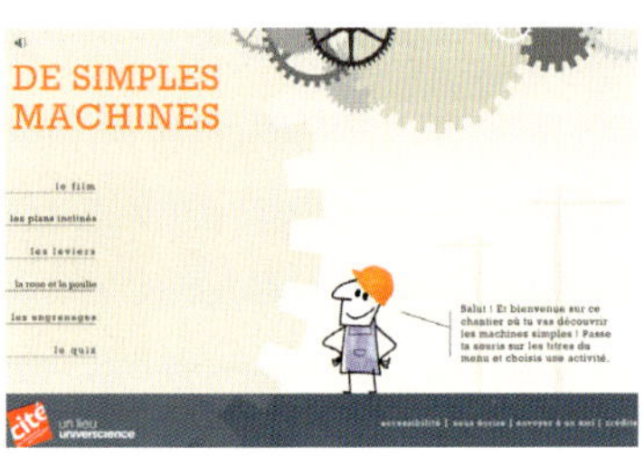

CP CE1 CE2

De simples machines

http://www.cite-sciences.fr/ressources-en-ligne/juniors/machines-simples/experiences-ludiques/

Sur le site de la Cité des sciences, un jeu en ligne pour découvrir les machines simples.

CP CE1 CE2

Robot Gears

Une application gratuite proposant des roues dentées de différentes tailles à disposer de manière à former un engrenage.

CP CE1 CE2

Pettson's Inventions

Une application dans laquelle le grand-père donne un problème à résoudre.
En déplaçant les objets mis à disposition, il faut construire une machine qui résout le problème.

LES OBJETS ÉLECTRIQUES

Les notions abordées

- **Les dangers de l'électricité**
- **Le rôle du générateur**
- **La notion de circuit électrique**

Notions pour l'enseignant

Qu'est-ce que le courant électrique ?

- Le courant électrique correspond à **la circulation d'électrons** dans un matériau. Les électrons sont les charges négatives des atomes et constituent la plus petite entité de la matière.

Que faut-il pour avoir du courant ?

- Que le matériau soit **conducteur**. Pour cela, il faut que dans sa constitution des électrons soient libres et donc puissent circuler entre les atomes. Généralement, les métaux sont conducteurs. À l'inverse, un matériau dont la constitution ne contient pas d'électrons libres ne permet pas la circulation d'électrons. Il est appelé **isolant**. Les matières plastiques sont généralement isolantes.
- Qu'il fasse partie d'**un circuit** (boucle) dans lequel doit se trouver obligatoirement **un générateur** (soit une pile, soit le secteur) et **un récepteur** (composant permettant de transformer l'énergie électrique en une autre forme d'énergie : mécanique, rayonnante ou thermique). Les différents éléments de ce circuit sont reliés par des **fils électriques**. Le fil électrique est un fil métallique donc conducteur gainé par du plastique isolant. Pour que le courant puisse circuler, ce circuit doit être **fermé** : il est constitué par une boucle ininterrompue de matériaux conducteurs.
- Qu'il y ait **une différence de potentiel** entre les deux bornes du générateur. Cette différence de potentiel est appelée **tension** et se mesure en volts. L'analogie la plus simple à comprendre est celle de l'eau : une rivière ne s'écoule que s'il y a une différence de niveau entre l'amont et l'aval, la différence de potentiel est l'équivalent de la différence de niveau. Quand une pile est usée, c'est qu'il n'y a plus de différence de potentiel entre les deux bornes de la pile.

Quelles lois régissent l'électricité ?

- **L'intensité** d'un courant électrique correspond au débit d'électrons dans le circuit. Elle dépend de la tension aux bornes du générateur et de la résistance (grandeur mesurant la conductivité de l'objet) des récepteurs composant le circuit. C'est la loi d'Ohm : $U = RI$.
- **La puissance** est la quantité d'énergie utilisée en un temps donné. Elle se mesure en watts selon la formule $P = UI$.

Les différents branchements

- **Montage en série**

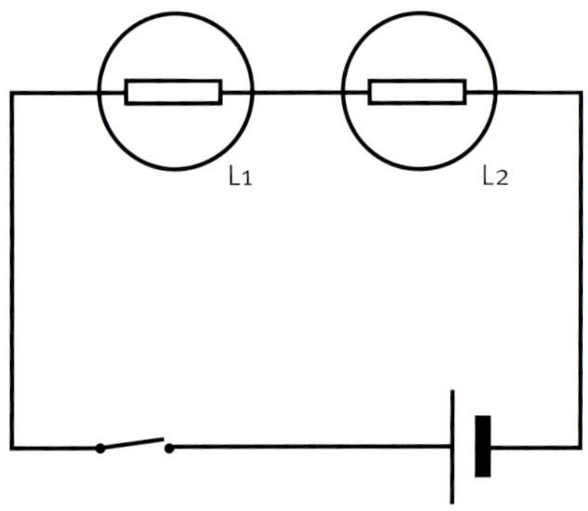

La **tension** se partage entre les récepteurs. $U = U_1 + U_2$
L'intensité est la même en tout point du circuit. $I = I_1 = I_2$
Les deux lampes brillent faiblement.
Quand l'une d'elles grille, l'autre s'éteint.

- **Montage en dérivation**

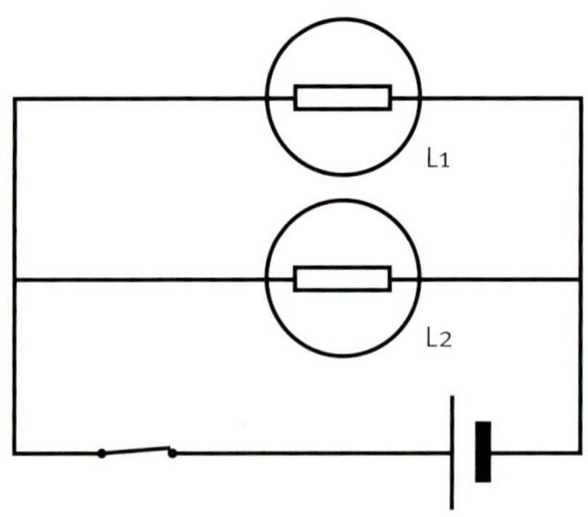

La **tension** est la même aux bornes de chaque boucle du circuit.
$U = U_1 = U_2$
L'intensité se partage entre chacune des boucles. $I = I_1 + I_2$
Les deux lampes brillent normalement.
Quand l'une d'elles grille, l'autre continue à briller.

Quels sont les dangers de l'électricité ?

L'électrocution

- Le corps humain est conducteur, il peut donc être traversé par un courant électrique. Si l'intensité dépasse 30 mA, il y a risque d'électrocution.
  C'est pourquoi un des enjeux de ce chapitre est d'associer l'électricité du secteur à la notion de **danger**.
  Quand on utilise des piles, le courant ne dépasse généralement pas 0,2 mA. Il n'y a donc aucun danger.
- Les personnes sont protégées des risques d'électrocution par :
  - des **cache-prises** installés sur les prises,
  - des **prises de terre** qui dirigent vers la terre tout courant de fuite,
  - des **disjoncteurs** différentiels qui ouvrent le circuit dès qu'ils détectent qu'il y a un courant de fuite et donc une différence entre le courant d'entrée et le courant de sortie.

Le court-circuit

- Le second risque électrique est celui de l'échauffement des fils quand il y a un **court-circuit**. Un court-circuit est une boucle de circuit sans récepteur. Dans les manipulations, cette situation peut arriver (un élève qui relie les deux bornes de la pile avec un fil, des trombones permettant de relier des fils aux lamelles de la pile se touchent…). La pile peut alors devenir très chaude. Si elle est confinée dans une boite et qu'elle touche des papiers fins, type papier de soie, ces derniers peuvent s'enflammer. Il ne faut donc jamais mettre de papiers fins à proximité d'une pile.
- Les installations sont protégées des risques d'incendie dus aux courts-circuits par :
  - l'utilisation de fils de section suffisante pour le courant les traversant,
  - des disjoncteurs thermiques qui ouvrent le circuit dès que le courant les traversant est supérieur à celui pour lequel ils sont calibrés.

Vocabulaire de la lampe

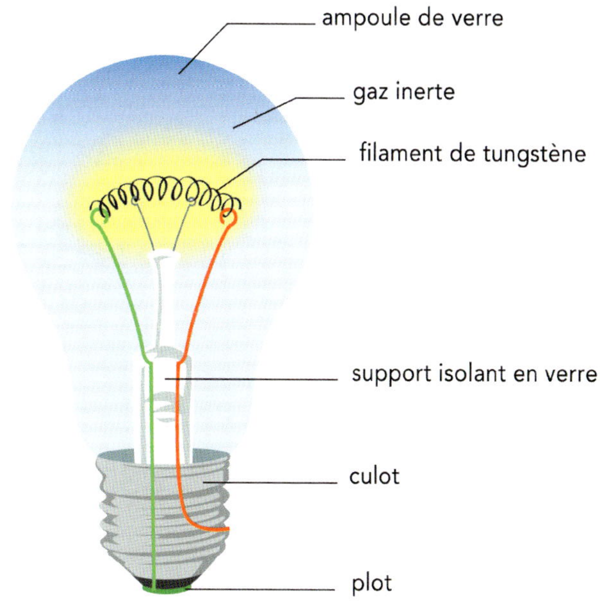

Ce qui peut poser problème

- La notion d'électricité est très abstraite. Comme toute énergie, l'électricité ne se voit pas. Elle ne se manifeste que par ses effets. Habitués à produire un effet en appuyant sur un bouton les élèves ne se posent pas la question de ce qui permet le fonctionnement de l'objet.
- Le passage du dessin au schéma est difficile : le remplacement des différents éléments par leurs symboles ne pose pas de problème mais les connexions simplifiées qui ne correspondent généralement pas à la réalité des fils surtout dans les circuits en dérivation sont plus difficiles à comprendre.

& Trucs astuces

Ampoule, lampe ou led ?

Le terme scientifique pour ce qui est communément appelé ampoule est **lampe**. L'ampoule ne désigne que l'ampoule de verre contenant le filament. Les **lampes à incandescence** possèdent un filament de tungstène qui est chauffé à blanc lors du passage de l'électricité et qui émet de la lumière. Ces lampes E10 sont simples d'utilisation et les élèves peuvent comprendre que lorsque le filament est cassé, le circuit est ouvert car le phénomène est visible. Elles sont de plus en plus remplacées par des **DEL**, diodes électroluminescentes, moins consommatrices d'énergie, mais le phénomène leur permettant d'éclairer n'est pas visible. De plus, elles sont polarisées, c'est-à-dire qu'elles ne s'allument que si elles sont connectées dans le bon sens. Les lampes à incandescence 230 V sont interdites à la vente pour des raisons d'économie d'énergie depuis 2013 mais il est possible d'en récupérer des anciennes ou des grillées pour cette observation. Les grillées permettent d'observer la rupture du filament et donc l'ouverture du circuit.

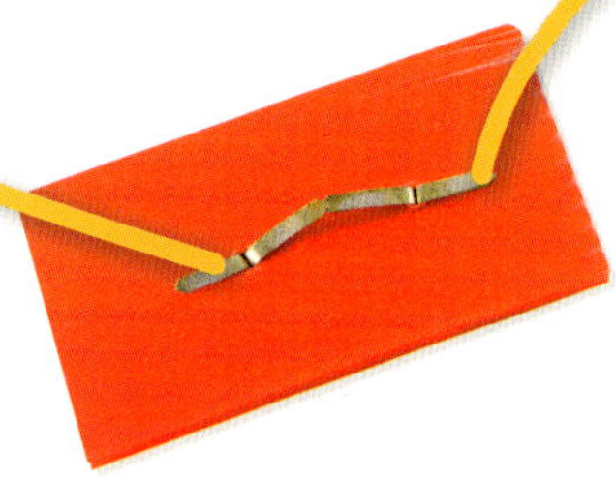

Comment fabriquer un interrupteur maison ?

VIDÉO **Trucs & astuces** ***Fabriquer un interrupteur maison***

Les interrupteurs du commerce ne permettent pas de visualiser le circuit ouvert ou fermé. Il est très simple de fabriquer un interrupteur *maison* qui permet aux élèves de bien voir que le circuit est ouvert ou fermé à l'aide d'attaches parisiennes et d'un morceau de carton.

Quel outil pour dénuder ?

Les pinces à dénuder du commerce sont réglables en fonction du diamètre du fil. Ce réglage est le plus souvent l'objet 'une vis que les élèves dévissent facilement. Nous vous conseillons donc d'utiliser l'outil le plus simple : la pince à dénuder automatique qui ne nécessite pas de réglage.

Quelles piles choisir ?

Les piles plates sont les plus simples à utiliser pour la facilité du branchement des fils sur leurs lamelles.
Il existe sur le marché deux types de piles : **les salines et les alcalines**.
Les piles alcalines sont plus chères car elles durent plus longtemps mais elles sont aussi à l'origine de courts-circuits plus destructifs car plus intenses et plus longs.
Les piles salines sont donc conseillées.

Quelle douille utiliser ?

La **douille E10** est la plus courante et la plus économique.

Quels fils utiliser ?

VIDÉO **Trucs & astuces**
Les différents fils électriques

Pour les montages, les fils électriques à **pinces crocodiles** permettent des liaisons simples. Pour les fabrications, le fil électrique **monobrin** est plus facile à dénuder. Lorsqu'on utilise du **multibrin**, au moment du dénudage, les élèves coupent la plupart des fils périphériques et souvent le fil se coupe au moment de la liaison avec les éléments du circuit.

Comment assembler les fils sur les lamelles de piles ?

VIDÉO **Trucs & astuces**
Assurer les liaisons entre les fils électriques et les lamelles de la pile

Le problème de cette liaison est sa fiabilité. Si les élèves entortillent le fil dénudé autour des lamelles, l'assemblage se défait très facilement. Le trombone peut être utilisé comme intermédiaire de manière à faciliter le changement de la pile. Pour éviter les courts-circuits et renforcer la liaison, il est alors indispensable de recouvrir lamelle et trombone d'un morceau de paille.

Comment assembler douille et fils ?

VIDÉO **Trucs & astuces**
Assurer les liaisons entre une douille et les fils électriques

VIDÉO **Trucs & astuces**
Réaliser une maquette
- *de l'ensemble douille lampe*
- *de la pile*

Utiliser la maquette... et le montage douille lampe

Comment utiliser des moteurs ?

Choisir des moteurs fonctionnant sous une tension allant de 1,5 à 4,5 V.
Opitec réf: 224013 ou 224035 ou 224057
L'installation du moteur peut poser problème, plusieurs mode de fixation sont possibles :
avec des étriers ou un support spécifiques, Opitec réf: 109173 réf: 225018,
en l'insérant dans un bloc de mousse creusé,
en utilisant des colliers métalliques ou plastiques, collier d'installation
Opitec réf: SM26590BK, 15 € les cent colliers de serrage,
Leroy Merlin 4 € les deux.
Les solutions avec des liens armés, type fermeture de sachet plastique, ou élastiques sont peu satisfaisantes, le moteur vibrant trop.
Pour les fixer, il existe soit des étriers de fixation adaptés à leurs diamètres, soit les supports spécifiques.
La fréquence de rotation de l'axe de sortie d'un moteur électrique est toujours très élevée, il existe des kits motoréducteurs qui permettent de la réduire.
La fixation sur l'axe de sortie peut être facilitée par des réducteurs, des pignons spécifiques.

CP MÊME PAS PEUR DU NOIR !

Aborder la notion de circuit électrique

Séance 1	Séances 2 et 3	Séances 2bis et 3bis	Séance 4	Séance 5	Séance 6	Séance 7
Représenter l'intérieur d'une veilleuse	Réaliser le circuit de la veilleuse	Réaliser le décor de la veilleuse	Légender le dessin du circuit de la veilleuse	Utiliser des outils de perçage	Structurer ses connaissances	Évaluation
55 min Pas d'organisation particulière	65 min Demi-classe organisée en ilots	70 min Demi-classe en autonomie	45 min Pas d'organisation particulière	60 min Pas d'organisation particulière	40 min Pas d'organisation particulière	30 min Pas d'organisation particulière

PAS D'ORGANISATION PARTICULIÈRE
55 minutes

Matériel

★ Pour l'enseignant :
- 1 veilleuse du commerce
- au moins 1 veilleuse *Petit ours* fabriquée par l'enseignant à partir de la fiche de construction 14 ***La veilleuse***

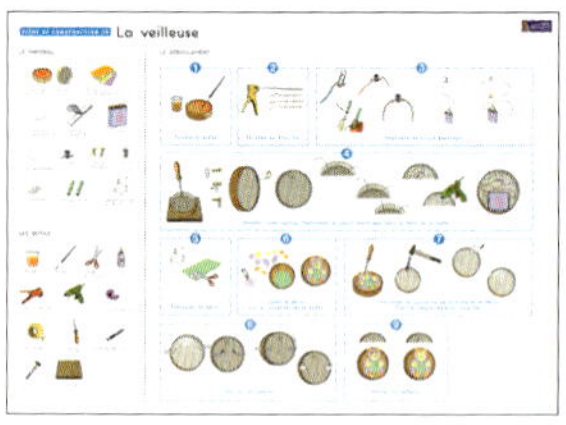

- 1 pile
- 3 fils
- 2 morceaux de paille
- 1 lampe
- 1 douille
- 2 attaches parisiennes
- 1 trombone
- des morceaux de mousse de couleur
- 1 affiche
- 1 boite de coulommiers en carton

★ Par élève :
- 1 document ***L'intérieur de la veilleuse***

VIDÉO **Trucs & astuces**
Fabriquer une veilleuse

SÉANCE 1 REPRÉSENTER L'INTÉRIEUR D'UNE VEILLEUSE — CP

Phase 1 SITUATION DÉCLENCHANTE
Oral collectif • 10 min

- Avant l'entrée des élèves en classe, obscurcir la classe et positionner la veilleuse *Petit ours* allumée sur le bureau.
- Une fois les élèves installés, l'enseignant présente la veilleuse. Il l'éteint et l'allume.
- L'enseignant incite les élèves à décrire l'objet, à faire le parallèle avec les veilleuses branchées sur le secteur que certains peuvent encore utiliser.
- Les élèves verbalisent la fonction de l'objet : c'est un éclairage faible qui sert à rassurer la nuit.
- Faire remarquer la différence entre la veilleuse du commerce qui se branche sur le secteur et celle proposée qui fonctionne sans être branchée.

Phase 2 REPRÉSENTATIONS INITIALES
Travail individuel • 10 min

- L'enseignant donne à chaque élève un document ***L'intérieur de la veilleuse***.
- Les élèves dessinent ce qu'ils pensent trouver à l'intérieur de la boite. Bien insister sur le mot intérieur, leur faire verbaliser qu'ils doivent dessiner le *dedans* de la boite.
- Selon la période de l'année, les dessins seront légendés par les élèves, l'enseignant écrivant au tableau les mots demandés, ou par l'enseignant lui-même en dictée à l'adulte.
- L'enseignant repère les dessins les plus représentatifs pour la phase suivante.

Phase 3 CONFRONTATION DES REPRÉSENTATIONS
Oral collectif • 10 min

- L'enseignant affiche au tableau les dessins les plus représentatifs de l'ensemble des propositions.
- Les dessins les plus courants sont : une pile et une lampe / une bougie / du feu / un éclair / une lampe.
- Demander aux élèves quel serait le meilleur moyen de savoir ce qui se trouve réellement à l'intérieur de la boite. L'ouverture de la boite est la solution la plus efficace.

Phase 4 OBSERVATION ET OUVERTURE DE LA VEILLEUSE
Oral collectif • 10 min

- Un élève ouvre la veilleuse, verbalise ses actions et décrit le contenu de la veilleuse à l'ensemble de la classe. S'il y a plusieurs veilleuses, plusieurs élèves sont chargés de faire la même chose que l'élève au tableau.
- L'enseignant interroge sur la fonction des éléments nommés et introduit le vocabulaire spécifique.
- Les pailles servent à assurer la liaison entre les fils et les lamelles.
- Le mot ampoule est employé. Indiquer que cela s'appelle une lampe.
- La douille n'est généralement pas observée, elle sera vue plus tard.
- Les attaches parisiennes et le trombone sont eux aussi souvent oubliés.

Phase 5 TRACE ÉCRITE COLLECTIVE
Oral collectif • 10 min

- L'enseignant lance le projet de fabrication pour chaque élève. La liste des éléments à se procurer pour pouvoir réaliser la veilleuse est inscrite sur une affiche.
  - *Pour fabriquer une veilleuse nous aurons besoin de:*
    1 pile / 1 lampe / 3 fils pour le circuit électrique / 2 morceaux de paille / 1 boite / de la mousse pour l'ours.
- Selon la période de l'année, cette liste peut être recopiée sur le cahier d'exploration du monde.

Phase 6 LANCEMENT DU PROJET
Oral collectif • 5 min

- L'enseignant demande aux élèves d'apporter une boite de Coulommiers tout en carton, sinon le poinçonnage des yeux est impossible. La distinction entre Coulommiers et Camembert est souvent nécessaire.

+ Dès que les boites sont récoltées, elles peuvent être peintes et mises en attente, elles ne seront nécessaires qu'à partir de la séance 4. La peinture acrylique est celle qui adhère le mieux sur ce genre de boite.

DEMI-CLASSE ORGANISÉE EN ILOTS
65 minutes

Matériel

★ Pour l'enseignant:
- l'affiche de la séance précédente
- 1 *liste de courses* agrandie au format A3

★ Pour 4 élèves:
- 2 pinces à dénuder
- 1 veilleuse modèle

★ Par élève:
- 1 *liste de courses*
- 1 barquette

★ Regroupé sur une table dans des barquettes étiquetées, pour chaque élève:
- 1 pile
- 3 fils de 12 cm non dénudés, si possible de couleurs différentes
- 1 douille
- 1 lampe
- 2 morceaux de paille de 3 cm
- 2 attaches parisiennes
- 3 trombones

SÉANCES 2 ET 3 RÉALISER LE CIRCUIT ÉLECTRIQUE DE LA VEILLEUSE — CP

+ La classe est divisée en deux groupes: une moitié de classe réalise en autonomie le décor de la veilleuse (séance 3), l'autre le circuit électrique de la veilleuse avec l'enseignant. Lors d'une seconde séance, les groupes seront inversés.

Phase 1 APPROVISIONNEMENT
Groupes de 4 à 5 élèves • 15 min

- Après un rappel des éléments nécessaires à la fabrication, en se servant de l'affiche de la séance précédente si nécessaire, présenter la *liste de courses* préparée à partir de cette affiche.
- Avant la séance, le magasin de l'électricien a été préparé: sur une table, des barquettes étiquetées contiennent les différents éléments.
- Chaque élève muni d'une barquette et de sa *liste de courses* va s'approvisionner. La liste est cochée au fur et à mesure et lorsque les élèves ont l'intégralité du matériel nécessaire, ils viennent s'assoir à leur place.
- Une barquette avec les douilles est proposée. Les élèves posent la question de l'utilité de cet élément qui ne figure pas sur leur liste. Une observation du modèle permet de comprendre l'utilité de la douille. Cet élément est ajouté à l'affiche.

+ Les élèves ne pourront s'empêcher de manipuler les éléments et certains pourront réussir par hasard à allumer leur lampe, d'autres créeront des courts-circuits et s'exclameront que c'est très chaud. Leur indiquer qu'ils font une mauvaise utilisation de la pile, qu'il ne faut jamais que les deux lamelles de la pile touchent toutes les deux un même élément métallique, que cela peut être dangereux et que ce sujet sera abordé plus tard.

DIFFÉRENCIATION Possibilité pour les non-lecteurs d'utiliser la liste de courses illustrée qui permet aux élèves de reconnaitre l'élément à prendre.

Phase 2 **OBSERVATION ET RÉALISATION DU CIRCUIT ÉLECTRIQUE**
Groupes de 4 à 5 élèves • 30 min

- La demi-classe est organisée en ilots de quatre élèves, chaque groupe devant avoir une veilleuse modèle.
- Une fois que tous les élèves sont approvisionnés, la fabrication se fait en alternant observation, verbalisation et fabrication de l'étape observée : un élève verbalise ce qu'il voit, le reste de la classe précise si nécessaire. Une fois l'opération à réaliser bien comprise par tous, chacun réalise l'étape du circuit observée.
- La fabrication va se faire en observant le circuit électrique en partant de la pile.

MISE EN ÉVIDENCE DES FILS DÉNUDÉS

- La première observation fine montre que le fil qui part de la pile est fixé sur un trombone et que la partie entortillée sur le trombone n'a pas la même couleur que le reste du fil.
- Après observation des fils électriques et la verbalisation qu'un fil électrique est un fil métallique recouvert d'une gaine plastique, l'enseignant indique qu'il faut dénuder le fil pour que le fil métallique soit en contact avec le métal du trombone et de la lamelle. L'électricité ne peut passer que par le métal. Introduire le mot CONDUCTEUR.
- Montrer comment utiliser la pince à dénuder. Après avoir observé que les trois fils sont dénudés aux deux extrémités, les élèves dénudent leurs trois fils sur une longueur d'au moins trois doigts.

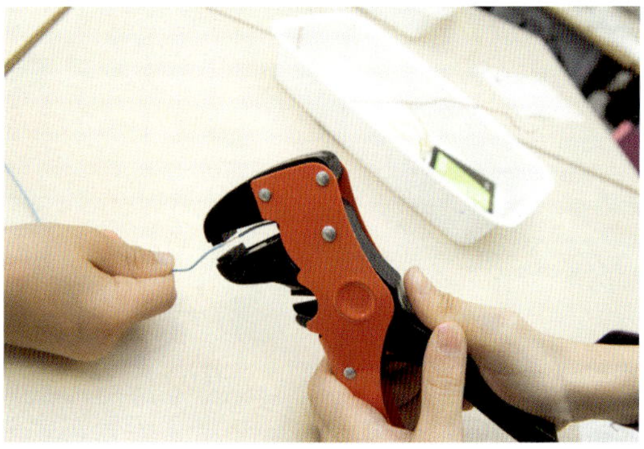

RÉALISATION DU CIRCUIT

- Une fois les trois fils dénudés, les élèves réalisent leur circuit.
  - Connexion du premier fil à une lamelle de la pile : cette liaison trombone/lamelle est consolidée à l'aide d'un bout de paille plastique. Cela assure la liaison mais aussi isole cette liaison.
  - Connexion de ce fil à une patte de la douille.

+ L'UTILISATION DES TROUS EXTÉRIEURS DES PATTES PERMET D'ÉVITER LES COURTS-CIRCUITS SI LE FIL EN CONTACT AVEC LE PLOT TOUCHE LE FUT DE LA DOUILLE ET DONC LE CULOT.

  - Connexion de la seconde patte de la douille un autre fil.
  - Connexion du second fil à la première attache parisienne.
  - Connexion du troisième fil à l'autre attache parisienne à l'autre lamelle de la pile.
- L'enseignant complète la liste des éléments avec les attaches parisiennes si nécessaire.
- Chaque élève obtient donc le montage de la veilleuse sans le trombone.

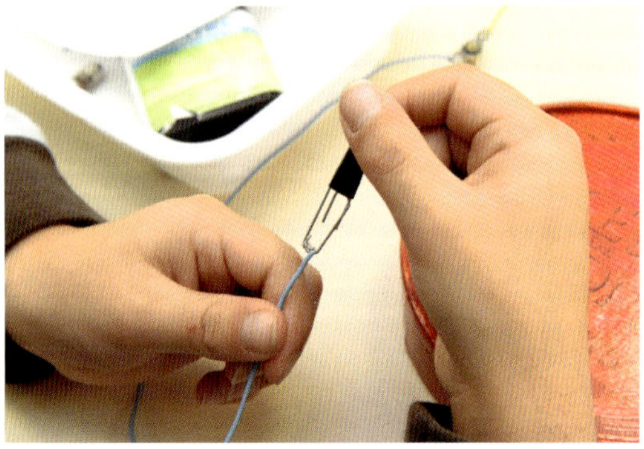

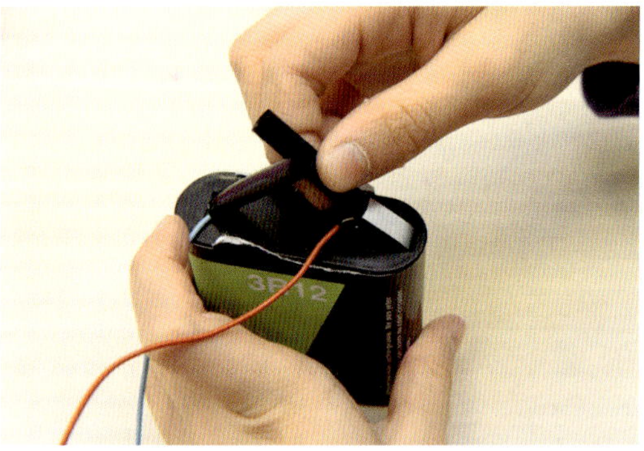

Phase 3 **INTRODUCTION DE L'INTERRUPTEUR**
Demi-classe • 10 min

- Il faut désormais arriver à allumer la lampe.
- Par hasard, certains élèves peuvent faire se toucher les deux attaches parisiennes. Sinon, encore une fois observation de la veilleuse et constat du rôle du trombone qui relie les deux attaches parisiennes.
- Distribution des trombones et vérification que tous les circuits fonctionnent.
- L'enseignant complète la liste des éléments. Les élèves rangent leur circuit dans une barquette à leur nom.

Phase 4 BILAN ET TRACE ÉCRITE COLLECTIVE
Demi-classe • 10 min

- Par un questionnement, l'enseignant fait verbaliser :
  - Le rôle d'interrupteur du trombone.
  - Le fait que lorsque la lampe est allumée, le circuit est une boucle fermée et que lorsqu'elle est éteinte le circuit est ouvert.

+ Faire suivre avec un doigt la boucle et insister sur le fait que l'on part de la pile et que l'on revient à la pile. Certains élèves pensent que l'électricité part des deux lamelles en même temps et que c'est la rencontre de ces deux électricités qui provoque la lumière.

Trace écrite collective

- *Pour que la lampe puisse s'allumer il faut que le circuit de l'électricité soit fermé. S'il est ouvert, la lampe ne s'allume pas. On ouvre et on ferme le circuit avec un interrupteur (ici le trombone). Il faut aussi que le circuit ne comporte que des éléments conducteurs.*

+ Lors de la manipulation des lampes, il est intéressant de faire remarquer que les lampes utilisées actuellement dans les habitations ne sont plus à incandescence mais de plus en plus à LED pour des raisons d'économies d'énergie.

DEMI-CLASSE EN AUTONOMIE
70 minutes

Matériel

★ Pour l'enseignant :
- 1 fiche de construction A3 du ***décor de la veilleuse***

★ Par élève :
- 1 fiche de construction du ***décor de la veilleuse***
- 1 ***feuille de patrons***
- 1 plaque de mousse A4

+ 1 plaque A4 suffit pour 1 élève, le panachage des couleurs entre les élèves permet des décors différents.

- 1 paire de ciseaux
- 1 flacon de colle
- 1 enveloppe A5

SÉANCES 2BIS ET 3BIS RÉALISER LE DÉCOR DE LA VEILLEUSE — CP

Phase 1 EXPLICATION DE L'ACTIVITÉ AUTONOME
Oral collectif • 10 min

- L'enseignant distribue la fiche de construction du ***décor de la veilleuse*** et la ***feuille de patrons***.
- Un élève lit les premières opérations.
- Notifier aux élèves qu'ils doivent choisir les couleurs de mousse disponibles.
- S'assurer que la fiche est bien comprise en demandant combien il faut de ronds A et d'ovales D par exemple.
- Faire une démonstration pour le placement des patrons sur les plaques de mousse pour éviter le gaspillage.
- Indiquer que la dernière opération, le poinçonnage, se fera plus tard.

Phase 2 FABRICATION À PARTIR D'UNE FICHE DE CONSTRUCTION
Travail individuel • 60 min

- Les élèves suivent le déroulement de la fiche de construction, étape par étape.

- Quand ils ont terminé, les élèves rangent leur décor dans une enveloppe à leur nom.

DIFFÉRENCIATION Pour la découpe des éléments de mousse, les gabarits de traçage peuvent être déjà réalisés par l'enseignant dans du carton un peu épais. Cela évite une opération de découpage et l'épaisseur facilite le tracé du contour.

+ Le décor choisi est celui d'un ours basé sur des cercles de différents diamètres. La composition du décor peut être faite en Arts Visuels avec un travail à partir des formes géométriques. Cet aspect n'est pas traité ici.

PAS D'ORGANISATION PARTICULIÈRE
45 minutes

Matériel

★ Pour l'enseignant :
- 1 photocopie A3 du ***Circuit de la veilleuse***
- 1 fiche de construction 1 ***Le minilivre***

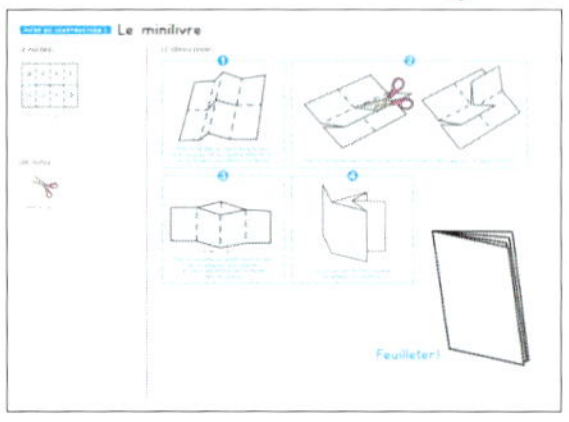

★ Par élève :
- 1 document ***Le circuit de la veilleuse***
- 1 paire de ciseaux
- 1 bâton de colle
- le cahier d'exploration du monde
- 1 minilivre ***Mon minilivre de la sécurité électrique***

SÉANCE 4 LÉGENDER LE DESSIN DU CIRCUIT DE LA VEILLEUSE — CP

Phase 1 PRÉSENTATION DU DOCUMENT
Oral collectif • 5 min

- Décrire le document ***Le circuit de la veilleuse*** et lire des étiquettes-mots à replacer sur le circuit.
- Un premier mot peut être collé en collectif avec le modèle du tableau.

Phase 2 TRACE ÉCRITE INDIVIDUELLE
Travail individuel • 15 min

- Les élèves légendent le circuit de la veilleuse.

DIFFÉRENCIATION Les élèves déjà scripteurs peuvent écrire les noms directement. Pour les élèves les plus lents, les étiquettes peuvent être prédécoupées.

Phase 3 CORRECTION COLLECTIVE
Oral collectif • 5 min

- L'affiche du circuit est complétée collectivement au tableau.
- Une fois le travail corrigé, si nécessaire les feuilles sont collées dans le cahier d'exploration du monde.

Phase 4 INITIATION À LA SÉCURITÉ ÉLECTRIQUE
Oral collectif • 10 min

- Lors de la deuxième séance, si le problème de court-circuit et de pile qui chauffe apparait, faire le rappel correspondant. Sinon, interroger les élèves sur leurs représentations de la dangerosité de l'électricité.
- Leur demander de citer des situations dangereuses. Les plus couramment citées sont *mettre les doigts dans les prises, se sécher les cheveux dans le bain…*
- Après leur avoir indiqué que l'électricité de la maison est en effet très dangereuse, leur proposer la création d'un minilivre ***Mon minilivre de la sécurité électrique***.

Fabrication du mini-livre

- Distribuer la feuille et faire la démonstration du pliage et du découpage permettant la mise en forme du livre à partir de la fiche de construction 1 ***Le minilivre***.
- Tous les élèves fabriquent leur minilivre en même temps que la démonstration.
- Lire le titre du minilivre et de la consigne rédigée sous le titre.

Phase 5 RECHERCHE DES SITUATIONS DANGEREUSES
Travail individuel • 5 min

- Les élèves répondent à la consigne sur le minilivre et entourent de rouge les situations dangereuses.

Phase 6 CORRECTION COLLECTIVE ET ANTICIPATION DE LA SÉANCE SUIVANTE
Travail individuel • 5 min

Correction collective

- Toucher les prises et les fils dénudés : danger d'électrocution donc de mort.
- Les appareils électriques sont encore plus dangereux dans l'eau : situation de la femme qui se sèche les cheveux dans la baignoire.
- Le court-circuit avec une pile : risque de brulures.

Anticipation des opérations

- L'enseignant fait verbaliser les opérations nécessaires pour terminer la veilleuse : installer le circuit dans la boite, coller le décor et poinçonner les yeux de l'ours.

+ POUR LA SÉANCE SUIVANTE LES BOITES DEVRONT ÊTRE PEINTES.

PAS D'ORGANISATION PARTICULIÈRE
60 minutes

Matériel

★ Pour l'enseignant :
- la veilleuse modèle
- 1 perforatrice
- 1 attache parisienne
- 1 gros clou
- 1 vrille
- 1 punaise
- 1 poste de collage qui reste sous la supervision de l'enseignant
- 1 pistolet à colle chaude basse température
- 1 emporte-pièce de diamètre 8 mm
- 1 marteau
- 1 plaque martyre

Si la classe peut s'équiper de plusieurs emporte-pièces/plaques martyres/marteaux l'opération de poinçonnage est plus rapide.

★ Pour 2 élèves :
- 1 poinçon et/ou 1 aiguille de piquage
- 1 sandwich de cartons ou 1 tapis de feutre
- 1 ***gabarit de perçage***
- 1 bande d'adhésif double face

★ Par élève :
- les circuits électriques et les décors réalisés lors des séances précédentes
- 1 bande de 2,5 cm d'auto-agrippant autocollant
- 1 fiche de construction 14 de ***la veilleuse à reconstituer***
- 1 feuille blanche

SÉANCE 5 UTILISER DES OUTILS DE PERÇAGE — CP

Phase 1 LANCEMENT ET RÉSOLUTION D'UN PROBLÈME TECHNIQUE
Oral collectif • 10 min

- Au préalable, les boites de Coulommiers auront été peintes.
- Les élèves verbalisent les opérations restantes : faire des trous pour les attaches parisiennes et les yeux.
- L'enseignant demande aux élèves les outils qu'ils connaissent permettant de percer du carton. Chaque outil nommé est testé par un élève.

⚠ Pour tous les outils, clou, vrille, aiguille de piquage ou poinçon, le perçage ne doit pas se faire en l'air mais à plat. L'outil doit pouvoir s'enfoncer dans un matériau mou, type carton ondulé ou tapis de feutre.

  - Directement avec les attaches parisiennes : impossible.
  - Une perceuse sert pour les matériaux plus durs, du bois, les murs.
  - Une perforatrice ne peut percer que sur le bord, on ne peut donc pas l'utiliser.
  - Une punaise : le trou est trop petit.
  - Une vrille ou un gros clou : essai concluant.
- S'il en est équipé, l'enseignant montre l'aiguille de piquage.
- Interroger les élèves sur le positionnement des trous : ils constatent que les attaches parisiennes doivent être distantes de moins de la longueur du trombone et positionnées en haut de la boite pour ne pas toucher la douille.
- Pour faciliter l'opération, l'enseignant montre comment utiliser le ***gabarit de perçage*** et installe un circuit préparé à l'avance.

+ Il est plus esthétique, mais non obligatoire, d'avoir à l'extérieur le bout rond des attaches parisiennes, il faut pour cela démonter le fil des attaches, les faire passer dans les trous et les reconnecter avant de les ouvrir. Ne pas oublier d'installer le trombone interrupteur sur une des deux attaches parisiennes.

Phase 2 INSTALLATION DU CIRCUIT DANS LE FOND DE LA BOITE
Travail individuel • 20 min

- Chaque élève réalise ses perçages et installe son circuit électrique.
- Au fur et à mesure du travail des élèves, chacun vient coller la douille au fond de la boite, soit à l'aide d'un pistolet à colle basse température, solution la plus performante, soit à l'aide de scotch double face.
- Chaque élève teste son circuit.

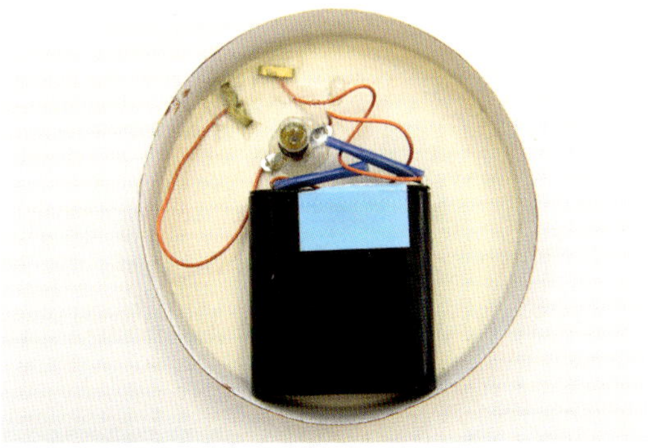

+ Pour fiabiliser le montage et éviter que les attaches parisiennes ne se touchent, il est possible de les recouvrir d'un morceau d'adhésif.

CE1 CE2 QUESTIONS - RÉPONSES
Réaliser des circuits électriques

Séance 1	Séance 2	Séance 3	Séance 4	Séance 5	Séance 6	Séance 7
Découvrir le jeu	Réaliser le circuit électrique du jeu	Réinvestir ses connaissances sur le circuit électrique	Classer des matières selon leurs propriétés conductrices ou isolantes	Réaliser une planche de jeu	Comprendre des circuits différents	Concevoir des planches du jeu
45 min Classe organisée en binômes	45 min Classe organisée en binômes	45 min Classe organisée en binômes	45 min Classe organisée en binômes	85 min Classe organisée en ilots	30 min Pas d'organisation particulière	80 min Classe organisée en ilots

CLASSE ORGANISÉE EN BINÔMES
45 minutes

Matériel

★ Pour l'enseignant :
- 1 planche de jeu ***Danger - sans danger*** grand format réalisée à partir de la fiche de construction 16 ***Une planche de jeu question-réponse*** ou de la vidéo *Trucs & astuces*

- 1 testeur réalisé à partir de la fiche de construction 15 ***Le testeur du jeu question-réponse*** ou de la vidéo *Trucs & astuces*

- le poster A3 ***Lampe et pile à légender***

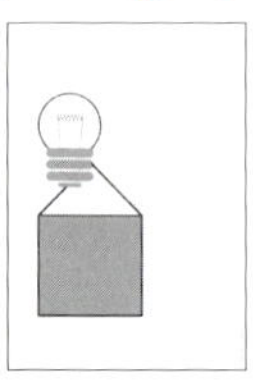

★ Pour la classe :
- 3 ou 4 lampes à incandescence 230 V ou des loupes

★ Pour 2 élèves :
- 1 pile
- 1 lampe

★ Par élève :
- 1 document ***Comment allumer une lampe ?*** (document page 253 et)

VIDÉOS **Trucs & astuces**
Fabriquer un testeur
Fabriquer la planche Sécurité électrique
Fabriquer la planche Danger - sans danger

SÉANCE 1 DÉCOUVRIR LE JEU — CE2

Phase 1 SITUATION DÉCLENCHANTE
Oral collectif • 15 min

- Le jeu question-réponse réalisé par l'enseignant est présenté aux élèves. Un élève décrit le jeu et ses deux éléments : le testeur et la planche de jeu.
- Les élèves jouent collectivement pour trouver les situations dangereuses. L'allumage de la lampe du testeur permet de valider les réponses. Chaque situation sur la sécurité électrique est reprise et le danger illustré est nommé et explicité.
- L'enseignant interroge les élèves sur les éléments à fabriquer pour que chacun puisse avoir un jeu.
- L'enseignant explique comment va s'organiser la fabrication : le jeu comporte deux éléments distincts dont les fabrications vont être réalisées séparément. Le testeur est fabriqué en premier. Dans un premier temps, chaque binôme réalisera un circuit du testeur. Dans un second temps, chaque binôme réalisera un second circuit.
- Par l'observation, la liste des éléments constituant le testeur est rédigée au tableau.

Pour fabriquer le testeur nous aurons besoin : d'une boite / d'une pile / d'une lampe / de fils.

Phase 2 COMMENT ALLUMER LA LAMPE ?
Binômes • 15 min

- Chaque binôme reçoit une pile et une lampe. La consigne est d'allumer la lampe avec la pile.

+ Certains élèves créeront un court-circuit en positionnant le culot de la lampe à cheval sur les deux lamelles. La lampe devient alors très chaude et ils la lâchent. Leur indiquer qu'ils font un court-circuit qui sera expliqué plus tard.

- Dès qu'un binôme réussit à allumer sa lampe, l'enseignant fait verbaliser les conditions nécessaires à l'allumage et désigne avec le vocabulaire les différents éléments cités.
- Tous les binômes réalisent le circuit.
- Sur leur circuit, l'enseignant fait suivre à tous les élèves avec un doigt le chemin de l'électricité, d'une lamelle de la pile, au plot de la lampe, à son filament, au culot jusqu'à l'autre lamelle.

+ Cette action permet d'installer le fait que l'électricité part d'un côté de la pile et revient de l'autre côté de la pile et de contrer la représentation de certains élèves qui imaginent que l'électricité part des deux lamelles et que c'est leur rencontre dans la lampe qui donne de la lumière.

- Pour observer plus facilement l'intérieur de la lampe, il est possible d'utiliser des loupes ou de faire circuler une lampe à incandescence utilisée en 230 V.

+ Les lampes à incandescence 230 V sont interdites à la vente pour des raisons d'économie d'énergie depuis 2013 mais il est possible d'en récupérer des anciennes ou des grillées pour cette observation. Les grillées permettent d'observer la rupture du filament et donc l'ouverture du circuit.

- Si le chemin de l'électricité ne passe pas par le filament et passe directement d'une lamelle à l'autre, la pile et les conducteurs du chemin chauffent : c'est un court-circuit et c'est dangereux surtout avec l'électricité de la maison.

⚠ Il est possible de visualiser le danger d'un court-circuit en posant un peu de paille de fer à cheval sur les deux lamelles d'une pile. Cette paille de fer s'enflammera et se consumera très rapidement (voir photo page 256). Il est possible de faire le parallèle avec un vrai incendie qui peut se produire dans une maison s'il y a un court-circuit. Par contre, la puissance de l'électricité est beaucoup moins importante dans une pile, 4,5 V contre 230 V, et surtout le court-circuit s'arrête dès que la pile est usée, ce qui n'est pas le cas s'il y a un court-circuit dans une maison.

Phase 3 **STRUCTURATION DES CONNAISSANCES**
Oral collectif puis travail individuel • 15 min

- L'enseignant affiche au tableau le poster A3 ***Lampe et pile à légender***. Il est complété collectivement, puis individuellement sur le document ***Comment allumer une lampe ?*** **(document élève page 253 et).**
- L'enseignant fait remarquer aux élèves que les lampes utilisées actuellement dans les habitations ne sont plus à incandescence mais de plus en plus à LED pour des questions d'économies d'énergie.
- À la fin de la séance, l'enseignant peut demander aux élèves d'apporter une boite, type petite boite de céréales ou de nouilles qui devra être peinte pour la séance 3.

CLASSE ORGANISÉE EN BINÔMES
45 minutes

Matériel

★ Pour l'enseignant :
- 1 jeu *question-réponse* grand format
- le poster A3 ***Circuit électrique à légender***

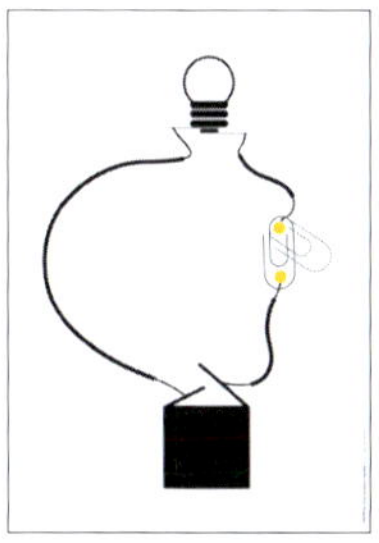

★ Pour 2 élèves :
- 1 pince à dénuder
- 1 pile
- 1 lampe
- 1 douille
- 3 fils non dénudés (leur longueur dépend des boites des élèves)
- 2 attaches parisiennes
- 2 trombones
- 2 morceaux de paille

★ Par élève :
- son cahier d'exploration du monde

DIFFÉRENCIATION
★ Par élève :
- 1 document ***Le circuit électrique du jeu Questions-Réponses***

SÉANCE 2 RÉALISER LE CIRCUIT ÉLECTRIQUE DU JEU — CE2

Phase 1 **COMMENT ALLUMER LA LAMPE LOIN DE LA PILE ?**
Binômes • 20 min

INTRODUCTION DES FILS
- Après avoir observé que la lampe est loin de la pile dans le testeur, les élèves cherchent comment allumer la lampe loin de la pile.
- Le nombre de fils demandé par chaque binôme est distribué.
- Tests non concluants puis verbalisation du fait qu'il est nécessaire que le plot soit en contact avec une lamelle et le culot avec l'autre. Il faut donc deux fils.
- Faire observer que le plot et le culot sont en métal tandis que l'extérieur du fil est en plastique. Mettre en évidence l'âme métallique du fil électrique et la nécessité de les dénuder pour que le circuit ne soit qu'une suite d'éléments conducteurs.
- Montrer comment utiliser la pince à dénuder.
- Les élèves dénudent leurs deux fils sur une longueur de trois centimètres.

INTRODUCTION DE LA DOUILLE
- Chaque binôme allume sa lampe loin de la pile.
- Mettre en évidence la difficulté à tenir les fils et la lampe et introduire la douille.
- Faire observer la douille et les éléments qui vont permettre la liaison du plot à une des deux pattes par l'intermédiaire de la rondelle intérieure ainsi que du culot directement au fut de la douille.
- Montrer comment visser la lampe dans la douille et comment fixer les fils sur les pattes de la douille.
- Chaque binôme réalise son circuit.

+ L'UTILISATION DES TROUS EXTÉRIEURS DES PATTES PERMET D'ÉVITER LES COURTS-CIRCUITS SI LE FIL EN CONTACT AVEC LE PLOT TOUCHE LE FUT DE LA DOUILLE ET DONC LE CULOT.

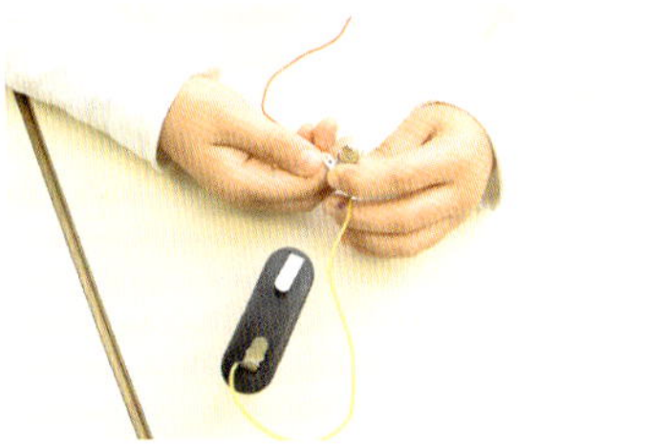

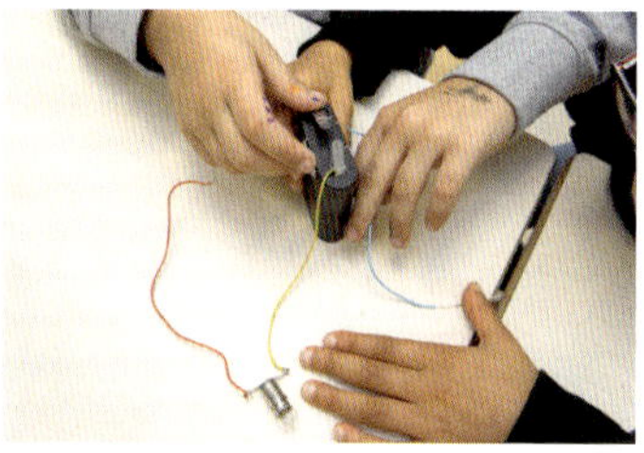

Phase 2 **COMMENT ÉTEINDRE LA LAMPE SANS DÉBRANCHER UN FIL ?**
Binômes • 15 min

COMPARAISON DU CIRCUIT OBTENU ET DE CELUI DU TESTEUR
- L'enseignant demande aux élèves d'éteindre la lampe mais sans débrancher les fils. Il fait verbaliser qu'avec le circuit en l'état on ne peut pas jouer au jeu question-réponse. Un troisième fil est nécessaire.
- Les élèves dénudent et ajoutent un troisième fil qui part de la pile. Les attaches parisiennes au bout des fils tests à poser sur la planche de jeu sont ajoutées.

QUESTIONNEMENT
- L'enseignant interroge pour savoir s'il est nécessaire d'avoir une planche de jeu pour allumer la lampe. Certains élèves auront surement fait se toucher les deux fils tests et constaté que la lampe s'allume.
- Verbalisation du fait que la lampe s'allume quand le circuit forme une boucle fermée.
- Pour vérifier que le circuit monté est bien celui du testeur du jeu, ouvrir la boite du testeur.
- Observer et ajouter des éléments de fiabilité et de sécurité : les deux trombones qui permettent une liaison amovible des fils à la pile et les deux morceaux de paille qui isolent ces liaisons et empêchent les courts-circuits éventuels entre les deux trombones.

QU'ELLE EST BELLE MA MAISON !

CE2

Réaliser une maquette de maison électrifiée selon un cahier des charges

Séance 1
Rédiger un cahier des charges et réaliser un circuit simple
60 min
Classe organisée en ilots

Séance 2
Réaliser la maquette de la maison
90 min
Classe organisée en ilots

Séance 3
Se documenter sur la sécurité électrique
50 min
Classe organisée en ilots

Séance 4
Valider la maquette au regard du cahier des charges
50 min
Classe organisée en ilots

CLASSE ORGANISÉE EN ILOTS
60 minutes

Matériel

★ Pour l'enseignant :
- l'album inducteur

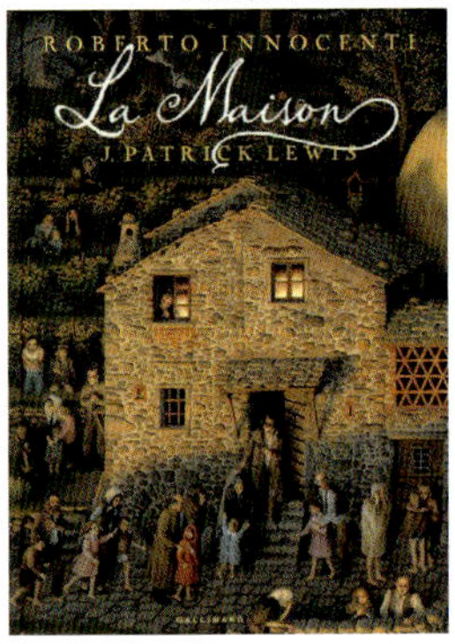

La maison
Roberto Innocenti, J.Patrick Lewis
© Gallimard • 2010 • 20€
- 1 ***dessin de la pile et de la lampe*** agrandi
- 1 affiche
- le poster A3 ***Tableau des symboles électriques***

★ Par groupe :
- 1 pile
- 1 lampe
- 1 douille
- 3 fils électriques à pinces crocodiles
- 1 interrupteur fabriqué à l'aide de 2 attaches parisiennes et d'un trombone

SÉANCE 1 RÉDIGER UN CAHIER DES CHARGES ET RÉALISER UN CIRCUIT SIMPLE — CE2

Phase 1 SITUATION DÉCLENCHANTE
Oral collectif • 20 min

- L'enseignant lit l'album ***La maison*** de Roberto Innocenti. Il interroge sur les différents changements apparus dans la vie de la maison en insistant sur l'apparition de l'électricité en 1958. Il propose aux élèves de réaliser en groupe la maison de l'album en 1958.
- La classe rédige le cahier des charges de la maquette sur une affiche. La maison comporte quatre pièces : une cuisine et une salle à manger au rez-de-chaussée et deux chambres à l'étage. L'enseignant ajoute la contrainte : dans chaque pièce, il y aura une lumière qui s'éteindra à l'aide d'un interrupteur.

Phase 2 CONCEPTION ET LISTE DU MATÉRIEL NÉCESSAIRE
Groupes de 3 à 4 élèves • 10 min

- Chaque groupe rédige la liste du matériel qui lui sera nécessaire pour réaliser sa maison, tant du point de vue électrique que de celui de la maquette.
- L'enseignant se charge d'apporter du matériel électrique, les élèves du matériel permettant de faire les pièces (boites à chaussures, boites de céréales) et celui nécessaire à la décoration.

Phase 3 RÉALISATION D'UN CIRCUIT ÉLECTRIQUE SIMPLE
Groupes de 3 à 4 élèves • 15 min

- Avant de distribuer l'ensemble du matériel, seules une pile et une lampe par groupe sont distribuées.
- Les élèves doivent allumer leur lampe.
- Un élève vient positionner les éléments au tableau à l'aide du ***dessin de la pile et de la lampe*** agrandi. Remarque est faite de la non polarisation de la lampe. Le dessin est légendé au tableau pour rappeler le vocabulaire.
- Les fils sont insérés pour que la lampe soit allumée loin de la pile, puis l'interrupteur et le troisième fil pour allumer et éteindre la lampe sans avoir à débrancher un fil.
- Chaque élève du groupe dessine sur son cahier d'exploration du monde le circuit électrique simple qui a été réalisé et le légende.
- L'enseignant fait remarquer aux élèves que les lampes utilisées actuellement dans les habitations ne sont plus à incandescence mais de plus en plus à LED pour des questions d'économies d'énergie.

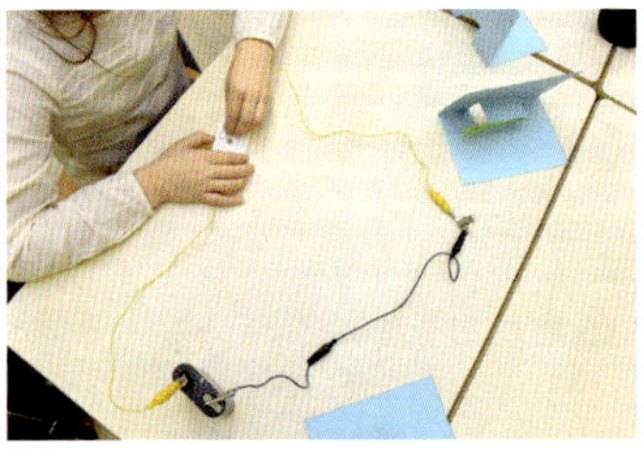

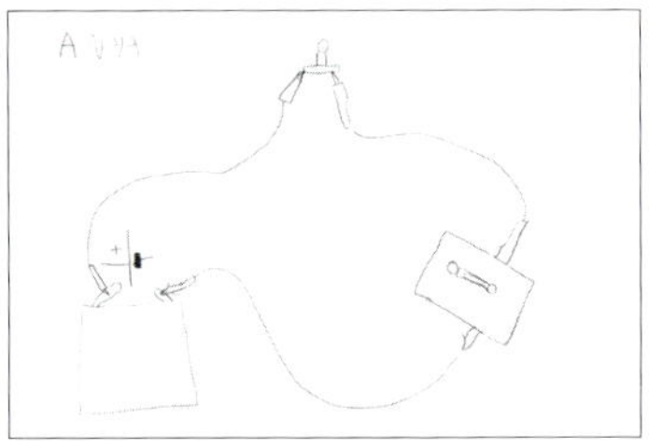

+ CERTAINS ÉLÈVES RÉALISERONT DES COURTS-CIRCUITS EN POSITIONNANT LE CULOT OU LE FUT DE LA DOUILLE SUR LES DEUX LAMELLES OU EN METTANT UN FIL ENTRE LES DEUX LAMELLES. LA PILE, LA LAMPE OU LA DOUILLE CHAUFFERONT. INDIQUER QU'IL S'AGIT D'UN COURT-CIRCUIT, QU'AVEC UNE PILE IL Y A PEU DE DANGER MAIS QUE LA MÊME CHOSE AVEC LE COURANT DE LA MAISON EST TRÈS DANGEREUX. CETTE NOTION SERA REVUE DANS LA SÉANCE 3.

Phase 4 TRACE ÉCRITE COLLECTIVE. INTRODUCTION DE LA SCHÉMATISATION
Oral collectif • 15 min

- Un élève vient dessiner le circuit au tableau. L'enseignant affiche le poster ***Tableau des symboles électriques***. Il indique les symboles normalisés pour chaque élément et réalise le schéma du circuit.
- Chaque élève reproduit ce schéma sur son cahier d'exploration du monde.

DIFFÉRENCIATION La trace écrite peut rester au niveau du dessin.

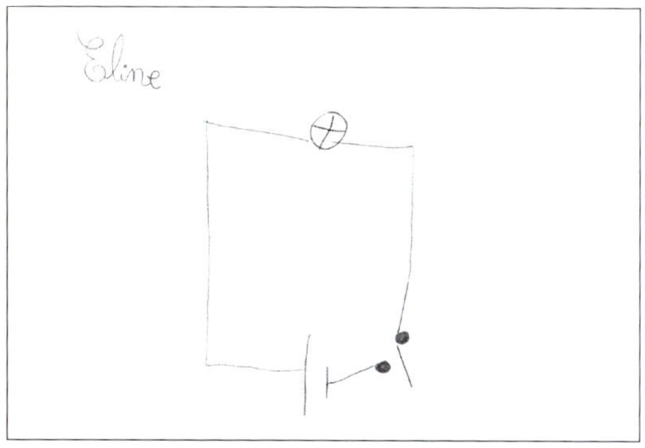

CLASSE ORGANISÉE EN ILOTS
90 minutes

Matériel

★ Par groupe, pour chaque pièce de la maison :
- 1 boite
- des photos, images, illustrations, petits objets de récupération
- 1 lampe
- 1 douille
- du fil électrique
- 1 pile
- 2 attaches parisiennes
- 3 trombones
- 2 morceaux de paille
- 1 pince à dénuder
- 1 aiguille de piquage
- 1 paire de ciseaux
- 1 plaque de carton plus grande que les 4 cartons agencés pour reproduire la maison
- de l'adhésif double face
- de l'adhésif large
- de la peinture
- des pinceaux

VIDÉO **Trucs & astuces**
Installer un circuit électrique dans une boite

SÉANCE 2 RÉALISER LA MAQUETTE DE LA MAISON — CE2

Phase 1 FABRICATION DE LA MAQUETTE DE LA MAISON
Groupes de 3 à 4 élèves • 30 min

- Chaque groupe s'organise pour la réalisation des quatre pièces de sa maison.
- Les boites à chaussures seront utilisées sans les couvercles. Les autres boites devront être ouvertes sur un de leurs deux grands côtés.
- Chaque élève ayant en charge une pièce y installe le décor et le mobilier.

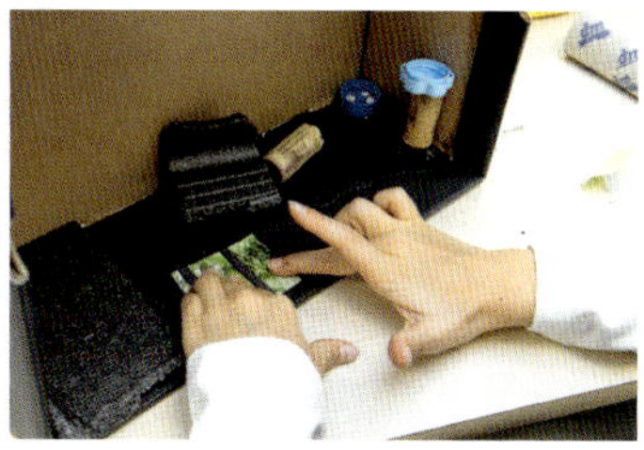

Phase 2 ÉLECTRIFICATION DE LA MAQUETTE DE LA MAISON
Groupes de 3 à 4 élèves • 30 min

- Pour chaque pièce, les interrupteurs devront être placés sur le mur du fond de la pièce et les fils et la pile seront à l'extérieur de la boite. Les emplacements de la lumière et de l'interrupteur sont repérés et perforés à l'aide de l'aiguille de piquage.
- Les fils nécessaires sont coupés à la bonne longueur et dénudés aux deux extrémités. Les douilles sont assemblées aux fils, les fils sont passés par les trous, douille à l'intérieur de la boite. Les attaches parisiennes, dont une avec le trombone inséré, sont fixées aux murs du fond et reliées aux fils avant ouverture de leur patte.
- Les piles sont positionnées sur le côté de la maison. La fixation des fils aux lamelles des piles est améliorée grâce à des trombones et des morceaux de paille.

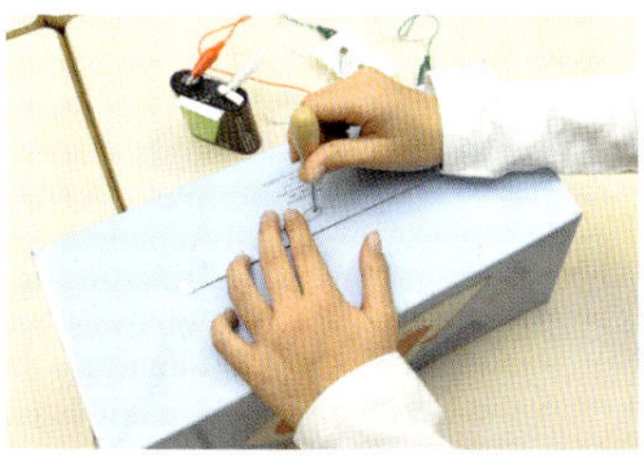

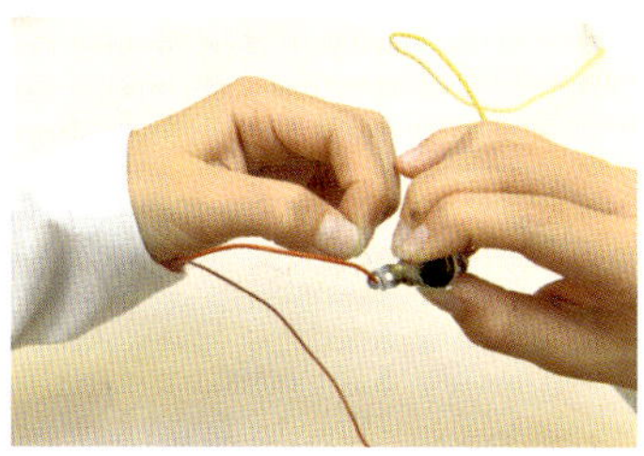

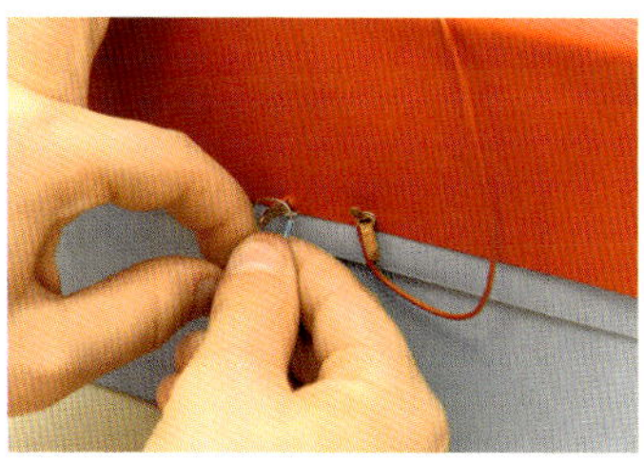

Phase 3 RÉALISATION DE LA FAÇADE DE LA MAISON
Groupe de 3 à 4 élèves • 30 min

- Les quatre pièces de la maison sont assemblées à l'aide d'adhésif double face ou d'auto-agrippant.
- À l'aide d'un grand carton, la façade est réalisée. Elle est fixée à l'aide d'un adhésif large sur un des côtés de l'assemblage de pièces. L'adhésif sert de charnière.

CLASSE ORGANISÉE EN ILOTS
50 minutes

Matériel

★ Pour l'enseignant :
- le poster A5 *Tableau de fusibles*
- cartes-images E *Dangers de l'électricité*
- le poster *Sécurité électrique* du kit EDF, téléchargeable sur http://kit-branche-toi-securite.edf.com/mediatheque/#poster
- 1 pile plate
- 1 morceau de paille de fer

★ Par groupe :
- 1 feuille blanche
- 1 DEL
- 3 fils pinces crocodiles
- 1 verre d'eau salée
- 1 pile 4,5 V
- le document *Ferme le circuit avec ton doigt*
- 1 *article de journal présentant une situation d'électrocution*

★ Par élève :
- 1 document *Symboles électrique* (document élève page 258 et)

SÉANCE 3 SE DOCUMENTER SUR LA SÉCURITÉ ÉLECTRIQUE — CE2

Phase 1 PROTECTION CONTRE LES COURTS-CIRCUITS
Oral collectif • 10 min

- L'enseignant interroge la classe pour rappeler le danger d'un court-circuit si celui-ci a été rencontré lors de la première séance. Sinon l'enseignant montre que de la paille de fer, constituée de multiples brins de métal extrêmement fins et positionnée entre les deux lamelles d'une pile, s'enflamme. C'est un court-circuit : toute l'électricité passe d'une lamelle à l'autre sans résistance et provoque l'échauffement des fils jusqu'à leur combustion.
- Une discussion s'engage sur la possibilité de court-circuit dans une habitation et le risque d'incendie.
- ***Comment se protège-t-on de ce risque dans une maison ?***
- L'enseignant montre le poster *Tableau de fusibles*. Il explique la fonction d'un fusible : ouvrir le circuit dès que l'intensité électrique qui y passe est trop forte.

Phase 2 PRÉVENTION DES COURTS-CIRCUITS
Groupes de 3 à 4 élèves puis oral collectif • 20 min

- En groupe, les élèves listent les gestes qui peuvent aboutir à des courts-circuits.
- Chaque groupe présente le résultat de sa recherche. Une affiche collective est rédigée à l'aide des cartes E *Dangers de l'électricité*.
- Le symbole du fusible est introduit.
- L'enseignant distribue le document *Symboles électriques* **(document élève page 258 et)**. Les élèves font le premier exercice puis dessinent le schéma du circuit électrique d'une des pièces de la maison protégée par un fusible.

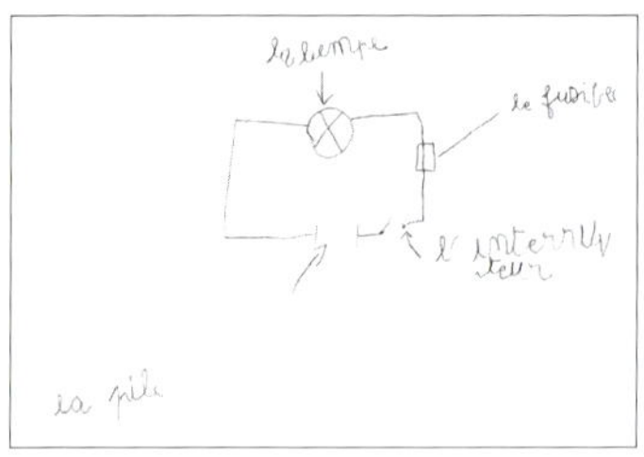

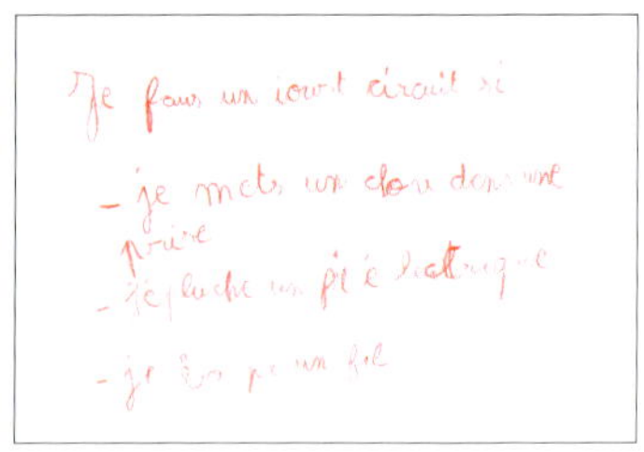

Phase 3 L'ÉLECTROCUTION
Oral collectif et groupes de 3 à 4 élèves • 20 min

- L'enseignant interroge les élèves sur les risques autres que les courts-circuits. Généralement, les élèves parlent de l'électrocution, soit par expérience personnelle pour ceux qui ont déjà touché des clôtures électriques pour animaux, soit par les médias.
- ***Pourquoi peut-on être électrocuté ?***
- Chaque groupe réalise l'expérience montrant que le corps humain est conducteur en suivant le protocole du document *Ferme le circuit avec ton doigt*.
- Expliquer que dans ce cas, la quantité d'électricité est tellement faible que ce n'est pas dangereux mais que dès que l'électricité est un peu plus forte, les muscles *brulent* comme la paille de fer et qu'on meurt.

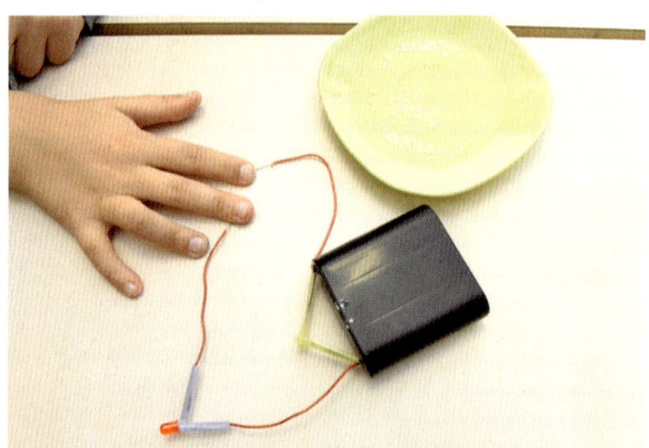

⚠ Dire et redire que les expériences faites en classe avec une pile ne doivent pas être reproduites à la maison avec l'électricité du secteur. Que le corps est conducteur même quand il n'est pas mouillé et que l'électricité du secteur produit une électricité toujours assez forte pour électrocuter une personne.

- ***Dans quelles situations risque-t-on l'électrocution ?***
- Chaque groupe reçoit un ***article de journal présentant une situation d'électrocution***.
- Chaque groupe présente son cas à l'ensemble de la classe.
- Le poster sécurité du Kit *Branche toi sécurité* d'EDF est affiché. Les situations dangereuses sont repérées. Ce repérage sert de validation des situations trouvées par les groupes.
- Une affiche collective est rédigée.

+ LES PROTECTIONS CONTRE LE RISQUE D'ÉLECTROCUTION SONT LISTÉES : LES CACHE-PRISES POUR LES JEUNES ENFANTS, LES PRISES DE TERRE ASSOCIÉES À DES DISJONCTEURS DIFFÉRENTIELS.

SÉANCE 4 VALIDER LES MAQUETTES AU REGARD DU CAHIER DES CHARGES — CE2

CLASSE ORGANISÉE EN ILOTS
50 minutes

Matériel

★ Pour l'enseignant :
- l'affiche avec le cahier des charges de la séance 1
- le document agrandi ***Comment se protéger des risques électriques ?***
- des aimants
- 1 table

★ Par groupe :
- sa maison

★ Par élève :
- 1 document agrandi ***Comment se protéger des risques électriques ?***
- 1 paire de ciseaux
- 1 bâton de colle

Phase 1 RAPPEL DU CAHIER DES CHARGES
Oral collectif • 5 min

- Le cahier des charges rédigé lors de la séance 1 est relu.

Phase 2 VALIDATION DES MAISONS
Oral collectif • 10 min

- Chaque groupe présente sa maquette et l'ensemble de la classe vérifie que tous les éléments du cahier des charges sont respectés.
- La classe interroge le groupe sur les difficultés rencontrées et les solutions choisies.

Phase 3 INSTALLATION DU VILLAGE
Travail individuel • 10 min

- Sur une table, les maisons sont posées, allumées et admirées.

Phase 4 STRUCTURATION DES CONNAISSANCES
Travail individuel • 15 min

- À l'aide des vignettes du document ***Comment se protéger des risques électriques***, les élèves reconstituent des situations à risques et des systèmes de sécurité protégeant l'installation et les personnes.

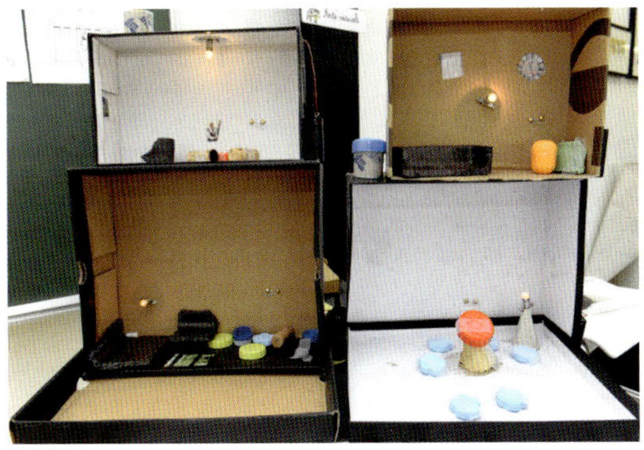

Phase 5 CORRECTION COLLECTIVE
Oral collectif • 10 min

- Le document est reconstitué au tableau. Les vignettes mal positionnées par les élèves sont réexpliquées.

PROLONGEMENT / TRANSVERSALITÉ

- EDF, Hydroquebec, la MAIF et la MAE proposent des kits et des jeux en ligne sur la sécurité.
- Travail possible autour des gestes à adopter pour porter secours pour les deux cas évoqués : un incendie provoqué par un court-circuit et l'électrocution d'une personne. Sous forme de mini sketchs, les élèves auront à évaluer la situation, téléphoner aux secours, se présenter, décrire la situation, rassurer le blessé si nécessaire.

CLASSE ORGANISÉE EN ILOTS
3 x 55 minutes

Matériel

★ Par groupe :
- des reproductions de clowns
- 1 ou 2 piles
- 1 lampe
- 1 douille
- 1 moteur
- des fils
- du matériel de récupération : boites en carton, bouteilles en plastique, assiettes en carton ou en plastique, gobelets en carton, attaches parisiennes, papiers divers...
- 1 pince à dénuder
- de la colle
- de l'adhésif
- de la ficelle
- des paires de ciseaux

★ Pour la classe :
- 1 pistolet à colle chaude basse température

SÉANCES 2, 3 ET 4 CHERCHER, TESTER PUIS CONSTRUIRE LE CLOWN IMAGINÉ — CP • CE1 • CE2

Phase 1 RECHERCHE PUIS CONSTRUCTION DU CLOWN
Groupes de 3 à 4 élèves • 55 min

- Chaque groupe se met d'accord sur les solutions adoptées pour les trois fonctions que doit assurer le clown. Le choix du clown de référence est effectué après des recherches réalisées soit en informatique soit en bibliothèque : les élèves choisissent parmi les reproductions de clowns mises à disposition ou trouvées.
- Le clown final du groupe est dessiné.
- Le groupe s'organise pour apporter les matériaux nécessaires pour la réalisation du clown et fait la liste du matériel électrique nécessaire à leur fabrication.
- L'enseignant procure le matériel électrique demandé.
- Des tests sont réalisés pour valider ou non les solutions choisies. Si les solutions ne fonctionnent pas, d'autres sont recherchées puis essayées.
- À la fin de chaque séance de recherche, les élèves notent les étapes franchies lors de la séance, réfléchissent et notent le travail qu'il leur reste à effectuer.

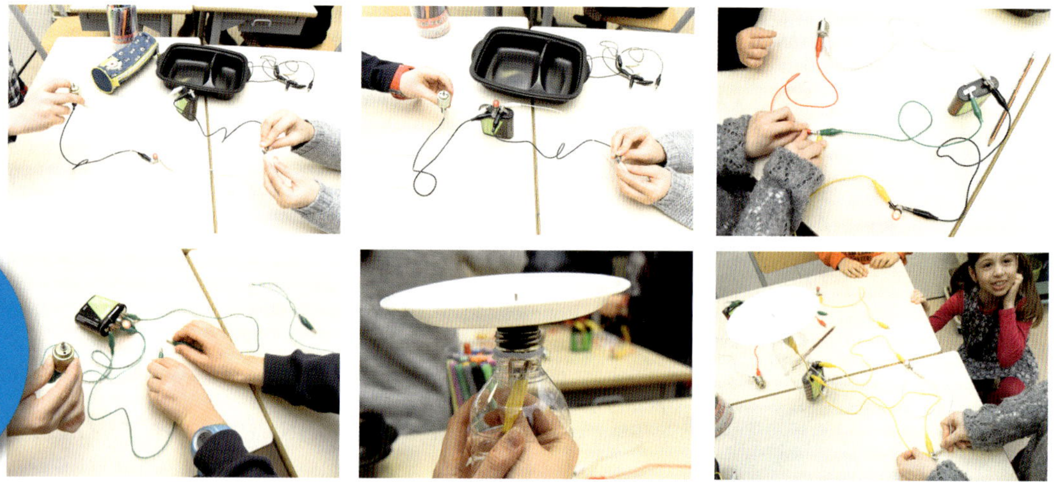

L'enseignant prend des photos des différentes étapes de chaque groupe pour faciliter la restitution lors de la présentation du défi.

+ L'UTILISATION DE FILS À PINCES CROCODILES PEUT FACILITER LA PHASE DE TESTS DES CIRCUITS ÉLECTRIQUES.

CLASSE ORGANISÉE EN ILOTS
60 minutes

Matériel

★ Pour l'enseignant :
- le poster A3 ***Tableau des symboles électriques*** pour les CE2

★ Par groupe :
- les photos prises par l'enseignant
- les notes prises pendant les phases de recherche et de construction
- des affiches
- le clown

SÉANCE 5 PRÉPARER LA PRÉSENTATION DU CLOWN — CP • CE1 • CE2

Phase 1 ATTENDUS DE LA PRÉSENTATION ET INTRODUCTION À LA SCHÉMATISATION
Oral collectif • 15 min

- L'enseignant indique au tableau les attendus de la présentation du clown. Avant de faire fonctionner son clown, chaque groupe devra expliquer comment il en est arrivé à cette fabrication, les difficultés qu'il a rencontrées et comment il les a surmontées.
- Les groupes peuvent s'aider des photos prises par l'enseignant et des notes qu'ils ont prises tout au long des séances de recherches et de construction.
- La présentation peut être soutenue par des affiches. Le dessin du ou des circuits électriques est présenté.

DIFFÉRENCIATION Pour les CE2, il est possible d'introduire la schématisation : le ***tableau des symboles électriques*** est affiché au tableau et l'exemple avec un circuit simple du passage du dessin au schéma est fait au tableau.

Phase 2 PRÉPARATION DE LA PRÉSENTATION
Groupes de 3 à 4 élèves • 45 min

- Les groupes rédigent les textes et affiches de présentation. Ils s'aident de leurs notes et des photos prises par l'enseignant.

+ L'ENSEIGNANT PEUT DISTRIBUER DES RÔLES À L'INTÉRIEUR DES ÉQUIPES SI CELA NE SE FAIT PAS AUTOMATIQUEMENT. AVEC LES CE1 ET LES CE2 LE TEXTE DE CE QUI VA ÊTRE DIT PEUT ÊTRE RÉDIGÉ ET TAPÉ EN INFORMATIQUE.

CLASSE ORGANISÉE EN ILOTS
40 minutes par groupe

Matériel

★ Par groupe :
- les affiches de la semaine précédente
- son clown
- son texte rédigé

SÉANCE 6 S'ENTRAINER À LA PRÉSENTATION — CP • CE1 • CE2

Phase 1 FIN DE LA PRÉSENTATION
Groupes de 3 à 4 élèves • 20 min

▶ Les groupes terminent les affichages et les textes et s'organisent pour leur présentation.

Phase 2 ENTRAINEMENT À LA PRÉSENTATION
Groupes de 3 à 4 élèves • 20 min

▶ Les groupes font une présentation blanche entre eux.

PAS D'ORGANISATION PARTICULIÈRE
15 minutes par groupe

Matériel

★ Par groupe :
- les affiches de présentation
- le clown
- le texte rédigé

SÉANCE 7 PRÉSENTER LES CLOWNS — CP • CE1 • CE2

+ À prévoir sur une semaine. Chaque jour, un groupe présente sa solution à l'ensemble de la classe.

Phase 1 PRÉSENTATION DU DÉFI
Oral collectif • 15 min par groupe

▶ Chaque groupe passe, fait sa présentation et une démonstration du défi relevé. Un jury vérifie que les contraintes (hauteur, nez rouge s'allumant et chapeau tournant) sont bien respectées. Les autres groupes peuvent interroger le groupe.

+ Si le défi est réalisé par plusieurs classes, seul un clown pourra être présenté à l'ensemble des classes lors de la restitution finale. Cette présentation dans la classe permet de choisir le clown de la classe, par exemple par un vote à l'issue de toutes les présentations.

PAS D'ORGANISATION PARTICULIÈRE
30 minutes

Matériel

★ Pour l'enseignant :
- les affiches des dessins ou schémas des circuits de présentation

SÉANCE 8 STRUCTURER SES CONNAISSANCES — CP • CE1 • CE2

Phase 1 RÉDACTION D'UNE TRACE ÉCRITE COLLECTIVE
Oral collectif • 30 min

▶ Les circuits trouvés par tous les groupes sont affichés au tableau, ils sont nommés : circuit en série ou circuit en dérivation. Les avantages et les inconvénients des uns et des autres sont cités.

▶ Il est rappelé ce qu'est un court-circuit et sa dangerosité. Un dessin ou schéma d'un circuit avec court-circuit est dessiné au tableau.

▶ Une trace écrite collective est rédigée et recopiée sur les cahiers d'exploration du monde.

OUVRAGES AUTOUR **DES OBJETS ÉLECTRIQUES**

CP CE1 CE2

Louise de New York

Jean Poderos et Gaia Guarino
© Éditions courtes et longues
2013 • 22 €

Panne générale dans le quartier de Louise, qui part à la recherche du responsable. Suspense quant au coupable et à l'identité de Louise.

CE1 CE2

Remue-ménage

Frédérique Bertrand, Olivier Douzou et Frédéric Rey
© Rouergue • 2000 • 11,80 €

L'histoire d'une maison qui s'agrandit au fur et à mesure des progrès techniques. Le livre retrace l'histoire des objets du quotidien et de l'électricité.

CE1 CE2

Mes p'tites questions sciences : L'électricité

Cédric Faure et Nikol
© Milan • 2017 • 8,90 €

15 questions pour expliquer l'électricité.

CE2

Circuits électriques

Michel Francesconi et Jérôme Peyrat
© Ricochet • 2015 • 12,50 €

Un documentaire sur ce qu'est l'électricité, comment la produire et sur les enjeux de nos changements de modes de consommation de cette énergie pour la planète.

JEUX **ÉLECTRIQUES**

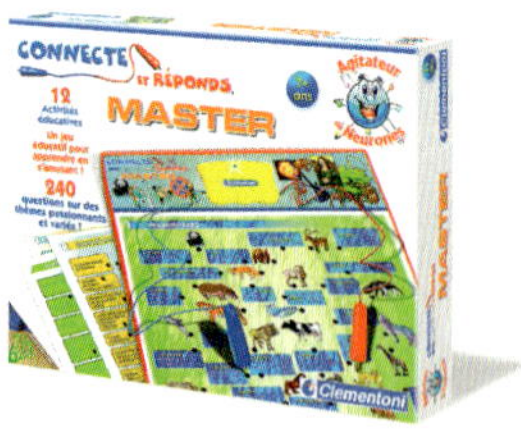

CP CE1

Connecte et réponds

© Clémentoni • À partir de 14 €

Une solution technique différente de celle utilisée dans la séquence Questions-Réponses. Peut donner des idées de planches aux élèves.

CP CE1 CE2

Conector Connaissances

© Educa • À partir de 12,99 €

Une solution technique différente de celle utilisée dans la séquence Questions-Réponses. Décliné sur plusieurs thèmes : Logique, Encyclopédie, Planète Terre.

CP CE1 CE2

Docteur Maboul

© Hasbro • À partir de 19 €

Un jeu de dextérité permettant de visualiser les notions de conducteur et d'isolant.

CE1 CE2

Apprenti Électricien

© Buki 7059 • À partir de 32 €

Un coffret contenant 90 pièces dont du matériel électrique et 10 modèles de montage.

SITES ET VIDÉOS **AUTOUR DES OBJETS ÉLECTRIQUES**

CP CE1 CE2

Branche-toi sécurité

http://kit-branche-toi-securite.edf.com

Un site d'EDF dédié à la connaissance des dangers de l'électricité avec des ressources diverses : jeux en ligne, poster, petits livrets…

CP CE1 CE2

L'électricité

Bernard Berger
https://www.youtube.com/watch?v=o8BBGo3qTyM

Une vidéo de quelques minutes pour comprendre les différentes sources d'électricité (thermique, mécanique…).

CP CE1 CE2

Les énergies

Bernard Berger
https://www.youtube.com/watch?v=mqzOGYD5j4c

Un dessin animé de cinq minutes pour comprendre d'où vient l'électricité.

CE1 CE2

Vinz et Lou se mettent au courant

Un serious game permettant de réinvestir et consolider les apprentissages de la séquence.

LES OBJETS NUMÉRIQUES

Les notions abordées

- **Le matériel / le logiciel**
- **La notion d'information**
- **Le traitement de l'information**
- **Un ordinateur et ses périphériques**

OUVRAGES AUTOUR DES OBJETS NUMÉRIQUES ET LIVRES ANIMÉS

CE2

À l'intérieur de l'ordinateur

Alain Schuhl et Stud
© Le pommier • 2011 • 8,90 €

Un voyage au cœur de l'ordinateur pour que les enfants comprennent comment fonctionne cette machine qu'ils utilisent quotidiennement mais qu'ils connaissent finalement si peu.

CE2

Le numérique pas bête

Romain Gallissot et Baptiste Massa
© Bayard jeunesse • 2021 • 14,90 €

Un documentaire très bien fait pour poser un regard éclairé sur le monde numérique d'aujourd'hui et de demain.

CP CE1 CE2

Le jardin des papillons

Philippe Ug © Les grandes personnes
2014 • 22,50 €

Un livre animé poétique sur le cycle de vie d'un papillon.

CE1 CE2

Pop-up art et technique

David Carter et James Diaz
© Milan • 2019 • 35 €

Un livre technique dont chaque animation de base est en volume. Tous les fichiers pour les fabriquer sont à télécharger sur le site du livre.

CP CE1 CE2

Un point rouge

David Carter © Gallimard jeunesse
2005 • 23 €

Un classique. Entre Calder et Mirõ, David Carter anime de véritables sculptures de papier, le jeu consistant à rechercher le point rouge.

CP CE1 CE2

Océano

Anouck Boisrobert et Louis Rigaud
© Actes Sud • 2013 • 17,90 €

Dans ce pop-up on part à l'aventure à bord d'un voilier. On y découvre les beautés de la mer qui se profilent à l'horizon mais aussi dans les profondeurs.

CP CE1 CE2

La noisette

Anne-Florence Lemasson et Dominique Ehrhard
© Les grandes personnes
• 2017 • 20 €

De page en page, la neige recouvre une petite noisette oubliée par un écureuil un peu trop pressé tandis que d'autres animaux se promènent dans le jardin.

CP CE1 CE2

La couleur des émotions

Anna Llenas et Marie Antilogus
© Éditions Quatre Fleuves
• 2014 • 21,90 €

Un monstre qui passe par toutes les émotions et change de couleur.

JEUX NUMÉRIQUES ET VIDÉOS AUTOUR DES OBJETS NUMÉRIQUES

CE1 CE2

L'ordinateur et ses périphériques

www.cite-sciences.fr

Une petite fille explique à son papa tous les éléments à brancher sur son unité centrale. Dans la même série : La découverte de la souris, du clavier, Qu'est-ce qu'un virus et l'arborescence des fichiers.

CP CE1 CE2

Planète 01 : l'odyssée numérique de Globert

www.cite-sciences.fr

Une solution technique différente de celle utilisée dans la séquence Jeu Questions-Réponses. Jeu décliné en plusieurs thèmes : Logique, Encyclopédie, Planète Terre.

CE2

Top école

http://topecole.fr/mon-b2i/

Un site reprenant les différents items du B2i au travers d'animations nécessitant les connaissances de fin de scolarité.

CE1 CE2

C'est pas sorcier - Ordinateur tout un programme

https://www.youtube.com/watch?v=c96KP5jZVYk

Fred et Jamy expliquent l'histoire de l'informatique. Du codage binaire aux transistors et mémoires, tout est expliqué.

La boite à outils pour la classe

Les outils cités ci-dessous ne sont pas tous utilisés dans les constructions proposées dans l'ouvrage mais peuvent être utiles.

		TRACER / PLIER			
Pour qui ?	**Désignation / Utilisation**	**Photo**	**Fournisseur**	**Référence**	**Prix 2015**
Élèves	**PLIOIR** Préplier le papier cartonné. Peut-être remplacé par une aiguille à tricoter métallique ou un stylo-bille dont on retire le réservoir d'encre.		OPITEC	509055	3,29 €
Enseignant	**POINTE À TRACER** Permet de tracer sur le plastique ou le bois.		OPITEC	366146	2,65 €
Enseignant	**RÉGLET** Facilite le tracé avec son o en bout du réglet et son bout d'équerre.	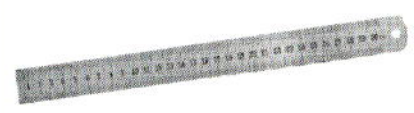	OPITEC	366463	2,75 €
		DÉCOUPER			
Élèves	**SCIE À ARCHET** Sans danger. Pour bois et carton. Fixer l'élément à scier avec de l'adhésif double face sur une plaque martyre.		OPITEC	306508	3,35 €
Élèves	**PINCE À DÉNUDER AUTOMATIQUE ET SANS RÉGLAGE** Il faudra aider les élèves car l'écartement de la pince est un peu grand pour leurs mains. Attention aux pinces dont le réglage se fait à l'aide d'une vis, les élèves les dérèglent sans arrêt.		OPITEC	308795	4,89 €
		PERCER			
Élèves	**POINÇONS** Percer papiers et cartons façon coupon à détacher. Positionner l'élément à percer ou découper sur un sandwich de carton.		OPITEC	509240	0,85 €
Élèves	**VRILLES DE 2, 3 ,4 ET 5 MM** Pour percer le bois.	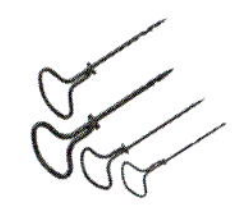	OPITEC	334064	3,99 €
Élèves	**SET D'EMPORTE-PIÈCES** Pour poinçonner papiers, cartons, plastiques souples. À utiliser avec plaque martyre et marteau.	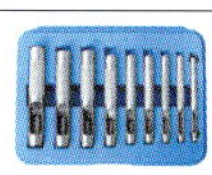	OPITEC	369634	12,85 €
Élèves	**PLAQUE MARTYRE / PLANCHE À DÉCOUPER** Protège la table pour les opérations de poinçonnage et de sciage. Ne désaffute pas les arêtes tranchantes.		IKEA	Legitim	3,99 €
Élèves	**MARTEAU, PANNE DE 100 G** Toujours vérifier que la panne est bien solidaire du manche.		OPITEC	343044	2,99 €
Élèves	**PERFORATRICE** Choisir une perforatrice permettant de transpercer plusieurs feuilles. Cela permettra de percer la mousse et le papier cartonné. Il existe des perforatrices longs bras et des perforatrices avec des motifs de formats et de formes très variées.		JPC Créations	105008	4,99 €
Élèves	**PERCEUSE / VISSEUSE /DÉVISSEUSE** Permet le perçage de carton et des bois tendres.		IKEA	Fixa	29,99 €
Élèves	**PERFORATRICE** Permet le perçage de trous.		OPITEC	573806	14,05 €
		ASSEMBLER			
Élèves	**PISTOLET À COLLE BASSE TEMPÉRATURE** Assemble tout ou presque. Seul le *basse température* est utilisable en classe car la colle n'est chauffée qu'à 100° et non à 200° dans le cas des pistolets habituels.		OPITEC	300487	24,99 €
Élèves	**SERRE-JOINT** Pour la fixation ou le pressage des éléments à coller.		OPITEC ou grandes surfaces	364461	18,89 €

Liste des fournisseurs

FOURNISSEURS	ADRESSE	SITE
Opitec Outils, matériaux, consommables	OPITEC HOBBYFIX France 8 rue Paul Cézanne • 93360 NEUILLY PLAISANCE	www.opitec.com
Aduis DO-IT Outils, matériaux, consommables	ADUIS 16 rue de la Ziegelau • 67100 STRASBOURG	www.aduis.fr
Technologie Services Matières plastiques	TECHNOLOGIE SERVICES ZI du Gavé • 42330 SAINT GALMIER	www.technologieservices.fr
A4 Technologie Matières plastiques	SOCIÉTÉ A4 5 avenue de l'Atlantique • 91940 LES ULIS	www.a4.fr
Raja Boîtes et emballages	RAJA • 16 rue de l'Étang Paris Nord 2 • 95977 ROISSY CDG Cedex	www.raja.fr
Ikea Jeux, boites...		www.ikea.com
JPC Créations Bureautique et loisirs et créations	JPC CRÉATIONS • Parc d'activités Entre Dore et Allier Allée des frênes - BP 50 • 63190 LEZOUX	www.jpccreations.com
Radis et Capucine Jardinage	RADIS ET CAPUCINE 42 rue des Perreyeux - BP 50116 • 49800 TRÉLAZÉ Cedex 03	www.radisetcapucine.com
Petits élevages Élevage d'escargots, de papillons, de phasmes...	SÉBASTIEN NOGUE 9 rue du Nouillon • 27160 LES BAUX-DE-BRETEUIL	www.petits-elevages.fr
Pierron éducation Matériel pour les élevages	DIDACTIK - PIERRON ÉDUCATION CS 80609 REMELFING • 57206 SARREGUEMINES Cedex	www.pierron.fr
WESCO Bacs à eau, circuits et objets de transvasement / Jardinage / Monde animal / Monde végétal	WESCO SA Route de Cholet CS 80184 • 79141 CERIZAY	www.wesco.fr
ASCO-CELDA Corps humain / Matière / Le monde du vivant Les animaux / Les végétaux	ASCO-CELDA 15 rue du Dauphiné - CS 74018 • 69969 CORBAS CEDEX	www.celda.fr
OPPA MONTESSORI Jeux, outils...	OPPA MONTESSORI 9 rue de la Claye • 45000 ORLÉANS	www.oppa-montessori.net

Index des ouvrages cités